U0681532

献 给

浙江省工商业联合会

60周年

十年磨一劍

邓国安 主编

ZHEJIANG UNIVERSITY PRESS
浙江大学出版社

图书在版编目(CIP)数据

十年磨一剑 / 邓国安主编. —杭州：浙江大学出版社，2012.11
ISBN 978-7-308-10652-8

Ⅰ.①十… Ⅱ.①邓… Ⅲ.①民营企业—经济发展—调查报告—中国 Ⅳ.①F279.245

中国版本图书馆 CIP 数据核字(2012)第 226441 号

十年磨一剑

邓国安 **主编**

责任编辑 陈丽霞(clixia@163.com)
特约编审 景柏春
书名题字 盛长荣
出版发行 浙江大学出版社
(杭州市天目山路 148 号 邮政编码 310007)
(网址：http://www.zjupress.com)
排　　版 浙江时代出版服务有限公司
印　　刷 杭州丰源印刷有限公司
开　　本 710mm×1000mm 1/16
印　　张 19.75
字　　数 324 千
版 印 次 2012 年 11 月第 1 版 2012 年 11 月第 1 次印刷
书　　号 ISBN 978-7-308-10652-8
定　　价 55.00 元

浙江大学出版社发行部邮购电话 (0571)88925591

目　录

上篇　春华秋实

下篇　绿叶红花

序

工商联工作是党的统一战线工作和经济工作的重要内容。工商联事业是中国特色社会主义事业的重要组成部分。近年来，浙江省工商联在省委、省政府的领导下，不断开创新形势下工商联工作的新局面。特别是在2011年，省工商联搭建了世界浙商大会平台，成功牵头举办以“创业创新闯天下，合心合力强浙江”为主题的首届世界浙商大会，引人瞩目，得到了社会各界的高度评价。

参政议政是工商联区别于其他社会团体和商会组织的政治优势和重要职能。省工商联围绕非公有制经济、浙商群体和工商联建设三大领域，深入开展调查研究，取得了明显成效。《十年磨一剑》收录的文章，生动展现了10多年来工商联组织在建言献策和参政议政方面的历程与成效。虽然这些报告的时间跨度大，但是今天读来，仍然富有启发意义。比如，《关于浙江部分民营企业资金紧张情况的调研报告》在全球金融危机尚未全面爆发、我国经济仍然实行紧缩财政、货币政策的情况下，率先发出预警，引起了省委、省政府的高度重视，并呈送温家宝总理，为国务院后来出台经济政策提供了基础性材料。其他的多个报告，涉及鼓励和引导民间投资、推动民营企业转变经济增长方式、促进民营经济成长的体制改革、贯彻落实国务院“非公经济36条”和省政府“非公经济32条”、帮助小微企业“保生存、谋发展”等诸多议题，调研细致，意义深远。值得指出的是，这本文集收录的10份市级工商联报告也多有可圈可点之处。比如，杭州市关于民营经济发展环境与对

金德水，浙江省人大常委会副主任、浙江大学党委书记。

策、温州市关于行业商会发展与管理、关于拓展民营企业融资途径等调研报告，也给我留下了深刻的印象。

我的人生经历与工商联有缘。民营经济是浙江经济的重要组成部分。工商联是广大民营企业家的“娘家”，是党委、政府联系企业的桥梁和纽带。我担任县长、市长期间，十分重视发挥工商联的作用。在浙江省副省长任上时，联系单位之一即是省工商联。多年来，我见证着工商联事业的大发展和大提升。2011 年春，我调任浙江大学工作，与工商联联系少了，但我仍然关注着工商联。衷心祝愿工商联在新的历史起点上发奋图强，在优化非公有制经济发展环境、推进非公有制经济转型升级方面实现新突破，在支持浙商创业创新、服务浙江科学发展方面取得新成效。各级工商联组织需要深入调查研究，积极建言献策和参政议政，为推动工作提供理论指导和智力支持，同时，更加需要开展前瞻性、战略性研究，构建工商联理论体系。

趁着《十年磨一剑》的出版，我即兴写下这些话，一来表示祝贺，二来权当作为一个导读。

2012 年 7 月 9 日于杭州

上篇

春华秋实

2003 年浙江省私营企业抽样调查数据及分析*

浙江省工商业联合会

（2003 年 11 月）

进入 21 世纪后，浙江省私营企业户数的年增长速度有所放慢。与 1999 年相比，企业数从全国第二位降到第三位，江苏省超过了浙江省，广东省仍居第一位。这 4 年的增长幅度，上海市第一。

表 1　1999—2002 年全国主要省市私营企业发展情况

	全国	北京	上海	广东	江苏	山东	浙江
1999 年户数（万户）	150.86	8.32	11.00	16.11	13.57	12.12	14.64
占全国的比例（%）	100.00	5.52	7.29	10.68	9.00	8.03	9.70
1999 年全国排位		6	5	1	3	4	2
2002 年户数（万户）	240.35	15.09	22.40	28.10	27.60	17.60	24.73
占全国比例（%）	100.00	6.28	9.32	11.69	11.48	7.32	10.29
2002 年全国排位		6	4	1	2	5	3
4 年增长幅度（%）	159.32	181.37	230.64	174.43	203.99	145.21	168.92

2002 年浙江省私营企业数比 1998 年的 10.02 万户增长 247%，其中温州、台州、杭州、宁波四市的增幅高于全省平均水平，但衢州却是负增长。同时杭州、宁波、台州和温州四市的私营企业数占全省的 69.97%，舟山仅占全省的 1.17%。由此可见，经济发达地区要积极响应省委、省政府的“山海协作”工程，为衢州、舟山经济的发展献计出力。

---

* 本文获得 2002—2003 年度全国工商联优秀调研成果一等奖、浙江省党政系统 2002—2003 年优秀调研成果三等奖。

浙江省工商业联合会 1995 年撰写的《浙江省 1995 年私营企业抽样调查数据及分析》获得浙江省首届优秀调研成果二等奖。

表2　1999—2002年浙江省私营企业发展情况

年份	1999年	2000年	2001年	2002年
企业户数(万户)	14.64	17.88	20.88	24.73
年增长幅度(%)	146	122	117	118

表3　2002年浙江省私营企业区域分布情况

地区	杭州	宁波	温州	嘉兴	湖州	绍兴	金华	衢州	台州	舟山	丽水
1998年户数(万户)	20710	21246	6590	6462	5345	8295	11647	5916	8767	1824	3709
占全省(%)	20.60	21.14	6.56	6.43	5.32	8.25	11.59	5.89	8.72	1.81	3.69
2002年户数(万户)	56400	54300	28430	13513	8188	18994	21841	5669	34333	3388	7647
占全省(%)	22.81	21.96	11.32	5.32	3.31	7.68	8.83	2.29	13.88	1.37	3.09
增长	273	256	425	209	153	229	188	0.96	392	186	206

一、浙江私营企业主的基本情况

(一)性别

调查显示:2002年浙江私营企业主群体中男性与女性的比例为961∶100。1994年时为693∶100,1998年时为811∶100,女企业主的比例继续下降。

(二)年龄

表4　被调查的浙江私营企业主出生年代构成

出生年代	30年代	40年代	50年代	60年代	70年代	80年代
比率(%)	1.14	10.50	37.90	42.24	7.76	0.46

被调查的私营企业主平均43.35岁,有八成出生在20世纪五六十年代,大部分处在年富力强的事业黄金时期,有阅历,有干劲,经过十多年来市场经济的熏陶,已逐渐成熟起来。

(三)文化

表5　被调查的浙江私营企业主群体的学历构成

学历	文盲	小学	初中	高中	职高	中专	大专	大学	研究生
比率(%)	0.21	1.54	26.75	29.17	2.85	10.53	23.46	4.39	1.10

表 6 被调查的浙江私营企业主群体的学位、职称构成

学位	学士	硕士	博士
比率(%)	2.19	1.32	0
职称	初级	中级	高级
比率(%)	16.89	31.58	7.46

表 5 和表 6 显示，浙江省私营企业主中大专及大专以上学历的占 28.95%，比 1998 年提高了 9.55%，文盲及小学文化程度减少了 2.35%，说明近年来，浙江省私营企业主群体的文化水平有了较大幅度的提高，但与国有企业相比还有相当差距。国家统计局 2002 年的调查显示，国有大中型企业的厂长、经理，大专及大专以上学历的占 81.6%。

(四)政治面貌

表 7 被调查的浙江私营企业主参加政治组织的情况

	中共党员	共青团员	民主党派成员
已经加入比率(%)	41.54	5.57	1.93
想加入比率(%)	19.27	0.86	2.36

1994 年调查时，浙江省私营企业主中中共党员占 15.8%，1998 年为 37.9%，2002 年为 41.54%。私营企业主中党员比例增长率不断提高的原因，一是在庆祝中国共产党成立八十周年大会上，江泽民指出，民营科技企业的创业人员和技术人员、受聘于外资企业的管理技术人员、个体户、私营企业主、中介组织的从业人员、自由职业人员等社会阶层，在党的路线方针政策指引下，通过诚实劳动和工作，通过合法经营，为发展社会主义社会的生产率和其他事业作出了贡献。“他们与工人、农民、知识分子、干部和解放军指战员团结一起，他们也是有中国特色社会主义事业的建设者。”江泽民同志的讲话，解决了多年来对私营企业主中的先进分子能否入党的争论，也使得私营企业主中的先进分子入党工作列入了议事日程。二是许多国有企业、集体企业、乡镇企业改制，而转制后的企业主原先就是党员，因此在近年来，私营企业主中党员比率不断增高。

(五)所在地

表 8 被调查的浙江私营企业主出生地、目前家庭所在地及企业所在地构成

	大城市	中等城市	小城市	乡镇	村	合计
出生地(%)	2.14	3.63	13.25	38.89	42.09	100.00
家庭所在地(%)	3.49	7.44	39.77	33.72	15.58	100.00
企业所在地(%)	1.15	3.68	36.78	47.82	10.57	100.00

调查显示,私营企业主80.98%出生在乡村,已有73.49%的私营企业主在小城镇安家,84.6%的企业建在小城镇。1994年,私营企业主家庭住地在大中城市的占4.9%,1998年占6.9%,2002年已占10.93%。1994年家住在村的占31%,2002年只有15.58%,刚好一半。由此可见,在我国城市化进程中,私营企业是一支主要的力量。浙江省众多的私营企业大多在小城市和乡镇,为工作方便,大多数的家庭所在地也在小城市和乡镇。相应的企业员工及其家庭大多数也向小城市和乡镇聚集,大城市里的企业以第三产业为主,今后第二产业大多数还是在小城市和乡镇,因此,建议政府有关部门在制订城市化发展规划时,要十分注重小城市和乡镇一级的长远规划和建设,统筹城乡发展。

(六)社会活动

表9　被调查的浙江私营企业主参加各种团体的情况

	工商联	私企协会	行业商会	同业公会	科技协会	行业协会
比率(%)	11.81	98.85	13.25	3.14	4.19	26.78

到2003年3月,全省工商联共有非公有制经济会员29200个;到2001年年底浙江省民营科技企业共10366家。几乎所有的私营企业主都是私营企业协会成员,从理论上讲,这是件大好事,实际上,参加私营企业协会带有一定的强制性,有些企业主明确表示不愿加入,但在工商年检年审时就有麻烦。私营企业主参加行业协会自愿性提高了,行业协会大多是政府机构改革时分离出来的事业单位,和主管部门仍有千丝万缕的联系,还有一些政府职能,如一些出口商品的配额,就是由行业协会分配的。

(七)生存周期

表10　被调查的浙江私营企业主创办企业时间情况

时间	80年代前	80年代	90年代	2000—2002年
比率(%)	3.28	21.01	64.33	11.38

近几年来,浙江省私营企业发展的增幅趋缓,2001年增长117%,2002年增长118%,增长速度比1999年以前降低了很多。增长速度趋缓的原因一方面是经过十多年的发展,私营企业的基数在不断扩大;另一方面是,浙江省私营企业的注册资本、固定资产等都大幅度增长,企业实力大提高,企业抗风险能力提高,开始步入良性发展阶段。同时,我们也关注到浙江省私营企业的歇业率:2001年歇业2.5万户,歇业率为13.98%,2002年歇业

2.95万户，歇业率为14.13%。浙江省私营企业的平均生命周期，1994年是5.3岁，2001年为7.15岁，2002年为7.07岁。任何事物都有生存周期，私营企业也不例外。香港企业的生存期平均为32年，浙江省私营企业的生存期虽然比1994年有所延长，但喜中更有忧，它反映了浙江省私营企业自身的生存能力和外部的生存环境尚待进一步改善和提高。

(八)创业前的历史

表11 被调查的浙江私营企业以前的注册登记的性质状况构成

企业性质	私营企业	城镇集体企业	农村集体企业	国有企业	股份制企业	港澳台企业	股份合作企业	外资企业	个体户	联营企业
比率(%)	27.76	13.88	19.79	6.68	10.54	0.77	4.11	2.31	12.10	2.06

私营企业主以前的企业是城镇集体、农村集体、国有企业的占40.35%。到2002年年底，全省8.4万家国有和集体企业，有96.7%完成转制任务，88.9%完成劳动关系改革。12.1%的私营企业是从个体户发展起来的，说明这几年的经济发展环境和速度总体是比较好的。

表12 被调查的浙江私营企业主创办企业前的职业构成

职业	工人	农民	军人	机关干部	企业干部	乡镇干部	学生	教师	个体户	供销员	营业员	其他	无职业	合计
比率(%)	14.76	35.55	2.08	3.53	13.31	2.49	2.08	3.53	7.48	8.94	1.87	3.33	1.05	100

私营企业主中原先是农民和工人的占50.31%。浙江私营企业主，人称"草根浙商"——传化集团总裁徐冠巨出身农民，万向集团的董事局主席鲁冠球出身铁匠，正泰集团的董事长南存辉出身鞋匠，华立集团的董事长汪力成当年做过丝厂的临时工，三星奥克斯集团董事长郑坚江原是大山沟里的修理工。这些浙江著名的企业家，尽管企业的规模今非昔比，但他们原来都是工人和农民，这也是工人和农民的骄傲。

表13 被调查的浙江私营企业主创业与再创业原因构成

	原单位无法发挥能力	实现自我价值	没有稳定的工作	想离开土地	原单位下岗	与原单位领导关系不好	为创造更多的财富	为了共同富裕	为了承担社会责任	合计
初创原因比率(%)	6.62	45.92	8.39	3.31	2.65	0.44	20.97	8.17	3.53	100.00
再创原因比率(%)	0.00	28.48	0.24	0.47	0.00	0.00	28.26	24.82	17.73	100.00

私营企业主当初创业的原因最主要的是实现自我价值(占 45.92%),当年他们并没有预测到企业会发展得如此迅速。如今,为了创造更多的财富,为了成就事业,实现自我价值,成为他们再创业的主要动因。同时,有相当一部分私营企业主为了共同富裕(占 24.82%)、为了承担社会责任(占 17.13%)而再创业,私营企业主的这种精神值得全社会的尊重和学习。

(九)收入

表 14　被调查的浙江私营企业主个人平均收入构成

	工资	奖金	红利	股息	总收入
平均年收入(万元)	4.99	5.94	17.48	13.61	42.02
比率(%)	11.87	14.14	41.60	32.39	100.00

被调查私营企业主年均收入 42.02 万元,其中工资年均收入为 4.99 万元,主要收入是红利和股息,二者占总收入的 73.99%。

(十)自我评价

表 15　被调查的浙江私营企业主对自己个人收入、社会名声、参与政治程度的评估构成

自己评估	较高位置			中间位置				较低位置			合计
	1	2	3	4	5	6	7	8	9	10	
收入(%)	33.82			53.28				12.90			100.00
	9.73	9.00	15.09	9.98	31.62	6.33	5.35	7.06	1.70	4.14	
社会名声(%)	54.01			38.45				7.54			100.00
	13.38	19.95	20.68	10.71	20.93	5.11	1.70	4.14	0.97	2.43	
参与政治(%)	47.44			39.66				12.90			100.00
	5.60	12.65	29.19	9.00	19.95	6.33	4.38	5.11	2.92	4.87	

被调查私营企业主对自己的评估:收入平均程度为 6.40,社会名声平均程度为 7.24,参与政治平均程度为 6.61,与 1998 年相比,收入平均值提高了 0.87,参与政治平均值提高了 1.03。他们认为,文艺界、体育界的明星们和国企老总的平均收入比他们多。党的"十五大"给予了非公有制经济重要地位,使浙江省私营经济进一步迅速发展,政治地位也不断提高。2002 年,浙江省共有 2884 名私营企业主当选为全省各级人大代表和政协委员,传化集团的总裁徐冠巨当选为省政协副主席,飞跃集团董事长邱继宝当选为"十六大"代表,成为浙江省政治生活中的重要代表人物,还有许多私营企业主当选为各级党代表大会的代表、各级工商联执委,以及担任各种社会团体的职务,事实上私营企业主参与政治的平均值是大大提高了。

（十一）提高自己地位的途径

表 16　被调查的浙江私营企业主认为提高自己社会地位比较有效的办法构成

	第一位	第二位	第三位	平均值
加入中国共产党（%）	13.49	0.97	1.53	5.33
争取当人大代表、政协委员（%）	10.79	9.90	6.54	9.08
在报刊等媒体多宣传自己（%）	4.49	3.86	1.96	3.44
尽量把企业规模扩大（%）	40.90	20.77	8.93	23.53
多支持社会公益事业（%）	10.34	23.67	12.42	15.48
与政府领导人经常联系（%）	0.67	2.42	4.36	2.48
担任社团的领导（%）	0.22	1.45	2.83	1.50
创建文明企业（%）	10.34	13.77	13.73	12.61
争当劳动模范（%）	0.67	1.69	3.05	1.80
争当纳税大户（%）	3.60	10.39	15.89	9.96
在日常工作和生活中树立良好的形象（%）	4.49	11.11	27.89	14.50
其他（%）	0.00	0.00	0.87	0.29
合计（%）	100.00	100.00	100.00	100.00

浙江省被调查私营企业主认为，提高自己社会地位最有效的办法是尽量把企业规模扩大（平均值为 23.53%，占第一位的比率高达 40.90%），同时他们认为多支持社会公益事业、在日常工作和生活中树立良好的形象，也是提高自己社会地位的有效办法。这充分说明私营企业主有很强的事业心、社会责任心。

二、私营企业经营情况

（一）组织

表 17　被调查的浙江私营企业的组织形式构成

组织形式	独资	合伙	有限责任公司	股份公司	中外合资	合计
比率（%）	16.41	5.03	53.62	18.16	6.78	100.00

表 18　被调查的浙江私营企业的股权构成

股权	1 人	2～4 人	5～8 人	9～24 人	25 人以上	合计
比率(%)	21.66	55.76	13.13	4.84	4.61	100.00

表 19　被调查的浙江私营企业主的控股构成

控股比例	＜10	10～30	30～50	＞50	合计
比率(%)	0.96	8.37	24.16	66.51	100.00

表 20　被调查的浙江私营企业主亲属的控股构成

控股比例	＜10	10～30	30～50	≥50
比率(%)	2.78	22.27	17.77	10.06

浙江省私营企业中独资组织形式的比率从 1998 年的 40.9%递减到 2002 年的 16.41%，独资企业数量的减少，是私营企业股权制度建设的进步。私营企业也存在明晰产权的问题。私营企业明晰产权，有利于保护私有财产权，有利于资本的流动和重组，有利于形成良好的信用基础和市场秩序，有利于推动混合所有制经济发展。浙江省私营企业中的公司组织形式从 1998 年的 45.8%增加到 2002 年的 71.78%。公司制属于现代企业组织形式。虽然浙江省私营企业公司制的比率已经较高了，但在企业内部能真正按公司制运行的，比率不很大，从股权结构看，2～4 人组建的企业占 55.76%，而业主控股大于 50%的占 66.51%，也就是说 2/3 的私营企业的经营决策是业主一人就可以说了算的。浙江省私营企业要真正成为现代企业，还有很长的路要走。

(二)行业

表 21　2002 年浙江省私营企业行业分布情况

行业	农林牧渔业	采掘业	制造业	建筑房地产	交通运输仓储业	批零贸易餐饮业	社会服务业	其他	总数
企业数(万户)	0.28	0.12	14.34	0.46	0.33	6.57	2.3	0.34	24.73
比率(%)	1.13	0.48	57.98	1.85	1.33	26.56	9.30	1.37	100

2002 年浙江省一、二、三产比率是 8.87∶51.17∶39.96，而全省私营企

业是 1.13∶60.31∶38.56，主要集中在第二产业，尤其是集中在制造业。2002 年，在第二产业增加值中，私营经济占主体地位，比率达 68.9%；在第三产业中，私营经济主要集中在批零贸易餐饮业和社会服务行业。目前，浙江省私营企业的三产比率并不尽如人意，特别是第三产业，比率虽然比 1998 年的 35.55%有了提高，但还有许多行业未能进入，如邮电通讯业、金融保险业等公共服务行业。有的行业允许私营企业经营，但进入的门槛很高，如经营种子、农药、化肥、药品、音像制品、托运业、金银首饰、成品油商品、盐业资源开发等；金融、保险、租赁、典当、拍卖、邮政、电信、电力、烟草等行业以及出租车运营、汽车维修、消防器材、废旧金属回收等领域，禁止、限制或不让私人控股经营；卫星地面接收设施生产企业必须具有独立法人资格；水陆运输服务企业必须是法人企业，且明确从事船舶代理、客货运输代理或兼营，注册资本必须不低于 20 万元、30 万元、50 万元，排除了独资企业、合伙企业和个体工商户的准入，也限制了小型企业的进入。发展第三产业，协调三产比率，不但能解决更多人的就业，而且能使企业更具有竞争力，使百姓生活更方便、更舒适，使政府增加更多的税收。我们认为，要放宽第三产业中的上述行业的市场准入，允许私人资本进入法律法规未禁入的基础设施、公用事业及其他行业和领域。

表 22　被调查的浙江私营企业转变经营行业的原因构成

转变原因	第一位	第二位	第三位	平均值
新行业有更好的市场需求(%)	41.52	24.18	12.92	26.21
企业有了较强的经济实力(%)	44.41	36.93	14.39	31.91
原行业竞争太激烈(%)	9.27	16.01	22.51	15.93
政策有了变化(%)	2.88	13.07	21.77	12.57
建立了新的社会关系(%)	0.96	8.17	24.35	11.16
其他(%)	0.96	1.64	4.06	2.22
合计(%)	100.00	100.00	100.00	100.00

企业经济实力的增强，使企业的视野扩大，有能力涉足经济效益更好的其他行业，这是私营企业转变经营行业的最重要的基础。市场需求是企业生产的追求方向，新行业有更好的市场需求，是私营企业转变经营行业的最大动力。

3.资本

表23　被调查的浙江私营企业创办之初资金来源构成

	第一位	第二位	第三位	平均值
继承家业(%)	5.47	3.85	3.08	4.13
劳动所得(%)	52.62	11.26	12.32	25.40
股票收益(%)	0.23	0.82	2.24	1.10
海外投资(%)	1.37	1.92	0.28	1.19
向亲戚朋友借(%)	18.68	32.97	19.05	23.57
银行贷款(%)	11.85	30.77	23.81	22.14
集体贷款(%)	2.96	4.40	5.88	4.41
信用社贷款(%)	4.33	7.69	20.73	10.92
借高利贷(%)	0.91	4.40	7.28	4.20
其他(%)	1.58	1.92	5.33	2.94
合计(%)	100.00	100.00	100.00	100.00

劳动所得、向亲戚朋友借、银行贷款构成了浙江省私营企业主创办企业资金的主要来源。

(三)注册资金

表24　被调查的浙江私营企业目前的注册资本构成

注册资本(万元)	<50	50～100	100～500	500～1000	1000～5000	5000～10000	≥10000
比率(%)	9.94	16.91	36.15	15.43	16.71	3.38	1.48

被调查的浙江私营企业中最大注册资本为160000万元。

被调查的浙江私营企业平均注册资本为868.26万元。

到2002年年底,浙江有私营企业24.73万户,投资者58.77万人,雇工人数345.25万人,注册资本2156.03亿元,比2001年分别增长18.42%、13.49%、16.91%、28.38%。

(四)固定资产

表25　2002年被调查的浙江私营企业的固定资产构成

固定资产(万元)	<100	100～500	500～1000	1000～5000	5000～10000	≥10000
比率(%)	9.67	26.37	18.68	33.63	6.59	5.05

被调查的浙江私营企业中最大固定资产为77395万元。

被调查的浙江私营企业平均固定资产为2363.08万元。

(五)流动资金

表26　2002年年底被调查的浙江私营企业的流动资金构成

流动资金(万元)	<100	100～500	500～1000	1000～5000	5000～10000	≥10000
比率(%)	14.16	29.65	16.81	31.42	4.20	3.76

被调查的私营企业中最大流动资金为49000万元。

被调查的私营企业平均流动资金为1961.14万元。

(六)产值

表27　2002年被调查的浙江私营企业的产值构成

产值(万元)	<500	500～1000	1000～5000	5000～10000	1000～50000	≥50000
比率(%)	14.52	11.48	46.14	13.58	12.65	1.63

被调查的浙江私营企业中最大产值为210000万元。

被调查的浙江私营企业平均产值为5642.36万元。

2002年浙江省个体私营经济增加值为3667.64亿元,占国内生产总值的47.1%,占非公有制经济增加值的85.9%,表明浙江省非公有制经济以个体私营经济为主体。

(七)营业额

表28　2002年被调查的浙江私营企业的营业额构成

营业额(万元)	<500	500～1000	1000～5000	5000～10000	1000～50000	≥50000
比率(%)	15.80	12.74	46.23	11.79	11.79	1.65

被调查的浙江私营企业中最大营业额为209700万元。

被调查的浙江私营企业平均营业额为5748.59万元。

2002年浙江省年销售收入上亿元的私营企业达1500多家,其中年销售收入10亿元以上的私营企业50多家。

(八)国税

表29　2002年被调查的浙江私营企业的国税构成

国税(万元)	<10	10～50	50～100	100～500	500～1000	≥1000
比率(%)	9.18	27.29	17.15	35.51	7.25	3.62

被调查的浙江私营企业中上缴国税最多为14269万元。

被调查的浙江私营企业平均上缴国税为290.12万元。

(九)地税

表30　2002年被调查的浙江私营企业的地税构成

地税(万元)	<10	10～50	50～100	100～500	500～1000	≥1000
比率(%)	16.71	40.71	16.71	20.71	3.76	1.40

被调查的浙江私营企业中上缴地税最多为5267万元。

被调查的浙江私营企业平均上缴地税为259.87万元。

2002年6月,省工商联、省国税局、省地税局对2001年度上缴税收名列全省前茅的宁波雅戈尔集团、杭州西子奥的斯电梯公司、浙江石梁酒业公司、浙江龙盛集团、浙江诚信包装材料公司、星星集团、临海华海药业公司等7家独立纳税企业,授予浙江省非公有制经济2002年度"纳税状元"称号。

(十)债权

表31　2002年被调查的浙江私营企业的债权构成

债权额(万元)	<100	100～500	500～1000	1000～5000	5000～10000	≥10000
比率(%)	15.16	34.19	16.13	28.06	3.87	2.59

被调查的浙江私营企业中债权最高额为26907万元。

被调查的浙江私营企业平均债权为1350.10万元。

(十一)债务

表32　2002年被调查的浙江私营企业的债务构成

债务额(万元)	<100	100～500	500～1000	1000～5000	5000～10000	≥10000
比率(%)	15.22	40.67	13.98	22.05	4.97	3.11

被调查的浙江私营企业中债务最多为564600万元。

被调查的浙江私营企业平均债务为1688.03万元。

(十二)员工

表33　被调查的浙江私营企业在注册开业时的员工构成

	平均企业员工数(人)	生产员工比率(%)	管理人员比率(%)	技术人员比率(%)
注册开业时	74.31	80.48	10.22	9.30
2002年年底	290.58	83.07	8.34	8.59

据浙江省工商局公布，到2002年年底，浙江私营企业24.73万户，投资者58.77万人，雇工345.25万人，企业平均员工13.96人。这与本次调查数相距甚远，原因是企业在工商登记时，企业员工数只要在8人以上就可设立为私营企业，员工人数越多，需要的相关材料就越多，企业为了省事图方便，能少报就少报。同时，私营企业中的员工和业主之间签订长期雇用合同的不多，临时工不少，我们调查时要求是在2002年年底时的在职数，无论是否是临时工，私营企业在填写企业员工人数时其中还包括了设在外省的企业员工人数，因此员工数相对多了。

表34　2002年年底被调查的浙江私营企业的员工规模构成

企业规模(人)	<50	50～99	100～499	500～999	≥1000	合计
比率(%)	14.06	19.12	52.07	10.60	4.15	100.00

浙江省私营企业中有半数以上的员工在100～500人之间，500人以下的占85.25%，如果以1000人以下为数，则占95.85%，也就是说，绝大多数的私营企业属于中小企业范畴。

表35　被调查的浙江私营企业职工来源构成之一

	本地	本省外地	外省	合计
一般员工比率(%)	64.51	14.23	21.26	100.00
管理人员比率(%)	75.51	11.69	12.80	100.00
技术人员比率(%)	64.94	15.38	19.68	100.00

私营企业的职工中一般员工和技术人员约有1/5是外省的，尽管三者都以本地人为主，但管理人员本地化率要高得多。

表36　被调查的浙江私营企业职工来源构成之二

	国家机关	事业单位	国有企业	大中专生	社会招聘	闲散人员	农民	下岗人员	其他	合计
一般员工比率(%)	0.16	1.08	2.76	9.13	41.76	4.97	30.85	9.18	0.11	100.00
管理人员比率(%)	1.79	4.12	5.91	28.02	40.38	0.66	12.66	5.50	0.96	100.00
技术人员比率(%)	0.56	2.72	8.61	32.63	38.51	0.87	10.71	4.89	0.50	100.00

浙江省私营企业的职工来源以招聘为主，一般员工中农民约占1/3。

表 37　被调查的浙江私营企业职工来源构成之三

	老实可靠	信得过	各种关系	专业技术	关系网	其他	合计
一般员工比率(%)	51.11	15.21	5.83	25.32	2.01	0.52	100.00
管理人员比率(%)	40.66	25.36	4.19	25.89	3.76	0.14	100.00
技术人员比率(%)	34.67	21.65	7.38	33.40	2.48	0.42	100.00

表 38　被调查的浙江私营企业的人才构成

	博士生	研究生	大学生	大专生	中专生	高级职称	中级职称	初级职称
企业平均拥有数(人)	0.01	0.17	4.79	7.97	17.69	0.87	4.46	9.94
每万名员工拥有数(人)	0.55	6.4	176	293	651	32	164	365

调查显示浙江省私营企业每万名员工中拥有博士生 0.55 人、研究生 6.4 人，每百名员工中拥有大学生 1.76 名、大专生 2.93、中专生 6.51 名、高级职称人员 0.32 名、中级职称技术人员 1.64 名，初级职称人员 3.65 名。

由此可见，浙江省私营企业就业人员的受教育程度偏低，低学历人员多，高学历人员少，在专业技术人员中，初级和无职称的多，高级职称的人员少，一般员工中，高级技工人员少。私营企业就业人员主要来自于农村，就业人员的文化素质、技能素质低，其结果是企业的产品技术含量低、竞争力低、价格低、同类多、利润薄、风险大、寿命不长。

表 39　2002 年年底被调查的浙江私营企业员工流动情况构成

	平均新增员工(人)	平均离职员工(人)	其中平均自动离职数(人)	平均增长员工(人)
2002 年	71.86	18.41	12.20	53.45

调查表明：私营企业是浙江省解决就业问题的主力军，受雇员工的工作稳定性相对较高，私营企业中的员工的人身是自由的。2002 年 6 月，省工商联与省劳动和社会保障厅联合授予杭州三替综合服务有限公司等 15 家企业为浙江省非公有制经济“再就业工程贡献企业”。

表 40　被调查的浙江私营企业职工年收入

	一般员工	管理人员	管理人员最多	技术人员	技术人员最多
平均年收入(万元)	1.25	2.01	4.31	2.49	5.08

浙江省私营企业中，一般员工年平均工资为1.25万元，即平均月薪为1041.67元。技术人员的年均收入高于管理人员，一方面是技术人员缺少；另一方面是管理人员的水平不高，很多企业的管理者是亲属等，管理的效益不明显。被调查的私营企业中有73.02%是实行计件制；有47.54%的企业每月要加班，平均每月加班24.12小时。被调查的私营企业中有个企业一个月加班高达210小时，也就是说，这个企业每月不放假，还要每天平均加班7小时。这种加班违反了我国的《劳动法》，严重危害了员工的身体健康，必须加以制止。

表41　被调查的浙江私营企业的员工福利构成

	医疗保险	统筹医疗	养老保险	人身保险	劳动保险	集体宿舍	免费午餐	婚假	探亲假	产假	年休假	丧假
比率(%)	40.26	14.35	83.30	40.69	52.46	44.97	30.19	56.53	30.19	52.46	26.55	51.82

浙江省有40.26%的私营企业为部分员工参加医疗保险，有83.30%的企业为部分员工交纳养老保险。

（十三）劳动生产率

表42　被调查的浙江私营企业的劳动生产率构成

劳动生产率(万元/人)	<10	10～20	20～30	30～50	≥50	合计
比率(%)	30.80	34.78	19.93	7.61	6.88	100.00

浙江省私营企业的劳动生产率平均为18.97万元/人；其中劳动生产率最高的企业达100万元/人。国家旅游局公布，2002年上海的劳动生产率是13.57万元/人，北京为12.21万元/人，浙江为10.94万元/人。劳动生产率的提高，可以使经济以较快的速度增长而不会导致物价上升。

我国的劳动生产率是以年为计算单位，国际上以小时为计算单位。浙江省私营企业的员工一年里生产工作时间比国有企业的员工长得多，经常要加班。以延长员工劳动时间来提高劳动产出，这不能真正反映私营企业的劳动生产率，建议国家统计部门修改劳动生产率的计算单位。

（十四）生产经营中的困难

表 43　被调查的浙江私营企业主在生产经营中的困难构成

	没有困难（%）	有些困难（%）	很困难（%）	合计（%）
购买原材料	66.19	29.52	4.29	100.00
销售产品	57.22	39.63	3.15	100.00
扩大生产用地	38.96	44.94	16.10	100.00
招聘技术人员	49.01	44.09	6.90	100.00
招聘管理人员	54.37	40.32	5.31	100.00
技术职称评定	61.58	32.77	5.65	100.00
获得生产资金	59.25	37.80	2.95	100.00
新产品立项	58.73	38.10	3.17	100.00
新产品鉴定	57.28	37.75	4.97	100.00
用电用水	67.14	27.19	5.67	100.00
获得市场信息	67.24	30.75	2.01	100.00

浙江省私营企业在生产经营中的困难以扩大生产用地列第一位，其次为缺乏人才。扩大生产用地难，已经成为制约浙江省经济进一步发展的主要瓶颈。被调查私营企业平均占地 40.76 亩，建筑面积平均 14281 平方米，平均容积率为 0.53，高于国家对工业标准厂房容积率 0.5 的标准，平均产值为 5642.36 万元，每亩土地经济效益为 138.43 万元。这说明浙江省私营企业用地确实十分紧张。

表 44　被调查的浙江私营企业在生产经营中的困难原因构成

	政策限制（%）	市场竞争（%）	部门刁难（%）	自身原因（%）	其他（%）	合计（%）
扩大生产用地	48.07	7.18	12.15	8.29	24.31	100.00
招聘技术人员	8.84	34.69	1.36	32.65	22.46	100.00
招聘管理人员	7.14	33.57	0.00	38.57	20.72	100.00

私营企业主认为，造成企业扩大生产用地困难的主要原因是政策限制，而企业缺乏人才的主要原因是市场竞争和企业自身原因。浙江地少人多，土地资源相当贫乏，企业要进一步发展，用地必不可少。浙江省的重点工程、基础建设如高速公路建设用去了大量的用地指标，使政府对企业用地不得不进行限制，从而使扩大企业用地的矛盾进一步加深。再加上企业在征

地时，一些地方政府一方面趁机加价，另一方面克扣农民失地补偿费用，使企业、农民都对征地意见很大，企业深感二次飞跃的困难。我们认为，要根本解决农业、农村、农民问题，就必须认真研究土地的所有权和经营权问题。只有这样，市场机制在农村、土地上得以稳妥解决落实，国家的利益、集体的利益、企业的利益和农民的利益才能得到合理保护。

表 45　被调查的浙江私营企业主解决困难的途径

	贷款难	销售难	缺技术	上规模	权益受损	威胁安全	其他困难
党政领导(%)	9.98	1.27	1.06	11.60	7.51	8.55	11.66
政府部门(%)	28.95	5.34	12.50	49.88	25.36	49.39	26.80
工商联(%)	4.38	4.07	6.91	7.16	11.97	2.38	26.30
同业公会(%)	2.19	4.58	18.88	3.21	2.59	0.48	4.96
私企协会(%)	0.73	2.80	4.79	3.95	3.05	0.24	4.71
其他经营者(%)	13.38	8.40	13.56	2.96	0.23	0.24	1.49
亲属(%)	7.79	0.00	0.00	0.74	0.00	0.24	2.98
朋友(%)	28.70	7.38	12.77	6.17	0.47	1.66	13.65
有影响人物(%)	1.96	2.80	9.58	2.47	2.34	2.85	4.71
诉诸法律(%)	0.00	0.00	1.33	0.74	46.25	33.73	1.24
开拓新市场(%)	1.70	53.18	7.18	6.67	0.00	0.00	1.24
开发新产品(%)	0.24	10.18	11.44	4.45	0.23	0.24	0.26
合计(%)	100.00	100.00	100.00	100.00	100.00	100.00	100.00

私营企业贷款难找政府部门和朋友，两者比例相当，实际上是找银行和民间借贷几乎对等。据温州有关部门调查，2002 年温州四大国有银行为私营企业贷款 1000 多亿元，而私营企业民间借贷也达到 1000 多亿元。这里存在几个问题：一是大量的税收流失；二是民间借贷，万一出现周转困难，会变成社会问题，政府有保持稳定的责任。多年来，民间的地下钱庄等屡禁不止，主要原因是现有的国有银行和商业银行未能满足企业的需求；我们的金融体制改革已经到了关键时刻，允许外国资本在中国开银行，却不许中国私人资本开银行。中国的私人资本公开办银行不行，只能地下办，这和中国加入 WTO 的方针政策不一致。

企业销售难，开拓新市场是它们解决问题的最主要方法(占 53.18%)，这也说明浙江省的私营企业基本适应了社会主义市场经济体制；技术上的困难，18.88%的私营企业找同业公会，表明市场经济体制下中介组织的作用在日益突出；企业扩大规模，49.88%的私营企业找政府部门，因为扩大规模涉及用地、用水、用电等资源的获取，必须首先得到政府的可行性认证、立项批复，然后才能获取土地、水电等生产要素；权益受损，有46.25%的私营企业认为诉诸法律是解决问题的主要办法，显示了私营企业主的法制意识正在逐步加强。

（十五）资金

表46　被调查的浙江私营企业融资难度构成

	很困难	一般	不很困难	合计
比率(%)	4.27	55.28	40.45	100.00

表47　被调查的浙江私营企业日常资金来源构成(%)

	银行贷款(%)	民间借贷(%)	自有资金(%)	亲友借款(%)	其他(%)	合计(%)
基本建设	30.62	3.05	58.34	7.18	0.81	100.00
技术改造	28.59	2.55	65.45	2.22	1.19	100.00
流动资金	32.20	3.66	61.00	2.31	0.83	100.00

注：其他有企业改制等。

从调查来看，目前，浙江省的私营企业融资难度并不很大，无论是基本建设、技术改造还是流动资金，银行贷款的比率都没有超过1/3。由于民间借贷是非法的，所以私营企业对于此项调查，大多数是避而不谈，不管是书面调查，还是开座谈会。同时，数据显示企业的自有资金相当充裕。发展经济，资金是一个重要的因素。《浙江蓝皮书2003年浙江发展报告(经济卷)》中说："估计全省可用于投资的民间资本达8300亿元。"浙江大量的民间资本不仅为浙江省经济发展带来了充裕的资金，如杭州湾大桥民间资本超过50%，而且成为外省乃至外国招商的主要对象。这几年来，到浙江省招商引资的客商络绎不绝。浙江许多私营企业主在全国各地投资，表面上是民间资金大量外流，实际上浙江省私营企业资本输出的收益远远大于商品输出的效益。温州乐清市有许多私营企业到外省投资，这几年在年年底时大量的资金回流，就是很好的说明。民间资金的循环流通，是促进浙江私营企业进一步发展的一个重要因素。

(十六)建设先进制造业基地的基本情况

表 48 被调查的浙江私营企业主要生产设备构成

	国产设备	进口设备	自制设备	合计
数量比率(%)	78.75	16.94	4.31	100.00
价值比率(%)	49.97	48.21	1.82	100.00
数控设备比率(%)	6.22	34.73	22.29	——

表 49 被调查的浙江私营企业主要设备制造年代构成

制造年代	80 年代前	80 年代	90 年代	21 世纪
国产设备比率(%)	0.89	10.72	63.39	25.00
进口设备比率(%)	0.00	5.47	54.69	39.84
自制设备比率(%)	31.34	26.12	24.63	17.91

表 50 被调查的浙江私营企业主要设备自动化率构成

自动化率(%)	<50	50～70	70～90	≥90
国产设备比率(%)	31.34	26.12	24.63	17.91
进口设备比率(%)	9.30	6.98	32.56	51.16
自制设备比率(%)	0.00	8.57	44.29	47.14

私营企业的主要生产设备以国产设备为主(占 78.75%),进口设备比率不高(占 16.49%),但两者价值几乎相当,且进口设备的制造年代比国产设备近,自动化率高,表明浙江省私营企业的制造能力和水平在近年来有了大幅的提高。

表 51 被调查的浙江私营企业主要国产设备产地构成

产地	浙江	上海	江苏	北京	广东	湖北	陕西	东北	其他
比率(%)	30.45	26.75	14.40	3.70	4.12	3.29	2.47	4.53	10.29

表 52 被调查的浙江私营企业主要进口设备产地构成

产地	日本	德国	中国台湾地区	意大利	美国	韩国	英国	法国	其他
比率(%)	31.55	29.76	10.71	8.93	5.95	4.77	1.19	1.19	5.95

浙江省私营企业的国产设备产地主要是本省和上海、江苏。进口设备产地主要是日本和德国。

表 53　被调查的浙江私营企业主要制造产品的水平

制造产品水平	高	中	低	合计
国产设备比率(%)	26.06	71.67	2.27	100.00
进口设备比率(%)	64.14	35.86	0.00	100.00
自制设备比率(%)	24.00	62.67	13.33	100.00

表 54　被调查的浙江私营企业在制造设备、产品质量、产品价格等方面与国内外同行相比

	一流(%)	二流(%)	三流(%)	合计(%)
制造设备与国内相比	39.94	51.40	8.66	100.00
制造设备与国外相比	11.72	64.49	23.79	100.00
产品质量与国内相比	50.40	44.83	4.77	100.00
产品质量与国外相比	13.73	75.16	11.11	100.00
产品价格与国内相比	32.00	58.13	9.87	100.00
产品价格与国外相比	10.26	63.14	26.60	100.00

浙江省私营企业主认为，进口设备的制造产品水平远远高于国产设备和自制设备。因此，浙江省私营企业的制造设备、产品质量、产品价格在与国内其他省市尚可一比，但与国外同行企业相比就有较大距离。要使浙江省成为先进制造业基地，各级政府要重点支持私营企业从事装备制造业、高科技产业，加大企业技术改造力度。

表 55　被调查的浙江私营企业新产品开发构成

开发方式	购买	与科研单位合作开发	自己研制	仿制	合计
比率(%)	12.70	17.23	44.67	25.40	100.00

浙江省私营企业开发新产品的途径，主要是企业自己研制(占44.67%)，由于浙江省私营企业本身人才不足，尤其是高级人才资源稀缺，研制能力有限，因此总体上私营企业的研制水平不高；私营企业仿制产品占新产品的1/4，严格意义上讲不是新产品，有的产品还存在对知识产权的侵权嫌疑。要提高企业对新产品的开发能力，就要大量发展科研机构，从准入、免税免费、低息或无息贷款，甚至免费提供科研场地着手，同时也要把科研机构推向市场。

我们发现，有的科研成果要价太高，企业难以承受，以至成果束之高阁。

表 56　被调查的浙江私营企业主认为目前自己企业对先进制造业基地要求的适应度

	完全适应(%)	一般适应(%)	不适应(%)	完全不适应(%)	合计(%)
企业管理水平	17.12	79.40	2.73	0.75	100.00
企业抗风险能力	15.98	74.58	8.72	0.72	100.00
产品的科技含量	15.59	67.33	16.09	0.99	100.00
人才的基本素质	9.78	77.33	12.41	0.48	100.00
员工的基本素质	9.80	74.56	14.91	0.73	100.00
企业的组织结构	18.98	70.80	9.98	0.24	100.00
企业的资本结构	19.02	70.49	9.27	1.22	100.00
新产品的研发能力	12.72	69.72	16.03	1.53	100.00
产品的国内市场竞争力	16.39	69.64	12.77	1.20	100.00
产品的国际竞争力	10.21	65.42	19.03	5.34	100.00

表 57　被调查的浙江私营企业主认为目前政府对先进制造业基地要求的适应度

	完全适应(%)	一般适应(%)	不适应(%)	完全不适应(%)	合计(%)
市场准入政策	23.88	71.64	3.73	0.75	100.00
融资服务政策	16.67	70.76	12.31	0.26	100.00
外汇管理政策	15.14	71.62	12.70	0.54	100.00
创业扶持政策	15.46	70.88	12.89	0.77	100.00
商品出口政策	19.74	71.05	8.16	1.05	100.00
境外投资政策	14.76	68.80	14.76	1.68	100.00
税收政策	15.48	72.08	10.91	1.53	100.00
土地政策	12.04	66.83	19.41	1.72	100.00
鼓励技术创新政策	17.84	70.87	10.24	1.05	100.00

从打造先进制造业基地的要求相对照，浙江省私营企业主普遍认为企业产品的国际竞争力不强；政府在打造先进制造业基地的工作中，主要在土地政策、境外投资政策和税收政策上还很不适应。

表 58　被调查的浙江私营企业电脑使用构成

	企业主	文档	财务	产品设计	生产加工	销售	仓储	合计
户平均(台)	1.14	2.74	3.49	7.22	6.38	4.10	2.79	27.86
比率(%)	4.09	9.83	12.53	25.92	22.90	14.72	10.01	100.00

电脑在生活和生产中的广泛使用,使社会进入了信息时代。企业使用电脑,一部分是连接因特网,主要是为获取信息(占 61.44%)和推销产品(占 18.15%),更多是提高生产经营和管理水平。被调查的浙江私营企业中有 11.35%没有使用电脑,有 24.20%的企业的产品设计通过计算机辅助设计(CAD)软件设计,38.76%的企业有自己的电子信箱。建议政府有关部门像对财务记账要求电子化一样,大力推广计算机在生产、管理、设计中的普及和提高,这会使浙江省的私营企业的制造水平站在更高、更大的平台上。

表 59　被调查的浙江私营企业主使用电脑的最主要用途构成

	获取信息	推销产品	促销广告	学新知识	通讯	交友	娱乐	合计
比率(%)	61.44	18.15	4.35	9.45	4.54	0.38	1.69	100.00

表 60　被调查的浙江私营企业主对国际互联网(Internet)的认知构成

	了解	比较了解	不了解	合计
比率(%)	35.75	43.00	21.25	100.00

浙江省私营企业主对国际互联网的认知程度还是比较高的,不了解的仅占 21.25%。

表 61　被调查的浙江私营企业获得认证构成

	ISO9000	ISO9002	ISO14000	其他认证
比率(%)	55.89	4.93	1.50	4.07

注:其他认证主要为:QS9000、TL9000、OHSA18001、KS、CE、HACCP、UL、CSA、ZSP 等。

整体而言,浙江制造业已形成了以民营企业为主体的机制优势,以块状经济为代表的集聚优势,以专业市场为依托的营销优势,以轻纺工业为特色的产业优势。浙江已经成为全国重要的制造业基地,但浙江制造业总体上仍然存在着产业层次低、技术创新能力弱、利用外资规模小、有影响力的大企业少、可持续发展能力不强等问题。浙江要成为名副其实的先进制造业基地，在科技创新能力、产业层次、产业结构、劳动力素质、企业管理水平、生产设备等方面要进一步提高。

（十七）对外合作

表 62 被调查的浙江私营企业对外合作状况构成

	已合作	正在洽谈	产品全部出口	50%以上出口	部分出口	暂不合作
比率(%)	11.78	13.70	12.42	7.92	13.70	19.70

表 63 被调查的浙江私营企业对外合作的目的构成

	提升技术和设备	解决资金	扩大海外市场	其他	合计
比率(%)	21.37	11.11	62.39	5.13	100.00

浙江私营企业对外合作形式各式各样，参股合资、技术合作、商品出口、来料加工等都有。浙江省私营企业对外合作度达到 75.6%。从表面上看，浙江私营企业的对外合作不如其他省，实际原因是浙江私营企业的产权明晰，企业主对外合作目的明确，一是为扩大海外市场（占 62.39%），二是提升技术和设备（占 21.37%），就是要扩大产品的销路，进一步发展。当然，浙江有不少私营企业主也怕大权旁落，因为他们缺乏不是企业控股者时如何监督企业经营的经验。

表 64 被调查的浙江私营企业产品出口渠道构成

	自营直接出口	通过外贸公司出口	合 计
比率(%)	45.31	54.69	100.00

被调查私营企业的产品出口，经外贸公司出口的比率略多于自营直接出口。随着我们出口政策的进一步放宽，企业自营直接出口的比率会进一步提高，目前企业自营直接出口主要的困难是缺乏外贸人才，不清楚通关程序。

表 65 被调查的浙江私营企业出口产品订单渠道构成

	外贸公司	交易会	外商直接	合计
比率(%)	41.34	21.30	37.36	100.00

表 66 被调查的浙江私营企业产品出口的配额来源构成

	行业组织	购买	其他	合计
比率(%)	29.52	39.05	31.43	100.00

一些产品出口需要配额，值得注意的是私营企业取得这些配额的途径主要是购买（占 39.05%）。一些大公司凭借某种关系，不做进出口生意，却长期有配额，以此获取大量利益。市场经济发展到今天，国家强调优化资源配置，不应该再存在这种情况。被调查的浙江私营企业中，生产出口商品的企业占21.83%，平均出口额为共 417.83 万美元，平均出口退税 570.33 万元人民币，尚未退税平均 316.80 万元人民币，在出口中已遭遇非关税壁垒的有 20 家。国家宣布从 2004 年 1 月 1 日起对现行出口退税机制进行调整：适当降低出口退税率；加大中央财政对出口退税的支持力度；建立中央和地方共同负担出口退税的新机制，欠退税款中央全额贴息解决。国家调整出口退税机制，对浙江省私营企业影响较大，浙江省相当一部分出口生产企业是劳动密集型的，这些企业主要靠退税维持生产。这不仅使这些企业相对萎缩，还会减少就业岗位，增加就业压力；宏观上政府降低了财政支出，但却影响了出口，也降低了财政收入。建议政府和有关部门对此进行深入的调查研究并采取相应的对策。

（十八）购销

表 67　被调查的浙江私营企业的购销经营方式构成

	有国家计划	通过各种市场	通过自己网点	代购代销	合计
比率（%）	0.52	78.01	19.63	1.84	100.00

浙江是市场大省，2002 年，全省有各类商品交易市场 4193 个，市场成交额达 4997 亿元，已连续 12 年名列全国第 1 位。其中成交额超亿元的市场有 457 个，超 10 亿元的市场有 77 个，超百亿元的市场有 6 个。“建一个市场，带一片产业，兴一座城镇，活一地经济，富一方百姓”，已经成为浙江省许多地方经济发展的真实写照。

表 68　被调查的浙江私营企业的进销渠道和服务对象构成

	国有企业	私营企业	交易市场	境外	其他	合计
进货渠道比率（%）	13.37	32.94	45.82	2.86	5.01	100.00
销售渠道比率（%）	12.83	19.37	44.32	16.46	7.02	100.00

调查显示：浙江省私营企业除了通过市场购买生产资料和销售产品外，私营企业间的互相购销关联也十分密切。这种密切的关联，反映了浙江省私营企业彼此之间的生产分工和协作十分紧密。

表 69　被调查的浙江私营企业的产品销售或服务范围构成

	县内	县外省内	省外	境外	合计
比率(%)	18.86	29.34	35.34	16.46	100.00

被调查的私营企业的产品销售和服务地域,省外占 35.34%,浙江省私营企业大多数是中小企业,以小商品、纺织品、鞋革服装等品种为主,销售省外主要在中西部和东北各省。

(十九)组织建设

表 70　被调查的浙江私营企业中的组织构成

	董事会	监事会	经理办公会	党组织	团组织	工会	职代会
比率(%)	59.53	30.62	51.12	47.97	37.90	66.38	18.20

浙江省私营企业中有董事会组织的已占 3/5,这也是私营企业本身的产权制度建设。值得注意的是,董事会和监事会的设置不成比例,监事会的设置只有董事会的一半,可见私营企业里的监事会大多是摆设。这说明浙江省私营企业要成为真正的现代企业,并非名称是公司,有董事会、有股东大会、有章程等就是了,这一过程可能要经过 10 年、20 年,甚至更长的时间,才能完成。

私营企业的党组织、团组织和工会组织建设十分重要。温州经济开发区职工人数在 100 个以上的企业全部单独建立了党组织。探索并及时总结党组织、共青团、工会在私营企业中的作用,解决党组织、共青团、工会如何团结凝聚员工和教育企业主,如何防止企业家庭化,如何既保护职工群众的合法权益,也保护企业主的合法权益等经验需要及时总结并互相交流。

(二十)决策方式

表 71　被调查的浙江私营企业重大经营决策和工资决策机构构成

	本人(%)	董事会(%)	经理办公会(%)	与家人商定(%)	其他组织(%)	合计(%)
重大经营决策	30.79	47.45	18.06	2.55	1.15	100.00
工资决策	14.46	17.65	59.80	4.43	3.66	100.00

企业重大经营决策经董事会讨论决定,这是现代企业制度建设的一个重要内容;反之由本人或与家人商定的决策机制,则表明该企业缺乏民主和科学管理。

（二十一）利润分配

表 72　2002 年被调查的浙江私营企业利润分配构成

	再生产	分红、股权	公积金	公益金	摊派	捐赠	应酬	其他	合计
比率(%)	60.15	17.67	6.10	6.28	2.75	3.16	2.10	1.79	100.00

被调查的私营企业把 60.15%的利润用于继续扩大再生产，一是市场竞争的压力，二是为追求更多的利润。同时这也表明企业发展趋势良好，使企业主敢于加大投入。

（二十二）纠纷

表 73　被调查的浙江私营企业最常遇到的纠纷对象构成

	供货单位	销售单位	消费者	有关部门	合计
比率(%)	43.07	39.67	13.59	3.67	100.00

表 74　被调查的浙江私营企业解决纠纷的方式构成

	不予理睬	尽量协商	上告法院	投诉有关部门	通过私人关系	合计
比率(%)	0.42	89.24	5.81	1.68	2.85	100.00

表 75　被调查的浙江私营企业解决纠纷的结果满意度构成

	非常不满意	不太满意	比较满意	非常满意	合 计
比率(%)	3.63	21.79	65.92	8.66	100.00

私营企业在生产经营与供需各方面的关系中，一般是与供货方的纠纷多，且处于主动地位，而与销售单位的纠纷往往处于较被动地位。他们最不愿与消费者发生纠纷，在这种纠纷中他们较为被动。与政府部门的纠纷最少，行政诉讼这种官司企业家最不愿打，无论输赢，他们认为都不好。私营企业解决纠纷最主要的方式是协商（占 89.24%），这确实也是解决纠纷的最好办法。企业对解决纠纷的结果大多数还是比较满意的。

三、私营企业与社会的各种关系

(一)捐款捐物

表 76 私营企业主为社会公益事业捐款捐物价值构成

价值(万元)	<5	5～10	10～50	50～100	100～500	≥500	合计
比率(%)	40.81	14.86	30.27	6.50	6.30	1.26	100.00

表 77 被调查的浙江私营企业主捐款捐物的主要对象构成

	办学	助学	助残、民政福利	救灾	公益事业	合计
捐款捐物比率(%)	8.53	16.73	22.35	10.47	41.92	100.00
捐赠对象比率(%)	9.87	21.84	23.85	15.42	29.02	100.00

表 78 被调查的浙江私营企业主捐款捐物原因构成

原因	和当地搞好关系	提高自己和企业的声望	扶贫济困共同富裕	报效父老乡亲	答谢政府	摊派	其他	合计
第一位比率(%)	15.66	14.71	47.96	13.96	5.06	1.69	0.96	100.00
第二位比率(%)	6.38	24.47	26.06	31.92	8.78	2.39	0.00	100.00
第三位比率(%)	8.29	17.10	13.99	16.32	30.83	11.66	1.81	100.00
平均比率(%)	10.11	18.76	29.34	20.73	14.89	5.25	0.92	100.00

私营企业主捐款捐物主要对象是社会公益事业,从基层的修桥铺路到社会的大型体育场馆设施等,价值也最高;私营企业主捐款捐物的主要原因第一是扶贫济困、共同富裕,第二是报效父老乡亲,第三是提高自己和企业的声望。

(二)对政府和各部门的意见

表 79 被调查的浙江私营企业主对政府和各部门的满意度构成

	很满意(%)	满意(%)	一般(%)	不满意(%)	合计(%)
政府	22.66	61.87	14.38	1.09	100.00
公安部门	9.05	55.17	31.90	3.88	100.00
经委	14.19	61.56	23.79	0.46	100.00
计委	12.27	57.41	28.93	1.39	100.00
劳动部门	8.97	52.91	34.98	3.14	100.00
人事部门	6.82	56.59	34.77	1.82	100.00
环保部门	7.90	51.92	35.67	4.51	100.00
质量监督	10.71	53.13	30.58	5.58	100.00
国税部门	12.85	57.74	27.23	2.18	100.00
地税部门	13.66	59.25	26.21	0.88	100.00
物价部门	7.09	52.17	39.59	1.15	100.00
卫生部门	9.20	49.06	39.15	2.59	100.00
工商行政	14.44	57.77	25.82	1.97	100.00
外贸部门	14.81	56.80	27.42	0.97	100.00
商检部门	11.11	55.56	31.68	1.65	100.00
海关	11.84	51.84	33.43	2.89	100.00
计量部门	8.59	52.74	37.48	1.19	100.00
科委	11.81	56.14	31.57	0.48	100.00
法院	9.09	52.39	34.68	3.84	100.00
检察院	8.52	52.55	37.23	1.70	100.00
交通部门	6.70	39.06	43.53	10.71	100.00

私营企业主对政府本身是比较满意的，但对各部门的意见就不同：对工商、外贸、地税、国税、计委等部门都比较满意；对交通部门的意见最大，一是交通环境，无论是高速公路，还是城市道路，跟不上经济发展和人民生活的要求，二是交通管理，基本是以罚代管，自身的科学管理化不够。对环境保护部门的意见比较多，我们认为这并不科学，环境保护是件大事，一些私营企业对环境保护的意识不强，一些地方政府为加快发展本地经济，对环境保护工作重视不足，造成“发展经济与环境保护是矛盾”的错误观点。各级党委和政府，社会各界都要坚决支持环境保护部门为保护好环境所做的工作。

（三）对社会问题的看法

表 80　被调查的浙江私营企业主认为目前最大的社会问题的构成

	第一位（%）	第二位（%）	第三位（%）	平均值（%）
职工下岗	27.54	5.82	6.50	13.29
分配不公	11.51	16.56	9.74	12.60
权钱交易	23.02	21.92	15.55	20.16
社会黑势力	5.19	12.53	11.14	9.62
领导干部廉政	19.19	19.91	16.47	18.52
"三乱"	9.72	17.89	29.00	18.87
贩毒吸毒	2.93	3.80	5.80	4.18
贩黄嫖娼	0.90	1.57	5.80	2.76
合计	100.00	100.00	100.00	100.00

私营企业主认为排在第一位的社会问题是职工下岗，造成百姓生活困难，社会不稳定；在总体上，私营企业主认为权钱交易，乱收费、乱摊派、乱罚款和领导干部廉政是目前主要的社会问题。企业家反映，政策规定建设项目都要招标，一些地方政府规定私营企业自己的项目自己建设也要搞招标。而在一些真正需要招标的重大项目上，政府一些有关部门和人员暗中交易，搞黑白合同，其中就存在"三乱"问题和领导干部的廉政问题。

（四）对各项工作的评价

表 81　被调查的浙江私营企业主对团结工作评价构成

团结工作	评　价　要　求				100.00
	较好（%）	一般（%）	不够（%）	合计（%）	
与企业家交朋友	50.78	44.10	5.12	100.00	26.25
在政治上关心（如入党）	47.83	45.01	7.16	100.00	10.14
经常召开座谈会	43.06	43.30	13.64	100.00	29.58
增加人大代表、政协委员人数	41.16	43.54	15.30	100.00	15.69
正面宣传报道	43.24	48.65	8.11	100.00	18.34

私营企业主认为在团结工作方面，现在各级党委和政府领导都支持私营企业发展，都愿与私营企业主交朋友，因此这项工作的评价最好。很多私营企业主都希望能当选为人大代表或政协委员，要求增加在人大或政协中的私营经济代表或委员的人数。私营企业主要求能和政府经常召开座谈会，通过座谈会能向领导和有关部门反映他们的意见和建议。

表 82　被调查的浙江私营企业主对鼓励工作评价构成

鼓励工作	评价要求				100.00
	较好(%)	一般(%)	不够(%)	合计(%)	
走科技发展道路	56.58	39.49	3.93	100.00	27.91
发展外向型经济	50.25	45.41	4.34	100.00	24.56
向现代企业发展	44.28	50.00	5.72	100.00	22.33
鼓励塑造新形象	42.28	51.22	6.50	100.00	16.43
评优树典型	42.67	47.73	9.60	100.00	8.77

私营企业主对政府鼓励企业走科技发展道路的工作比较满意，同时要求政府对私营企业科技发展有更多的鼓励政策。对评优树典型工作意见较大，很多领导对私营企业从宏观上肯定，但在实际中又不敢放手评优秀、树典型，怕被树的典型私营企业万一出了问题，自己会有讲不清的牵连。

表 83　被调查的浙江私营企业主对保护工作评价构成

保护工作	评价要求				100.00
	较好(%)	一般(%)	不够(%)	合计(%)	
制定权益保护法律法规	40.46	51.03	8.51	100.00	21.30
建立市场经济行为规范	31.60	54.25	14.15	100.00	25.66
保护合法权益的执行	28.19	55.63	16.18	100.00	27.64
经济上一视同仁	32.91	51.39	15.70	100.00	12.70
保护人身安全	32.41	56.20	11.39	100.00	12.70

私营企业主对政府保护企业的几个内容评价都不很高，特别是保护合法权益的执行，意见较大。

表 84　被调查的浙江私营企业主对表彰工作评价构成

表彰工作	评价要求				100.00
	较好(%)	一般(%)	不够(%)	合计(%)	
制定表彰政策	45.28	47.13	7.59	100.00	17.94
宣传媒介报道	39.90	52.12	7.98	100.00	14.60
评选劳动模范	36.09	51.63	12.28	100.00	8.89
奖励科技创新	33.64	57.66	8.70	100.00	16.67
表彰共同富裕	34.81	54.29	10.90	100.00	14.60
落实安置下岗失业人员政策	31.68	54.97	13.35	100.00	11.59
表彰私营企业贡献	38.97	52.31	8.72	100.00	7.30
表彰优秀私营企业家	40.73	51.17	8.10	100.00	8.41

被调查的私营企业认为政府的落实安置下岗失业售货员政策、评选劳动模范等工作做得不够，希望政府制定表彰私营企业的政策，奖励私营企业科技创新，宣传媒介要多报道私营经济，表彰共同致富的私营企业。

(五)对开办私人银行的态度

表 85　被调查的浙江私营企业对私人办银行的市场风险预测构成

风险度	很大	一般	不很大	合计
比率(%)	31.36	47.41	21.23	100.00

表 86　被调查的浙江私营企业对入股私人办银行的态度构成

私人办银行	入股	不入股	再说	合计
比率(%)	20.14	29.06	50.80	100.00

表 87　被调查的浙江私营企业对国有银行与私人银行的贷款难易度预测构成

比国有银行	方便	差不多	不会	合计
比率(%)	47.69	41.12	11.19	100.00

被调查的私营企业主对私人办银行的风险度认为一般的持 47.41%，有 68.34%的被调查私营企业主表示会从私人办银行贷款。国家对私营经济开办银行的门槛至今没有放开，民间的地下钱庄一直是非法的，新闻宣传也一直如此宣传，因此很多私营企业主对私人办银行持观望态度。

在中国,从 20 世纪 80 年代开始,私人资本已被允许进入银行业。但“私人资本进入银行业”和“私人办银行”这是两回事。有私人资本进入的银行未必是“私人银行”,只有由其产权最终能落实到自然人身上的资本控股的银行才算是真正的“私人银行”。外国资本可以在中国开办银行,而国内资本却没有办法进入金融领域。银行也是企业,是企业就有市场风险。政府担心的是私人办银行,居民存款多少会流向私人银行,国有银行的存款会下降,国有银行的日子可能更艰难了。这也说明,国有银行的改革势在必行;政府还担心私人银行万一出问题怎么办。我们认为:一是制定银行破产法律法规,作好一旦有银行出问题的相关对策;二是加强监管,防患于未然。

(六)政府行为对企业经济活动的影响评价

表 88　被调查的浙江私营企业主认为政府行为对企业经济活动影响度的构成

	第一位(%)	第二位(%)	第三位(%)	平均值(%)
产权法律	7.24	2.95	3.69	4.63
报刊宣传	4.61	4.08	4.15	4.28
税收政策	49.55	27.89	10.37	29.27
信贷政策	14.47	34.92	16.36	21.92
工商管理	3.07	8.62	19.82	10.50
劳动力管理	2.85	1.59	4.61	3.02
户口制度	0.22	1.36	2.07	1.22
社会保障	2.85	6.80	12.44	7.36
所有制性质	4.39	3.40	7.83	5.21
宏观调控政策	10.75	8.39	18.66	12.60
合计	100.00	100.00	100.00	100.00

私营企业主们自然很清楚、很正确地认识到国家的税收政策对企业经济活动的影响是最大的。但政府在这方面认识有时并不清晰,认为税收政策是固定的,一般难以改变,所以在领导经济工作中往往喜欢用行政文件进行调控。税收政策调控经济运行的杠杆作用是很大的,包括对鼓励发展高科技企业、鼓励下岗职工自谋职业、鼓励私营企业多吸纳下岗人员等,只要社会和经济发展亟须的,都可以通过减税甚至数年免税来鼓励发展;相反,对某些行业、某种产品的限制,通过提高税收来进行,充分发挥税收的杠杆作用,能使我们的工作事半功倍。

（七）生存环境评价

表 89　近来一些企业家人身受到侵害，引起公众关注的原因构成

	公众好奇心	公众关注	对抗心态	媒体炒作	合计
比率(%)	16.95	39.71	30.02	13.32	100.00

被调查私营企业认为近来一些企业家人身受到侵害，引起公众关注的主要原因是公众关注（占 39.71%）私营企业主的生存环境和受到侵害的原因；部分私营企业主（占 30.02%）认为是公众存在仇富对抗心态。

表 90　被调查的浙江私营企业主对目前生存环境的态度构成

	满意	不满意	说不清	合计
比率(%)	46.53	10.07	43.40	100.00

表 91　被调查的浙江私营企业主认为目前影响企业家生存环境的主要因素构成

	第一位(%)	第二位(%)	第三位(%)	平均值(%)
法律制度不完善	48.84	11.81	14.06	24.91
公众不信任仇视心理	15.81	28.92	12.76	19.16
自身修养不够	10.00	34.46	30.99	25.15
社会缺乏尊重和理解	23.72	23.13	31.25	26.03
部门歧视做法和政策	1.63	1.68	10.94	4.75
	100.00	100.00	100.00	100.00

表 92　被调查的浙江私营企业主对富人和穷人的关怀认知构成

	矛盾	不矛盾	说不清	合计
比率(%)	7.09	66.36	26.55	100.00

被调查私营企业主对目前生存环境满意的占 46.53%，不满意的占 10.07%。他们认为，目前影响私营企业主生存环境的第一位因素是法律制度不完善，综合因素主要是社会缺乏尊重和理解（占 26.03%）以及企业主自身修养不够（占 25.15%）。

（八）企业前景

表93　被调查的浙江私营企业主对自己企业今后的前景判断因素构成

前景判断	比率（%）	因素构成		
		因素	比率（%）	小计（%）
大有前途	44.87	宪法已定	10.26	100.00
		政策稳定	39.94	
		社会稳定	32.12	
		政府扶持	17.68	
稳定发展	45.91	宪法已定	7.44	100.00
		政策稳定	38.51	
		社会稳定	37.54	
		政府扶持	16.51	
勉强维持	6.39	政策不平等	18.60	100.00
		竞争激烈	69.77	
		社会不稳定	11.63	
可能无法维持	2.83	政策不平等	10.53	100.00
		竞争激烈	36.84	
		社会不稳定	52.63	

从调查来看，90%以上的私营企业主对自己企业的发展前景充满信心。私营企业主对自己企业今后的前景判断，实质上是对经济发展环境的总体评价。值得注意的是，政策稳定和社会稳定成为私营企业主们对前景的主要判断依据，而我国的根本大法宪法已定，却没能成为他们的最主要判断依据。这其中也可以看出，中国的老百姓有事不是找人大组织或人大代表，而是找政府，即使是与政府或有关部门之间的矛盾，如在政府征地或拆迁房屋中出现的一些不合理甚至不合法的做法时，老百姓找的还是政府。依法行政、依法办事、以法律为准绳等都是《中华人民共和国宪法》这一根本大法下面的具体化。百姓遇事，特别是与政府之间产生矛盾时，找各级人大组织或人大代表应该是主要的、重要的途径。私营企业主的宪法意识不强，这与我们的各级人大组织和代表在实际工作中的地位作用是密切相关的。

四、结论

经过改革开放几十年的风风雨雨，浙江省的私营经济已经茁壮成长起来，成为浙江国民经济的重要组成部分。调查显示，私营企业主对私营经济发展的前景充满了信心，表明了浙江省私营经济发展的环境总体是好的。

通过 1994 年、1998 年和 2002 年三次对浙江省私营企业抽样调查的数据对比，可以清楚地看出，浙江的私营经济在党的改革开放的方针政策引导下，与时俱进，从量的发展向质的提高转变，规模在不断扩大，实力在不断增强：(1)私营企业的注册资本、固定资产、流动资金、企业人数、产值、利税等大幅度增长；(2)私营企业的装备，已从过去的手工作坊、陈旧的机械，向先进的、引进的、自动化的装备转变，其中引进设备的价值开始与国产设备的价值接近；(3)产品的开发，从模仿为主向拥有自主知识产权的新产品方向发展，越来越多的产品成为国家级、省级的著名品牌，在国内和国际上有了一定的市场和知名度；(4)私营企业的产权结构正在从独资企业向股份制方向转变，企业内部的产权也逐步明晰；(5)私营企业的外向度不断提高，产品市场从以国内为主向国内外并重转变；(6)企业员工的素质在不断提高，一大批大学生、中专生，甚至一些研究生、博士生加入了私营企业员工队伍，私营经济的发展，创造了更多的就业岗位。

调查显示，浙江省各地私营经济发展速度不平衡，其中杭州、宁波、台州和温州四市的增幅高于全省平均水平，但衢州却是负增长。同时杭州、宁波、台州和温州四市的私营企业数占全省的七成，舟山仅占全省的 1.17%。这种发展不平衡的趋势，可能会进一步扩大，省委、省政府的“山海协作”工程能缓和浙江省发达地区和欠发达地区之间的不平衡发展的趋势，但不会根本上解决发展速度状况。建议省政府以税收政策作为发展动力的杠杆，降低衢州、丽水、舟山等市的企业税负，减免地方税，鼓励私营企业到这些地区投资发展，或许数年以后能改变这些地区与全省经济发展不相适应的状况。

调查显示，2002 年浙江省一、二、三产比率是 8.87∶51.17∶39.96，而全省私营企业是 1.13∶60.31∶38.56，主要集中在第二产业，尤其是集中在制造业。浙江已成为全国重要的制造业基地。同时调查也显示浙江制造业的总体水平仍然较低，如产业层次低、技术创新能力弱、利用外资规模小、可持续发展能力不强等问题。要使浙江成为名副其实的先进制造业基地，我们建议：(1)要重视提高私营企业自主科技创新能力；(2)要重视产业结构的调整和产品档次的提高；(3)要重视企业管理水平和员工素质的提高；(4)要重视企业生产装备的改进和提升等。

调查显示，浙江省私营经济是从计划经济向市场经济转制的过程中有众多不平等、不公正待遇，例如在获得土地、资金等各种资本方面，在用人方面，在融资、发行债券、公司上市等方面，在市场准入方面，在从事进出口方面等。这些不平等待遇不仅损害了私营企业的利益，而且阻碍了市场经济体制的建立与完善。

同时，在浙江省私营企业中，中小企业占了绝大多数，中小私营企业在生产经营中遇到的用地、融资、人才、新技术应用等困难，比大企业难解决。我们建议：各级政府要进一步加强鼓励中小企业发展的政策和保护措施，促进企业做实、做精、做专、做强，为实现民营企业二次飞跃作出新的贡献。

调查显示，浙江省的中介组织在发展中不规范，关系也不顺，特别是各级民间商会的发展，制约因素也不少。民间商会是沟通企业与政府之间的桥梁，是进一步促进浙江省私营经济健康发展的重要举措。民间商会在利益综合和利益表达上的优势，能使其作为行业利益的代言人和协调者参与政策的制定、修改、完善和执行，从而在很大程度上改进政府决策的程序化、科学化、民主化过程，提高决策的质量、力度。我们建议：结合机构改革和政府经济管理职能转变，加快发展民间商会、行业协会等中介组织，赋予其自主制定行业规范和行业标准，参与行业规划和资质审查等职能，充分发挥其服务会员、行业自律、行业协调、行业监督和会员与政府间的桥梁的作用。

课题组成员：夏益昌　汤为平　马兆成　姚介宝　张日向

执笔人：马兆成

【点评】

这份调研报告很有说服力，说明浙江私营企业在改革发展中不断壮大，对面临问题的分析和对策的建议也是及时的。特别是分析了改革开放以来浙江私营企业发展呈现出整体发展质量不断提升、区域发展速度不均衡、产业结构以工业制造业为主等阶段性特征，为党委政府决策提供了依据，为社会各界研究私营企业提供了素材。

浙江省政协主席李金明、省委副书记梁平波分别作了批示。

该报告收录在由研究出版社出版的《浙江省优秀调研成果文集(2002)》。

关于浙江创建节水型社会的调研报告*

浙江省工商业联合会

（2005 年 1 月）

水是国民经济的命脉，是实现经济社会可持续发展的重要物质基础。目前，我国人均水资源量为 2300 立方米，只有世界水平的 1/4，已接近国际公认的人均 2000 立方米的缺水警戒线，缺水正向中国逼来。水资源的缺乏对经济、社会的发展影响巨大。水利部预测，因为缺水，每年工业总产值大约损失 2000 亿元，农业损失为 1500 亿元。浙江人均水资源量为 2100 立方米左右，低于全国人均水资源量，只有世界人均量的 1/5。随着浙江经济社会的深入发展，用水矛盾必将加剧。据专家预测，到 2010 年浙江水资源需求缺口将达到 55 亿立方米，占当年需水量的 16.8%，2020 年缺水 67 亿立方米，占当年需水量的 18.3%，缺水正在成为浙江继“电荒”、“地荒”之后面临的又一大难题。节约用水，迫在眉睫。安全用水已关系到浙江经济社会可持续发展的大局。为此，省政协工商联界委员夏益昌、汤为平、李任治等课题组成员，围绕节水的主题，于 2004 年 10 月中旬至 2005 年 1 月上旬，在听取了省水利厅、省建设厅、省环保局等部门关于浙江水资源开发、利用和保护现状的总体介绍后，先后赴金华、宁波、绍兴、台州、舟山进行实地调研。现将调研结果报告如下。

一、浙江水资源的现状及特点

“江南水乡闹水荒。”原以为江河湖溪密布的浙江，水资源丰富，真实情况却与人们的感觉相反。调查发现，浙江几乎所有地区都在缺水。例如，浙北的杭嘉湖地区，近年来经济发展迅猛，超出了水资源的承载能力，加上水资源保护不当，可利用的水资源十分有限。浙中的义乌，2003 年 7－8 月用

* 本文获得 2005 年度浙江省党政系统优秀调研成果三等奖。

水紧张时期，两天仅供水半天，而且半天中只有3小时正常水压供水。地处浙东的宁波、舟山目前年缺水量约为6亿立方米。缺水和污染已成为影响浙江经济发展、人民生活和环境改善的主要因素之一。

(一)人均水资源占有量少

浙江人均拥有水资源量2100立方米左右，低于全国人均水资源量，只有世界人均水资源量的1/5，逼近国际公认的人均2000立方米的缺水警戒线。

(二)年内年际分布不均匀

浙江为典型的季风气候，季节变化明显，降水量年内分配不均，这也是造成洪涝与干旱的一个重要原因。5—9月降水量占全年的60%～70%，由于降水集中，而且多以暴雨形式出现，易造成洪涝灾害。10月至第二年4月降水量仅占全年的30%～40%，为枯水期。受降水的支配，浙江水资源量的年际变化随降水量变化，而且更为剧烈，造成江河的特大洪水和严重枯水。全省各地丰水年与枯水年水资源总量的比值在2.5～3.5之间，浙北大于浙南。

(三)水资源与土地资源和人口分布不匹配

全省水资源在地区分布上很不均匀，总的趋势是由西南向东北递减。水资源的分布与耕地面积分布不相适应，如苕溪、杭嘉湖平原、浦阳江、曹娥江、甬江一带，耕地面积占全省的49.7%，而水资源量只占全省的20.5%，亩耕地水资源量1418立方米，为全省亩均水资源量的67%；相反，瓯江、飞云江、鳌江一带，水资源为全省的38.3%，而耕地面积占全省的23.8%，亩耕地水资源量达5478立方米。水资源量与人口分布更不匹配，水资源80%集中在浙西、浙南山区，而经济发达、人口集中的平原和滨海地区不到20%。浙江水资源分布与经济社会发展水平呈负相关。

(四)浙江多种缺水类型同时存在

浙江经济发达，但工业污染较为严重，水质性缺水是浙江缺水的主要特征。水质性缺水是指水体受到污染达不到使用标准，有水而不能用的一种情况。浙江水质性缺水主要在杭嘉湖地区。资源性缺水是指受气候、地理等自然条件限制导致水资源不足的一种状况。浙江资源性缺水主要在沿海，特别是舟山、玉环等海岛地区。工程性缺水是由于水源工程建设和供水配套工程滞后于需水增长引起。浙江河流大多源短流急，工程性缺水主要在浙西的衢州、丽水。其中，丽水年降水量在全省最丰富，人均量4000立方米，而实际可供水量人均仅300立方米。

（五）可利用水资源量受环境制约

由于浙江降雨集中，主要河流年际年内径流丰枯变化大，水资源的有效利用条件较差，大部分水资源以洪水形式注入东海。按极限能力估计，可利用水资源量约占水资源总量的 1/3，开发利用水资源还必须依赖一系列的工程措施。

（六）水质制约当地水资源的利用

随着浙江工业化的继续深入，城乡水环境污染日益加重。全省平原河网水质普遍为Ⅴ类或劣Ⅴ类，主要河流下游也劣于Ⅲ类，城市供水已逐步依赖开发流域上游水资源。本地水资源除用于农业生产外，作为其他行业用水的可能性已越来越小。

二、浙江节水工作进展及典型经验

节水型社会包含三重相互联系的特征：效率、效益和可持续性。效率的含义是指降低单位实物产出的水资源消耗量，效益是指提高单位水资源消耗的价值量，可持续是指水资源利用不以牺牲生态环境为代价。根据节水型社会的目标以及数据的可获得性和可比较性，我们选取了表明节水型社会特征的若干指标，从量的角度描绘了浙江当前节水型社会建设进展情况（见表 1）。

表 1　浙江、全国和发达国家节水型社会的特征和度量

特征	标志	指标	我国现状	浙江现状	发达国家
效率	节水型农业 节水型工业 节水型城市	农业水有效利用系数 工业水重复利用率 单位产品耗水（立方米/吨钢） 城市管网漏失率 城市废水处理率	0.45 0.3～0.4 23～56 >0.3 0.2	0.50 0.62 11.94 0.21 0.42	0.7～0.8 0.75～0.85 6 0.12～0.25 0.8～0.9
效益	节水型 经济	农业用水比例 每立方米水产出 GDP 美元 总体 农业 工业 服务业	0.68 2 0.5 4.2 12.6	0.54 5.51 0.79 9.57 95.37	0.09～0.64 14～48 1.4～5.8 8～100 27～175
可持续性	持续发展型社会	水资源承载力供需平衡指数	<0（华北、西北部分地区）	<0	>0

注：(1)美元按 2003 年年末人民币汇率（1 美元＝8.277 元）换算；(2)水资源承载能力是指在一定流域或区域内，其自身的水资源能够持续支撑的经济社会发展规模并维系良好生态系统的能力。流域水资源承载能力平衡指数（IWSD）度量水资源承载能力，IWSD＝（WS－WD）/WS，WD 为流域社会经济系统的需水量，WS 为流域可利用水量，如果 WS>WD，有 IWSD>0，说明流域水资源对应的人口及经济规模是可承载的，水资源供需为良好状态。

浙江节水工作进展情况及典型经验如下：

(一)加大节水宣传，增强节水意识

一是抓好节水知识教育。在绍兴，除了通过各行业主管部门加强对企事业单位及其管理人员进行节水知识教育外，还十分重视中小学生的节水知识和意识教育，使青少年从小树立节水意识，养成节水习惯。二是举办大型节水倡议活动。如2004年6月5日，杭州市节约用水办公室联合杭州市30家用水大户，向全市人民、全市企事业单位发起深入开展城市节水倡议书。宁波市在2005年5月9—15日全国城市节约用水宣传周期间，希望广大市民从生活中的小事做起，市节水办倡议市民在家庭坐便器水箱里安放一只可乐瓶，全市一个月就能节水10万吨。三是抓好法律法规的宣传。绍兴的供水节水管理执法部门严格按行政法的要求和程序进行管理和处罚，并重视将普法宣传与依法管理结合起来。为贯彻实施供水、节水、地下水管理法规，节水管理部门将相关法规印发到各用水单位，并落实常规执法检查制度，实施对用水浪费行为的处罚。通过以上措施，逐步提高了全社会的节水意识，营造了"节水光荣，浪费可耻"的社会氛围。

(二)编制节水方案、法规和条例，加紧节水型社会建设的试点

2002年以来，浙江各级水利部门都在抓紧编制节水方案，并将其作为各级政府规划经济社会发展的依据之一。据浙江省水利厅介绍，按基本节水方案，2010年和2020年需水总量分别为327.5亿立方米和365.2亿立方米；按强化节水方案，2010年、2020年总需求量分别为297.0亿立方米和323.3亿立方米，减幅分别达到9.3%和11.5%。2002年9月，浙江省水利厅编印了《中华人民共和国水法》学习材料；根据《水法》精神，结合浙江实际，2002年12月，浙江省水利厅编印了《浙江省水资源管理条例》学习材料；2004年8月，浙江省水利厅、省经济贸易委员会和省建设厅联合编制了《浙江省用水定额(试行)》，目前已下发到地方试行。按照水利部节水型社会建设试点工作的要求，浙江省水利厅制定了试点方案，在舟山岱山县开展节水型社会建设试点，为浙江节水工作探索经验。

(三)节水型城市建设已取得重大进展

杭州2002年被国家授予全国首批"十佳节水型城市"；2004年8—10月，绍兴先后接受省节水型城市考核组的考核和建设部"国家节水型城市"考核验收，获得了很高的评价。绍兴城市工业用水重复利用率已从1998年72%提高到2003年的77%，2003年绍兴城市万元GDP取水量为45.19立方米，降低率为12%。

（四）推进水价改革，形成合理水价

按照国务院《关于推进水价改革 促进节约用水保护水资源的通知》要求，2004 年 4 月 25 日，浙江省人大常委会通过了全省第一个节水法规《宁波市城市供水和节约用水管理条例》，使宁波加快形成了优质优价、分行业计价的合理水价机制，发挥价格杠杆的调节作用，重新配置水资源，促进了节约用水。绍兴对城市供水价格逐步实行阶梯式水价和分类水价。在绍兴我们了解到，河网自备水收费标准为 0.1 元/立方米；居民生活自来水价格 1.6 元/立方米；非经营性用水价格 2 元/立方米，经营性用水价格 1.85 元/立方米，特种行业用水 3 元/立方米。通过价格杠杆，全社会形成了节水的共识，大大节约了水资源。浙江玉环县在 2003 年用水紧张时期采取临时阶梯式水价是最有效的节水措施，日用水量从 5.5 万吨降到 3.2 万吨，成功化解水危机。

（五）强化污水处理，推进"中水回用"

治污和防污，以及在此基础上推广使用中水，增大了可用水量，效果等同于节水。绍兴水处理发展有限公司是目前国内规模最大的综合污水处理厂，也是迄今为止世界上最具规模的印染废水集中治理企业，主要承担绍兴市、县两地工业废水和生活污水集中处理、达标排放的任务。公司总规划规模为日处理污水百余万吨，服务区域超过 300 平方千米。绍兴水处理发展有限公司这种公司化运作、技术先进、规模经营的污水处理模式，为绍兴经济、社会可持续发展作出了贡献，为浙江探索循环经济树立了典范，更为南方城市发展印染产业提供了宝贵的经验。宁波江东污水处理厂将处理后的部分中水就近卖给庆丰热电厂，迈出了"中水回用"的步伐。

（六）发展循环经济，增加企业效益

进行循环用水，既节约了宝贵的水资源，又降低了企业的生产成本，实现了社会目标和企业目标双赢。宁波维科精华浙东针织有限公司、浙江华昌塑胶有限公司、浙江震元制药有限公司和义乌华丰宾馆是改造节水设施和生产工艺推行循环用水的典范，浙江豪登合成革有限公司则是发展循环经济"变废为宝"的典型。

宁波维科精华浙东针织有限公司是一家有 50 多年历史的老企业，也是市区一个日用水量达 5000 吨的用水大户。2004 年年初，该公司借企业搬迁之机，投入资金 100 多万元进行节水改造，每天节约用水 1200 吨左右。"浙东针织"重复利用水资源后，企业较以往每月节省成本 8.5 万元，一年之内即可收回投资于节水设施的成本。

浙江华昌塑胶有限公司改造节水设施以来，生产用水循环利用率达到90%以上，取水量逐年下降。2002和2003年分别比前一年节约用水3122吨和10880吨。在2003年工业用水价格比1997年涨了2.1倍的情况下，公司千米产品用水成本比1997年还降低0.29元。

浙江震元制药有限公司是绍兴用水大户，最大月取水量曾达到26万立方米，该公司陆续投资近千万元进行节水设施改造和节水技改，对冷却水进行了循环使用，重复利用率高达94.48%，年节水量1000多万立方米，不到一年就收回节水改造投资，降低了生产成本，增强了企业竞争力。

义乌华丰宾馆通过加强内部管理和改造节水器具，用水指标逐年下降，从2001年8.3万吨下降到2004年7.2万吨，连续几年被评为节水先进企业。企业广泛参与节水工作，成为节水宣传的活广告。

浙江豪登合成革有限公司位于丽水经济开发区水阁工业区，是“循环经济”在污染企业中成功运作的典型。豪登公司将工业污水经过环保科技处理后成了许多化工厂抢手的半成品原料。据介绍，豪登公司一个月能处理废水80吨，上海华丰集团以每吨6500～7300元的价格长期定购，公司因此一年可额外增收600多万元，占公司总利润的1/3。目前，在水阁工业区内，与豪登类似的合成革有限公司有10多家，回收、处理、销售“废水”正在成为这些企业新的创利点。豪登公司独辟蹊径，给污染企业以良好的启示。

（七）理顺管理体制，提高行政效能

浙江玉环县改变原来水利部门负责水资源开发和工程建设、城建部门负责城镇供水的分割管理体制，于1996年确立了“从水源头到水龙头”的一条龙水务管理体制，目前已取得显著的成效。2002年4月，义乌市以机构改革为契机，本着效能统一、权责一致的原则，在全省率先成立了水务局，实行涉水事务由水务局统一管理，把原建设局承担的城市供水建设、开发、利用和管理职能，指导城市防洪职能、城市规划区地下水资源的管理和保护职能划归水务局，并把自来水有限公司划归水务局管理。义乌实行水务一体化管理体制近三年来的实践表明如下优势：一是理顺了水资源管理体制，促进了水资源的统一管理和优化配置，为水资源的可持续开发利用提供了体制保障；二是实现了城乡供水一体化管理，城乡供水事业有很大发展；三是强化了水资源统一管理职能，提高了行政效率；四是实行水务一体化管理，有利于加强水资源的节约与保护。2003年冬到2004年春的干旱，造成用水紧张，义乌实行分时段降压供水，调整环卫和绿化用水水源，大幅压缩工农业生产用水，关停一批桑拿、浴室、洗车场等服务性企业的节水措施。2003 年 10 月以来共节约义乌境内水资源 1200 万吨，取得了抗旱工作的决定性胜利，成功化解了严重的城市供水危机，水务一体化功不可没。

（八）落实节水政策，规范节水行为

绍兴市通过完善节水规范性文件、严格执行节水“三同时”规定、严格执行国家关于节水的产业政策和建立节水产品的市场准入制度，节水效果良好。宁波市从 2004 年 6 月开始全面推行水平衡测试，并规定不接受水平衡测试的单位，不得申报节水型企业。宁波市区计划用水大户共有 1050 家，目前已有月用水量在 500 吨以上的 100 多家单位开展了水平衡测试，3 年内近 700 家用水大户都将开展水平衡测试。水平衡测试是城市用水指标下达的科学依据，为城市长效节水奠定基础。

（九）打破“二元结构”，实现城乡一体

玉环在水资源管理上推行统一规划、统一调度、统一水价的举措，确保了城乡供水一体化的实现。特别是在统一水价方面，真正让利于民。具体做法：一是同水同价，考虑到目前农村居民人均收入比城镇居民低的实际情况，过高的水价可能承受不起，在水价上实行农村与城镇同水同价，而且在农村免收每吨 0.15 元的排污费；二是方便农民接水，水利局要求自来水公司将自来水主管接到各村村口，村内管道则由村里负担；三是对农民收费从低，按规定城镇居民“一户一表”的开户费 800 元，而对农村老百姓只收 300 元。义乌以水务管理一体化改革为契机，已实现城乡供水一体化，城乡供水事业蓬勃发展。

（十）依托海岛资源，启动海水淡化

在资源性缺水的舟山和玉环等海岛地区，人均淡水资源量严重不足，其中，嵊泗人均淡水量仅有 208.4 立方米，是舟山市的 36%，全省的 9%。“向大海要水喝”成了它们的必然选择。首先，凭借其得天独厚的自然条件，海水资源丰富；其次，通过科研攻关，已经掌握了海水淡化的核心技术，海水淡化成本控制在合理的水平，加快了科研成果转化的进程；第三，向大陆引水不仅面临技术复杂、投资量大的难题，更存在日后水权交易的隐忧。

在舟山嵊泗海水淡化基地，我们了解到，嵊泗日供水量为 4200～4500 吨，每天淡化海水 2200～2500 吨，约占嵊泗每日供水总量的 50%，另一半依赖地下水（日开采 1000 吨）和大陆引水（每天从上海船运 700～800 吨）。

海水淡化的成本每吨5元,由电力(3元)、药物(1元)、人工及设备投资(1元)三部分构成。

在玉环我们了解到,由水利厅主管的亚海水淡化工程于2004年年底已完成项目规划和论证工作,2005年启动海水淡化工程,吨水成本控制在3元左右。海水淡化工程已被列为玉环内部挖潜解决水问题的一项重要举措。

目前,嵊泗是全国唯一以淡化海水作为饮用水的地区。海水淡化作为一项水资源增量技术,其效果等同于节水,为资源性缺水的沿海地区解决了缺水的难题,在浙江省乃至全国都具有极大的推广价值。

三、浙江节水工作存在的问题

(一)节水意识不强,水法宣传不到位

浙江大部分地区存在重开源轻节流、重地面轻地下、重经济效益轻生态环境保护的状况。生产经营企业和老百姓几乎不知道我国有一部《中华人民共和国水法》,政府部门在行政执法过程中,也没有严格按照《中华人民共和国水法》的要求办事。因此,加大水法宣传力度,提高全民节水意识,是当务之急。

(二)对缺水现状及发展趋势的认识不足

浙江省水资源总量不多,人口密度高,人均水资源量不仅低于国内水平,更低于国际水平。2002年浙江省委、省政府提出2020年基本实现现代化的奋斗目标,加上城市化进程加快,工业化继续深入,浙江省水资源紧缺的矛盾将会加剧。据预测,到2010年浙江水资源需求缺口将达到55亿立方米,2020年缺口将上升到67亿立方米。如果不能对浙江缺水现状有清醒的认识,如果不能对浙江省用水的发展趋势作出科学的判断,如果不能采取必要的措施平衡水资源供需矛盾,水资源的紧缺将成为制约浙江省经济社会可持续稳定发展的主要因素之一。

(三)水环境有恶化趋势

1.废污水排放量大,特别是工业污水排放量仍居高不下

近年来,城市污水排放总量逐年上升,城市污水排放总量从2000年21.3亿吨增加到2003年27.0亿吨,三年增长26.8%。生活污水上升较快,生活污水占城市污水总量的比重从2001年35.0%增加到2003年37.8%;工业污水排放量居高不下,约占城市污水排放总量的2/3(见表2)。

表 2　2000—2003 年浙江城市污水排放情况

	2000 年	2001 年	2002 年	2003 年
年排放总量(亿吨)	21.3	24.3	25.9	27.0
工业污水排放量(亿吨)	13.6	15.8	16.8	16.8
工业占总排放百分比(%)	63.9	65.0	64.9	62.2
生活污水排放量(亿吨)	7.7	8.5	9.1	10.2
生活占总排放百分比(%)	39.1	35.0	35.1	37.8

数据来源:浙江省环保局。

2.总体水质呈下降趋势,水环境不容乐观

环境监测表明,1993－2003 年间,全省地表总体水质呈下降走势,各类污染物对水体的污染程度有所加重。与 2001 年相比,2003 年全省地表水Ⅰ类至Ⅲ类断面数减少 6.5～11.5 个百分点,而Ⅴ类至劣Ⅴ类断面数增加了 9.6～12.0 个百分点,不满足功能的断面数增加了 12.0～18.0 个百分点。位于杭嘉湖平原的嘉兴市,河网纵横,经济发达,是孕育了古镇西塘、乌镇的著名水乡,但目前整个嘉兴地表水多为Ⅴ类或劣Ⅴ类,正面临着"有水而无水"的尴尬。嘉兴的水环境就是浙江经济发达地区的缩影。

(四)水务管理体制不顺,改革进程缓慢

浙江水务管理体制不顺,管水行政成本高,效率低下。在浙江,水利部门、城建部门和环保部门都管水。有些地方管水部门多达七八个,大家都来管,谁都管不好,常常出现"有利争、见难推"的现象。浙江水务管理体制改革进程缓慢。浙江省推行水务管理体制改革起步较早,但近几年进展不快。到目前为止,浙江省只有 6 个县(市)(岱山、永康、武义、义乌、浦江、兰溪)成立了水务局,仅占浙江县级以上行政区 6%。与浙江毗邻的上海和江苏都已成立了水务局,其中江苏县级以上行政区成立水务局的比例大约为 50%。水利部最新统计显示,截至 2004 年 10 月底,全国成立水务局和由水利局承担水务统一管理职责的县级以上行政区 1251 个,占全国县级以上行政区总数的 53%。浙江县级以上行政区成立水务局的比例不仅低于邻近省市,也低于全国平均水平。可见,浙江水务管理体制改革严重滞后,不利于水资源合理开发、利用和保护。

(五)水资源浪费严重,利用效率不高

全省人均水资源量只有 2100 立方米,但浪费严重:一是工程性浪费,丽水和衢州因为水利投入不足,蓄水工程缺乏,造成大量降水白白流失。二是污染性浪费，很多地方存在"先污染，后治理"的落后思想观念，防污措施不力，偷排、暗排、漏排和超标排放严重。据专家测算，1 升污水污染 8 升清洁水，浪费惊人。三是政策性浪费，长期以来水费偏低，低水价不能如实反映水资源的稀缺程度，导致水资源配置力度不大，未能形成有效的节约激励机制。四是使用性浪费，工业用水效率低下，浙江省每吨钢用水量达到西方的数倍。五是体制性浪费。目前，浙江水源工程建设在水利部门，城市供水归建设部门，排污、治污属环保部门。这种多头管水、多头治水的制度安排，必然出现"大家都来管、谁也管不好"的被动局面，管水效率低下并造成不必要的浪费。同时，浙江省水资源利用效率低下，城市水重复利用率仅有 30%～50%，而发达国家为 75%～85%；全省多数城市自来水跑、冒、滴、漏损失率在 15%～20%，有的城市管网漏损率达到 29%，高于国家制定的节水型城市管网漏损率 8%的标准。浙江用水效率不高和浪费严重进一步加剧了水资源短缺。

（六）工、农业、生活用水相互挤占，城乡用水矛盾突出

1998－2002 年，浙江用水结构与全国相比有如下特点：一是工业用水比例高于全国近 5 个百分点，这个特点与浙江作为我国重要制造业基地之一的地位是相符的；二是生活用水高出全国 2～6 个百分点，城镇居民生活用水比例更高，这与浙江省城市化率高于全国也是相称的（2003 年全国城市化率为 40.5%，浙江为 53%）；三是农业用水比例低于全国 4～11 个百分点（见表 3）。值得注意的是，从农田灌溉亩均用水量指标看，除 2001 年浙江略低于全国水平外，其他年份都比全国水平高（见表 4），这说明浙江农业用水量的下降不是得益于农业用水效率的提高，而是源于三次产业结构的改善。

表 3　1998—2002 年浙江与全国用水结构的比较

年份	农业用水比率（%）		工业用水比率（%）		生活用水比率（%）	
	浙江	全国	浙江	全国	浙江	全国
1998	64.4	69.3	23.4	20.7	12.2	10.0
1999	62.4	69.2	25.6	20.7	12.0	10.1
2000	60.3	68.8	26.1	20.7	13.6	10.5
2001	57.1	68.7	25.8	20.5	17.1	10.8
2002	56.8	68.0	25.6	20.8	17.6	11.2

注：(1)表格根据《中国水资源公报》和《浙江省水资源公报》整理；(2)农业用水包括农田灌溉、林牧渔；(3)生活用水包括城镇、农村居民生活用水以及城镇公共用水。

表 4　1998—2002 年浙江与全国水资源利用效率的比较

	1998 年		1999 年		2000 年		2001 年		2002 年	
	浙江	全国	浙江	全国	浙江	全国	浙江	全国	浙江	全国
万元 GDP 取水量(m^3)	407	694	381	681	333	615	304	572	267	525
万元工业增加值年用水量(m^3)	194	337	198	330	182	291	169	270	149	246
农田灌溉亩均用水量(m^3)	542	488	542	484	508	479	473	479	480	465

资料来源：根据《中国水资源公报》、《浙江省水资源公报》及统计年鉴整理。

从浙江用水结构的动态变化看，表现为农业用水不断下降、工业用水基本不变、生活用水持续上升的特点，这是城市化进程加快和产业结构转换的结果。1998—2002 年，浙江农业在国内生产总值中的比重下降了 4 个百分点，工业比重下降了 3 个百分点，而服务业由 33%上升到 40%(见表 5)。

表 5　1998—2002 年浙江与全国 GDP 构成的比较(一、二、三产业之比)

	1998 年	1999 年	2000 年	2001 年	2002 年
浙江	13∶54∶33	12∶54∶34	11∶53∶36	10∶52∶38	9∶51∶40
全国	19∶49∶32	18∶49∶33	16∶50∶33	16∶50∶34	15∶51∶34

资料来源：2003 年中国和浙江统计年鉴。

上述数据分析表明，浙江农业用水、工业用水和生活用水出现相互挤占的现象。因此，结合产业结构的转换，协调好用水结构、合理配置水资源，关系到浙江产业的健康发展，关系到浙江经济社会可持续发展的大局。

(七)地下水过量开采导致地面沉降

目前，浙江大部分地区出现了不同程度的地面沉降，其中嘉兴最为严重。由于嘉兴地面水体污染严重，当前生活和工业用水主要来自河网取水和地下水开采，地下水多年来的过度开采已经导致大面积地面沉降。据统计，截至 1998 年年底，嘉兴市地面沉降的中心沉降量超过 800 毫米，现仍以每年 20 至 30 毫米的速度下降，发展趋势很不乐观。

(八)节约用水举措不到位

主要表现在以下方面：一是水价偏低，价格体系不健全，过低的水价不能反映水资源的稀缺程度，不利于企业和居民养成良好的节约习惯；二是新建、改建、扩建项目缺乏“三同时”，增加日后的再改造成本，为今后节水工作埋下隐患；三是节水器具更新、改造和推广不到位，很多人不愿意为更换节水产品掏腰包，其关键还在于水价偏低，其次是相关服务工作不到位和产品标准没有统一；四是水利多元化投资体制不健全、力度还不够，目前的单一投资体制不仅给企业增加了投资风险、给政府增加了财政负担，还造成水务事业滞后于其他事业的发展，使水利工作成为经济社会发展的瓶颈。

四、创建节水型社会的建议

（一）统一指导思想，形成节水共识

鉴于浙江缺水的严重性，要站在全面落实科学发展观的高度，科学合理地配置、利用水资源，节约好、保护好水资源。为此，我们建议：把创建节水型社会摆上各级政府重要工作日程，将其作为实现浙江经济社会可持续发展战略的重要举措，牢固树立创建节水型社会重要性、必要性和紧迫性的思想，坚持节约为先、治污为本、多元开发利用水资源的原则。大力宣传节约用水，提高全民节水意识，形成一股政府引导、科技催化、全民参与、舆论烘托的节水型社会氛围。

（二）完善制度建设，落实节水措施

浙江的水危机，表面看是资源危机，实质是治理危机。浙江水务管理实践表明，制度建设是建设节水型社会的本质和核心。我们建议：按照《中华人民共和国水法》要求，落实新建、改建、扩建项目“三同时”制度；加快建立节水管理信息系统，取用水单位必须做到“四到位”，即用水计划到位、节水目标到位、节水措施到位、管水制度到位。加大水利基础设施建设投资力度，完善用水单位计量工作，落实浙江节水定额管理制度。推广节约用水新技术、新工艺、新产品，大力发展节水型工业、农业和服务业。

（三）推进水价改革，优化资源配置

近年来，党中央、国务院十分重视水价改革工作。国家“十五”计划明确指出，要建立合理的水价形成机制，调动全社会节约用水和防治水污染的积极性。温家宝总理也强调指出，要研究水价改革，建立有利于节约用水和水资源合理利用的水价形成机制。我们建议：结合浙江实际，按照国务院办公厅《关于推进水价改革 促进节约用水保护水资源的通知》的部署，加快推进水价改革，形成合理的水价体系，使新的水价体现浙江水资源的稀缺程度。允许水权转让，形成水市场，实现跨流域、跨区域用水。充分发挥经济杠杆在水资源配置中的作用，优化浙江水资源配置。

（四）加强科学研究，制订利用规划

调研发现，随着改革开放的继续深入，在国际化浪潮的推动下，地方经济特别是城市经济圈越铺越大，资源约束渐渐凸现。义乌的水荒事件和水权交易给了我们思考当资源瓶颈制约经济发展时如何重新定位一个城市发展模式的理由。我们建议：开展经济社会发展水环境承载力及保护对策研究工作，摸清地区水环境质量家底，站在可持续发展的战略高度，科学规划区域经济、社会和生态活动，调整经济结构和产业结构，重新布局和规划，提出适合地区水环境承载力要求的经济社会发展模式。

（五）改革水务体制，提高行政效能

目前，浙江水务管理体制改革进程不快，水务管理体制不顺，管水、防污效率低下。我们建议：加快水务管理体制改革的步伐，建立政企分开、政事分开的水务统一管理体制，降低水资源管理行政成本，提高管水、防污效率，推进城乡供水一体化。

（六）开放水务市场，鼓励多元投资

水务市场是一个新的投资热点。据报道，美国有 10 万家公司参与水业大市场，总投资额 1000 亿美元。我们建议：引导和支持国内外资本投资水务行业，形成多元化的水务投资主体。浙江投资环境优越，吸引外资能力强，应加强与外资在水务市场多层次宽领域的合作；浙江民营资本充裕，投资活跃，各级政府应积极做好引导民营资本参与水务市场建设的宣传，将引导民间资本进入水务市场作为落实十六届三中全会关于放宽民间资本市场准入的一项具体措施。利用好国内外两个市场、两种资源，大力发展水务事业。

（七）依法管理水务，强化执法力度

调研发现，在水资源管理中，很多地方存在“有法不依、执法不严”的现象。我们建议：要解决水资源管理人员编制不足、管理经费紧缺等问题，明确水资源管理机构的职责，提高管理人员执法能力，加强执法监管力度，真正形成“有法必依、执法必严”的水务运行机制。

（八）引导全民参与，发展循环经济

由于循环经济生产链条的延长和废旧资源的循环利用，发展循环经济不仅能缓解资源和环境压力，还能提高企业经济效益，为生态脆弱地区解决就业问题。我们建议：政府应加强引导居民、企业等各社会阶层广泛参与节水，对新开工建筑面积达到一定规模的住宅和写字楼必须配备中水处理设施，支持鼓励中水回用，大力发展循环经济。

（九）加快结构调整，转变增长方式

我们建议：通过调整产业结构，改变水资源的粗放利用方式，特别是改变农业水的利用方式，提高农业用水效率，缓解用水矛盾，实现水资源的可持续利用，实现经济结构优化升级和经济增长方式转变，实现从传统用水粗放型社会向现代节水型社会转变。

（十）加大财政补贴，支持海水淡化

海水淡化是解决浙江省沿海、海岛地区缺水的一条有效途径，但实际运作中还存在一些问题。例如，目前国家对海水淡化取水口源水和海水淡化饮用水的两个标准还没有制订，居民使用淡化海水存在顾虑，而且海水淡化投资大、成本高，供水价格与成本倒挂，企业亏损。我们建议：首先，为了解除人们饮用淡化海水的顾虑，海洋管理部门和卫生部门要抓紧研究和制订海水淡化取水口源水和海水淡化饮用水的两个标准。第二，为了解决现阶段海水淡化成本与供水价格倒挂的矛盾，财政部门应该对沿海、海岛地区开发海水资源、海水淡化技术的科研投入、对人体长期饮用淡化海水的安全性研究等给予一定的财政补贴。

建设节水型社会，应坚持节水、治水和管水"三管"齐下的原则，应坚持统筹城乡用水、统筹工农业用水、统筹生产生活用水的原则，应坚持市场运作与政府调控相结合，加快产业结构调整，切实转变经济增长方式，兼顾社会效益、生态效益与经济效益的平衡，保障用水安全，实现浙江经济社会可持续发展。

浙江作为中国工业化较为发达的地区之一，现在面临的缺水问题，可能成为相对落后地区今后遭遇的难题。建设节水型社会，是落实科学发展观的需要，是新世纪实现可持续发展的需要，是实现经济增长方式转变的内在要求，是实现新型工业化的需要，还是顺利实现全面小康社会的根本保障。因此，我们在调查浙江节水工作问题和经验的同时，建议省委、省政府尽快将水资源合理开发、利用和保护列入浙江经济社会发展"十一五"规划的编制工作，加快建设节水型社会。

课题组成员：夏益昌　汤为平　李任治　马兆成　景柏春

执笔人：景柏春

【点评】

该报告抓住了浙江经济社会可持续发展的重点和难点——水的问题，分析了现状和特点，总结了经验，指出了问题，提出了建议，客观真实，有参考价值。《关于浙江创建节水型社会的建议》被列为省政协九届三次会议一号提案，许多意见已被吸收到《浙江省人民政府办公厅关于建设节水型社会的若干意见》中，为浙江省建设节水型社会起了积极的推动作用。

浙江省省委书记习近平、省长吕祖善、省委副书记周国富、常务副省长章猛进、副省长王永明分别作了批示。

该报告收录在由研究出版社出版的《调查·思考·决策——2005年度浙江省党政系统优秀调研成果汇编》。

关于推进浙江民营企业转变经济增长方式的调研报告*

浙江省工商业联合会

（2005 年 10 月）

推进浙江民营经济转变经济增长方式，是当前浙江省经济工作面临的十分重要而又紧迫的任务。为认真贯彻落实中央和全省经济工作会议精神，牢固树立和落实科学发展观，需优化民营经济产业结构，推进民营企业全面创新，全面提升民营企业利用两种资源、两个市场的经营管理能力。

根据浙江省民营经济产业结构分布情况，调研活动主要在纺织、服装、五金、汽摩配、医药、化工、塑机、线缆、动漫等行业，重点是了解浙江省在这些行业中实施产业结构战略性调整的策略；了解民企集约利用资源要素的方法；了解民企依靠技术创新提升竞争优势的经验；了解民企提高人力资源素质赢得发展的模式；了解企业在转变经济增长方式中存在的主要困难与问题，形成意见与建议提交政府决策参考。现将有关调研情况报告如下。

一、浙江民企转变经济增长方式的主要途径

（一）加大科技投入，从“市场拉动发展”向“科技驱动发展”转变

需求可以创造市场，通过满足需求拉动发展，这是市场永恒不变的规律，但市场拉动发展往往受制于市场规模，受制于剧烈的成本竞争，而科技驱动的发展既可以推动产业进步，也可以拓展市场空间，引领市场，进而转变经济增长方式。在加大科技投入、开发新产品、以科技驱动发展方面，浙江民企作出了有益的探索。

如正泰集团通过加大科技投入，开发具有自主知识产权的智能化、可通讯低压电器产品，赢得了市场竞争优势；德力西集团整合科技资源，与西安、上海两家高压研究所合作，其“空气介质电弧的测试、仿真、调控的关键技术

* 本文获得 2005 年度浙江省党政系统优秀调研成果三等奖。

及其应用”引起了国内专家和国家领导人的关注;人民电器集团通过博士后工作站引进科技人才,研究智能变频起动技术、电力自动化控制、高效能精度脱扣器和高效能节能电器技术等,使相应的低压电器产品的销售额和利润大幅增加。

(二)强化基础管理,从“粗放型管理”向“精细化管理”转变

企业是经济活动的主体,是全社会转变经济增长方式的微观基础。提高企业科学管理水平,加强企业成本管理和企业信息化建设,也是企业转变增长方式、提高经济效益的重要途径。如台州路桥的爱信宏达公司,是一家机械制造厂,创办10年来产值增大了近10倍,今年将突破1亿元,而厂区占地面积仅扩大了1/3,每亩地产出400余万元,主要得益于“精益生产管理”。针对许多企业各种仓库占企业用地比例居高不下的情况,为杜绝各种原材料仓库、半成品仓库、成品仓库等库存积压现象,自2000年开始建立起一套独特的现场目标管理模式:在每条生产线上都标注各类标准、记录和呼叫警灯,生产员工能一目了然地看到生产计划、下游工序需求,最大限度地减少车间、仓库里的半成品用地。这种“精益生产管理”节约了大量的仓储用地,提高了企业的经济效益。

(三)优化资源利用,从“单一生产流程”向“循环生产流程”转变

从资源流程和经济增长对资源、环境影响的角度考察,增长方式存在两种模式:一种是传统增长模式,即“资源—产品—废弃物”的单向式直线过程,这意味着创造的财富越多,消耗的资源就越多,产生的废弃物就越多,对资源环境的负面影响也就越大;另一种是循环经济模式,即“资源—产品—废弃物—再生资源”的反馈式循环过程,可以更有效地利用资源和保护环境,以尽可能少的资源消耗和环境成本,获得尽可能多的经济效益和社会效益,从而使经济系统与自然生态系统的物质循环过程相互和谐,促进资源永续利用。

面对资源要素瓶颈的约束,浙江省民营企业正在积极探索发展循环经济的新路子。如浙江省医药生产企业新昌制药厂,通过改革工艺流程进而改变资源利用流程,变废为宝,走上了循环经济之路,将原来需要焚烧的工业垃圾变成了可以循环利用的原材料,通过将电加热生产改变为油加热生产,使得现有的废弃物变成原材料加以开发利用。

又如浙江虎霸集团,通过整合产业链进而改变资源利用流程,变废为宝,走上了循环经济之路。他们构建石煤综合利用产业链:石煤(发电、供

热),煤渣(生产水泥),自发电(生产钢铸汽车配件),热能(生产化工产品),余热外卖,走出了一条多品种、深加工、关联多元化的可持续发展之路,被国家发改委、省经贸委等有关部门和日本新能源产业技术综合开发机构联合授予"清洁煤炭技术中日示范项目"。

(四)提高利用两个市场与两种资源的能力,化解发展的制约瓶颈

提高利用两个市场与两种资源的能力,是浙江民营经济顺应国际化趋势,拓展国际生存与发展能力的一种战略性选择,也是整合产业链、配置全球资源、化解发展的制约瓶颈、实现转变经济增长方式的客观要求,通过跳出浙江来整合浙江省当前不具有优势的原料、技术、资金、人才、品牌、土地等要素资源,为我所用。走出去发展,从商品走出去,到资本走出去,紧靠资源产地,紧靠市场,降低物流成本,是转变经济增长方式的重大实践。

近几年来,浙江省民营企业利用两种市场与两种资源的能力得到明显提升。如华立集团通过实施走出去战略,根据资源配置与市场布局需要,收购兼并了重庆仪表、恒泰芒果、昆明制药3家上市公司,并在省外组建了多家企业,而把资源消耗小,单位产出率较高,以研发、高附加值为主的产业留在浙江。利用西部资源价格低廉的优势,把劳动密集型、低附加值、高消耗的产业放在西部,形成梯级产业,从而掌控了事关企业发展命运的战略性资源,竞争优势显著提升。同样,浙江企业也走进上海,目前,在上海的浙江民营企业有8万多家,它们与上海的科研机构、大专院校结盟,用上海的人才优势、资金优势、交通优势、国际贸易优势、市场优势、信息优势等,大力发展,提高企业的科研水平、生产质量、市场占有率。如正泰集团2003年在上海投资35亿元,成立上海输配电公司,从事高压变压器、成套开关柜、互感器等输配电产品的设计、制造和销售。德力西集团1998年就在上海青浦投资3亿元成立上海德力西公司,生产高压成套设备。

(五)以品牌经营为核心,立足"研发"与"市场",虚拟生产

品牌经营通过品牌与生产的分离,虚拟生产,使生产者更专注于生产,而使品牌持有者从繁琐的生产事务中解脱出来,而专注于技术、服务与品牌推广,应用品牌整合资源,赢得发展。这也是企业转变经济增长方式的有效途径之一。

森马集团在这方面取得了成功。森马集团的Semir休闲服和Balabala童装是浙江省著名商标、名牌产品。公司1996年成立,注册资金8800万元,5个子公司,80家分厂,1209个专柜。2004年投产4亿元,实现10.66

亿元销售，比 2003 年增长 55%，财务收入 7.5 亿元，增长 60%，税收 1920 万元，增长 73%。公司管理人员 33 人，86%拥有大专以上学历，5%是流动人员。2005 年计划 15 亿元销售，10 亿元财务收入，3000 万元税收。森马的经验是：企业自身以设计和打造品牌为主，实行虚拟生产、连锁专卖。这就节省大量生产中心，今年 3000 万件服装，依托的就是社会化大分工（长三角 30 家、珠三角 50 家）；企业的研发资金投入从产值的 2%增加到 6%；企业利用现代网络技术，提高管理能力，快速应对市场，产品依托快速的流通，将 40%的利润给经销商，以此提高终端单店竞争力，82%～83%的产品是由经销商完成；实行品牌战略，一牌多品，提高品牌附加值，提出"森马伴您一生"发展战略，进行资源整合，并开始品牌输出（侨贸），走本土品牌国际化道路。目前，森马在国际上已有 30 多家合作伙伴。

（六）围绕核心业务拓展产业链，基于自身能力调整产业结构

调整产业结构是转变经济增长方式的一个重要组成部分。加快服务业的发展，对于推进产业结构的战略性调整、转变经济增长方式、提高全社会的经济效益，具有重大的战略意义。在这方面，挺宇集团走在前列。挺宇集团是从做管道阀门起步的，如今涉及六大产业：仪表、阀门、海运、化纤、房地产、传媒。其中传媒、海运、房地产都属于第三产业。公司不是想当然地进入第三产业，公司的原则是，不相关的不做，没有平台不做。六大产业关联度较强。公司生产的管道主要是供海港码头装卸石油，在和海港企业交往中，公司熟悉了海运，从出资入股到出资控股；在化纤行业，公司主要生产尼龙，用于制造船舶缆绳；公司的管道也用于煤气输送，在熟悉煤气供应流程后，开始制造煤气表，且生产的煤气表是智能型的，不用人工抄表，不交钱就自动停止供气，为煤气公司解决了用户拖欠煤气费的问题，还加速资金回转和节省了大量的抄表员工，因此市场上普通的煤气表售价仅 100 多元一只，挺宇生产的却能卖 400 多元。公司还生产电表、水表。挺宇集团的总经理潘佩聪本人曾多年从事传媒工作，深知媒介的重要性和社会、经济效益，因此如今在电影、电视、广告、出版等领域都有公司的身影。2004 年收入 10 亿元，公司有 30 多位研发人员，研发占销售额的 5%～8%。公司董事长潘挺宇本人也是一位技术研究员，目前，他正在研究超临界萃取中药的制造工艺。跨行业发展，使挺宇集团在转变经济方式中得到了升华。

（七）充分发挥行业商会作用，实现经济发展和环境改善相协调

科技日新月异，工艺千变万化，各行各业的各种生产标准各不相同，政

府有关部门制订各种标准,往往滞后于企业生产。这是行业商会作为政府助手,发挥重要作用的方面。同时,行业商会也成为政府监管企业生产的重要助手。

温州是目前世界最大的合成革产业生产基地,已拥有100多家企业,近400条先进的生产线,固定资产近40亿元,年产值超过120亿元,产品在国内市场占有率达70%以上。2000年,成立温州市合成革商会。2004年,温州合成革商会针对国家尚无合成革DMF废气排放标准的现状,国内尚无合成革生产过程中废气污染治理的成熟经验,为全面推进环保工作,将温州人造革有限公司和同济大学、中达公司一起投资100多万元,研制成功的DMF废气净化回收,平均回收率达96.5%的装置向全行业推广,确定2004年为合成革行业环境治污重点年,向全体会员企业发出了《关于进一步做好环境污染治理工作的通知》。截至今年上半年,全行业95%的企业安装了废气净化回收装置,所有企业运行不到半年就收回了投资成本,真正做到了环境、社会、经济效益三赢。同时,温州合成革商会把合成革生产排放DMF废气有关参数,向政府有关部门提请,成为了国家标准。温州市政府对合成革商会的举措十分赞赏,分管市长批示:"市合成革商会做得很好,商会推进这项工作,有利于增强企业搞好治污的自觉性",并要求政府有关部门支持配合。同时,温州合成革商会还规范会员企业的行为:开始筹建温州合成革固废(残液)无害化处理中心,走政府监管和市场化运作相结合的路。合成革湿法生产中有大量废水,各企业之间对废水的治理进展不平衡。合成革商会多次组织调研,总结经验,在全行业内推广生化处理污水,净化后循环使用,目前有20多家会员企业进行了生产废水治理,其余的会员企业都已在积极规划,实施污水治理。为稳定本行业内的技术和管理人才队伍,商会制订了会员企业招人用人《公约》,通过自律教育、谈心协调、内部通报、争取政府职能部门协助和重点监管等措施,基本制住了人才无序流动;商会还实行内部通报不守信誉的客户,减少拖欠贷款现象,并配合政府有关部门开展专业技术人员职称评审工作。

在参与日益增多的国际贸易争端的谈判、申诉中,行业商会更有着不可替代的积极作用。2004年国外对我国企业发起的反倾销调查案共59起,其中浙江省占了33起。今年浙江省已有19起调查案,最多一起涉及770多家外贸企业。如2004年,欧盟对温州生产的打火机提出技术壁垒政策,要求2欧元以下的打火机必须有安全装置,防止儿童失火;今年年初,土耳其等国对温州生产的眼镜提出反倾销调查；前几个月，西班牙焚烧了温州产的皮鞋，接着，欧盟对我国的皮鞋提出反倾销调查，同时又在俄罗斯发生温州皮鞋灰色清关事件。面对诸多的国际贸易争端，温州烟具行业商会、眼镜商会和皮革业商会等挺身而出，聘请律师，和国家商务部官员一起积极应对。打火机的应诉已取得胜利，眼镜和皮鞋的应诉正在进行之中。

二、浙江省民企在转变经济增长方式中存在的主要问题

（一）民营企业对转变经济增长方式的重要性认识不足

转变经济增长方式已经是摆在浙江省民营企业面前的十分紧迫的任务，但浙江省不少民营企业仍然是重眼前、轻长远，重发展、轻转变。如浙江省的纺织服装增长以“跑量”为主，过多依靠价格竞争。出口的化纤染色布和印花布，每米平均售价为 0.8～0.9 美元，袜子平均价格为每双 0.21 美元，领带平均价格为每条 1.6 美元，几乎接近成本，出口效益低微，数量增长明显快于价格增长。1—6 月份，浙江省纺织品服装出口价格指数为 1.05，数量指数为 1.24，即出口平均价格增长 5%，出口数量增长 24%。征税纺织品出口价格指数为1.07，数量指数为 1.15%。浙江省纺织服装企业靠价格优势抢占市场、粗放增长的局面并没有明显改观。同时许多企业以贴牌生产为主，平均利润率仅为 3%～5%。由此可见，企业对转变经济增长方式普遍缺乏深刻认识。

（二）自主创新能力与转变经济增长方式的要求不相适应

浙江省民营企业技术创新的速度不快，开发新产品的能力薄弱，产品的科技含量不高，经济效益低。被调研的企业中仅仅 18.10%的企业有自主的知识产权产品，57.52%的企业没有投入科研经费。宁波市科技局反映：宁波八成中小企业盛行“什么赚钱就做什么”，一拥而上，捞一票就走，或者干脆搞拿来主义，不花资金和时间在研发上，而是使用别人研发出来的技术。目前宁波有 9 万多家中小民营企业，但舍得花钱、愿意花钱去创新的寥若晨星，关键就是卡在人才和资金上。而不少企业也认为科技创新是要花大本钱的事情，中小企业做不起，也没有必要。原来的产销结构链中，并没有研发创新这一项成本。这种生产模式必然导致企业发展道路越来越窄，随着竞争越来越激烈，效益越来越低。从走访调研来看，浙江省民营企业的科技自主创新能力很弱，就宁波市的专利授权来说，自 1999 年来，每年总量均在 20%以上，但大多是相关外观设计和实用新型发明，技术创新所占比

例很低，仅为3.91%。

从附表25看，在企业生产的新产品中，不到半数的产品是自己研制的，企业承认有17.41%的新产品是仿制的，一些企业数年产品没有更新产品。

由于自主创新的能力不足，以及管理水平不高，加上同行间的无序竞争，虽然有4.81%的企业拥有世界一流的生产设备，4.44%的企业拥有一流的产品质量，但只有其中1.35%的企业的产品销售价格是世界一流的（见附表26）。许多企业舍得花钱买一流设备，却不愿花钱培养一流人才，所谓“一流设备、二流质量、三流价格”，就是浙江许多民营企业的真实写照。

统计结果显示，76.70%的被调研企业拥有自己的产品商标，平均2.68件/户；虽然不少企业有自己企业的商标，浙江省的国家驰名商标有38件，省著名商标有602件，数量在全国居第一位，但总体比例偏小，1.35%的企业没有自己的产品商标，贴牌产品的产值在总产值中占了三成。

（三）税收等政策的不公平、不合理，不利于推动经济增长方式的转变

附表29反映了被调研企业对目前各项经济政策的评估，其中对税收政策、信贷政策和宏观调控政策的评价依次最低。

1. 税收政策不公平

（1）民营企业与外资企业的税制不公平。外资企业来华投资三免二减的政策至今还在各地执行。浙江省一些地方政府引进的只要是外商，无论真假，即使是技术或资金都不如国内民营企业的，只要持有外商身份，不仅土地大量供应，且地价低廉，企业享受不仅是三免二减的税收政策，更有许多规费优惠。地方官员更振振有词，有功可报，有钱可赏。引进外资并非对转变经济增长方式有百利而无一弊，必须正确处理好引进外资与发展民族产业的关系。（2）出口退税政策不合理。从目前出口退税政策来看，主要存在两个问题：一是征税、退税两地不一致；二是采取中央和地方分别退税，不及时又不方便。今年8月刚出台的《国务院关于完善中央与地方出口退税负担机制的通知》，对我国出口政策再次作出调整：各地2003年的出口退税基数不变，中央与地方的出口退税分担比例从目前的75∶25调整为93.5∶7.5，新政策从今年1月1日起执行。新政策距离上一次调整的政策仅半年时间，并没有解决征退税两地不统一引起的矛盾。（3）征税不规范。永康市是滑板车主要生产和出口地，一年出口销售上百亿元，有的排量超过50CC，美国可进口，但我国海关因出口目录没有滑板车一项，就按摩托车类征收关税，使企业利润减少。

2.信贷政策不公平

企业融资难、担保难始终没有解决，这是企业转变经济增长方式的最大难处。

我们把被调研企业的资金来源比率构成、各项资金的用途构成、融资难度、上市状况、融资意向进行统计，数据显示：金融机构对民营企业的支持力度是有限的，近半数的企业感到融资难或很难(见附表30～附表38)。

金融部门是商品经济发展的重要中介服务部门，它是在政府、企业、居民之间建立起来的一个四通八达的资本信用网。尽管金融系统的安全一是关乎国家的经济运行正常、社会生活、生产稳定的大事，但这不能成为政府控制金融的根本理由。政府控制金融的实质是政府垄断金融资源，以完成各种考核指标和显示：一是各级政府的成绩考核，GDP的增长率高低在很大程度上决定了政府官员的升迁，政府要通过金融运作，加快经济建设；二是各级政府的形象工程，诸如市民广场、城市标志性建筑等；三是市政建设要钱，如修路建桥、自来水厂、体育场、图书馆之类建设(本来市政建设应该通过市场投标来实施)。政府垄断金融市场，是造成民营企业贷款难的主要原因。

外资可以在中国办银行，中国民营经济只能参股，参与金融业务，但不能控股，当然也不能单独办银行。金融资源的垄断不利于民营企业获得资金支持。

3.宏观调控政策不公平

在调研走访中，一些企业家反映：去年上半年，政府为解决经济发展中日益紧缺的能源、土地等问题，以行政手段对宏观经济进行调控，银根紧缩，最大受害者是民营企业。民营企业家认为政府对经济调控是应该的，但应该用税率、利率、汇率等手段进行，在银根紧缩时，银行对民营企业的贷款大量减少，大多数是只还不贷，有的要求提前还贷。其实，银行对最大借贷者——政府和国有企业并没有追得那么紧，因为银行本身就是国有的。完善的宏观调控应当对宏观经济总量进行调控，通过对财政收支、货币供给、税收、利率以及汇率等变量的改变，最终达到对宏观经济的影响，而不是让各级政府部门去审定每一项具体的投资项目是否合理，以及限制总的投资规模等一些微观层面的事情。投资项目是否合理完全应当由银行、企业这些微观主体在市场上的相互作用来决定，最终由市场检验。

（四）税费的增多使得企业转变经济增长方式的动力不足

各种税费增多，使企业转变经济方式的动力不足。如台州、金华等地反映：今年 3 月 21 日省国税局下发了《关于加强废旧物资回收经营业务增值税管理有关问题的通知》，将废旧物资回收单位收购废旧物资发票从原先的万元版改为百元版，收购一吨杂铜要开 30 多张发票，增加了相当多的开票人员和成本；超过万元部分的发票按 4％征税。据测算，每吨废杂铜增加成本 1300 元，每吨铝增加成本 500 元以上。在废旧物资回收经营单位很难取得进项发票的情况下，征税所发生的款项必然转嫁到废旧物资利用企业，使废物利用受限。浙江省各地所产生的废旧金属本身就有限，民用废旧金属不到 1％，不足维持企业生产所需。企业正常生产只好采购高价电解铜或电解铝，导致生产成本上升，削弱了产品的竞争力，也不符合发展循环经济的节约方针。通知要求每份百元版的发票上要附上一张身份证复印件，每张身份证使用累计不得超过 1 万元。由于回收企业操作难度增大，许多废旧加收企业不愿向本省废旧物资利用单位供应，转而流向江西等外省，使浙江省原来利用废旧金属加工生产的企业面临断炊，目前已有企业处于半停产状态，部分企业开始外迁其他省。永康市是我国著名的“五金之都”，全市八大主要支柱行业都属于五金产品类，在全国同类产品中的比占很大，如电动工具占全国产量的 1/4，衡器占全国市场的 3/5，电动剃须刀出口全国第一，产量全球第四，汽动滑板车占全国生产量、出口量的 4/5。诸如此类的五金产品不胜枚举，都以各种金属为原材料，其中废旧金属的利用量约占 1/5 多，省国税局下发的《关于加强废旧物资回收经营业务增值税管理有关问题的通知》，不利于废旧物资利用，也使五金企业的生产发展受到了影响。

（五）民营企业的生产成本持续大幅提升挤压了企业的盈利空间，削弱了盈利能力

企业的产品成本由生产成本、制造成本、营业成本、管理成本和财务成本构成。从被调研的企业来看，其生产成本呈不断上升的趋势。主要是因为：

1. 原材料成本急剧上升，成为驱动生产成本上升的第一大因素

附表 1 和附表 2 显示：企业生产成本占产品总成本的 76.77％，其中，原材料价格的上涨是生产成本急剧上升的首要因素。企业反映，无论是金属材料还是非金属材料其价格都大幅度地提高。但下游产品价格并没有因为上游原材料价格的上涨而得到相应的提高，从而使得企业的利润空间受

到极大的挤压。当然，企业家们也认为，下游产品的价格上涨，会在明后年的经济形势中显现出来，可能会引起通货膨胀。附表4表明：绝大多数企业的产品成本中原材料开支的比例都超过五成，42.74%的被调研企业中，其原材料成本占产品成本的八成以上。

2.劳动力成本进一步上升，成为驱动生产成本上升的第二大因素

结果表明，浙江省劳动力成本在进一步上升，成为驱动生产成本上升的第二因素。与2004年省工商联走访千家会员企业调研时相比，一年来，工人平均年收入，从12433.93元提高到13843.61元，提高了11.34%。管理人员平均年收入从20531.21元提高到21101.21元，提高了2.78%。但技术人员年平均收入为24720.98元，与2004年相同。之所以形成这种现象，主要是因为：第一，多年来，浙江的民营企业主要靠扩大外延发展，造成民工需求量逐年增加，求大于供，劳动力价格随之上涨；第二，随着农业政策的调整，农业比较收益上升，加之城市生活成本上升，外来务工人员对报酬的期望更高；第三，政府要求企业进一步改善职工收入，保证职工利益，客观上要求企业提高劳动力投入水平；第四，企业之间抢挖熟练工的现象层出不穷，特别在纺织服装生产企业中更为普遍，使得一些企业不得不通过培训提高员工技能。企业增加培训费，进一步提高了生产成本。

3.能源成本的进一步提高，成为驱动生产成本上升的第三大因素

一方面，由于能源紧缺，特别是电力紧缺，夏季用电高峰时期，企业缺电被迫停止生产，一周经常停三开四，企业为完成合同，尤其是外商订单，只好购置柴油发电机，因而提高了生产成本；另一方面，高能耗是浙江省民营制造业企业普遍存在的一大问题，随着能源成本的提高，生产成本随之上升。

我们将被调研企业产品成本的总构成比率及各项成本的构成比率进行了分析，从附表3～附表5，附表9～附表19可以看出，生产成本占产品成本的76.77%，原材料上涨成了生产成本居高不下的主要原因；而研发成本（列于管理成本之中）占生产成本5%以上的企业仅1.08%；研发资金占销售总额5%（可税前列支）的企业更是寥寥无几。

（六）人力资源结构与转变经济增长方式的要求不相适应

人力资源结构包括类别与质量结构两个方面，人力资源是生产力的重要组成部分，人力资源的素质结构决定了生产方式与生产效率。

1.企业家的文化教育总体水平不高

民营企业家的文化教育水平对企业的经营、发展和生产方式转变有着十分重要的作用。从被调研的企业家的文化教育水平来看，浙江省民营企业家的文化教育水平比前几年有所提高，但总体水平还有待于进一步提高，拥有大专以上学历的占51.04，从全日制大专院校毕业的不多。转变经济增长方式，与经济发展水平、社会环境和科技创新能力紧密相关，但人的因素是第一位的。在民营企业转变经济增长方式时，企业的所有者的决策至关重要。中国民营企业是在中国边改革、边开放、边市场化的过程中发展起来的，中国的民营企业家本身都是在边摸索、边实践、边淘汰的过程中壮大起来的，许多民营企业和民营企业家如流星一般，迅速衰落，其重要的原因之一就是文化教育水平有限，真正了解市场经济的真谛，符合国际化、市场化要求的企业家更是少之又少。他们转变经济增长方式，主要还是被逼出来的，被市场竞争所逼、被社会环境所逼、被政策法律法规所逼。因此，民营企业转变经济增长方式，企业家的决策和经营管理能力至关重要，努力帮助民营企业家提高文化教育水平，是各级党委和政府部门帮助民营企业转变经济增长方式的一项重要的基础的工作。

2.企业员工的文化教育水平不高

从附表21和附表22可以看出，拥有大专学历以上的员工仅占全体员工数的8.10%，有职称的仅占全体员工数的8.73%。民营企业员工的总体水平偏低。企业员工文化教育水平的高低，决定着企业经营管理水平的高低、企业科技创新能力的大小、产品的质量、产品的科技含量等，是企业转变经济增长方式的最主要实践者。

由于民营企业的投资者和从业者的文化教育水平普遍不高，因此，附表23显示，被调研的民营企业年劳动生产贡献率也不高，平均为43.16万元/人，比2004年省工商联走访千家被调研企业全员年劳动生产贡献率平均34.50万元/人，增长了25.1%，但其幅度提高是由于生产资料成本(特别是原材料成本)大幅度上涨，加上物流成本、劳动力成本等其他因素大幅度提高，使企业的年劳动生产贡献率增多，但人均利润贡献率却在大幅下滑。在附表24中我们看到，企业从开业到2004年年底，人员增长了12.39倍，但管理人员的占比没有增长，技术人员也就略多了1.63个百分点。

3.人力资源总量不足

浙江省人力资源总量不足，储备不够，也成为阻碍经济增长方式转变的主要原因之一。朗沙维尔迪公司是绍兴的一家印染兼服装生产企业，每天10条流水线印染50多万米，服装厂有员工1200人，2004年服装出口值为1.4亿美元。企业反映，服装厂不仅缺1/3普通员工，更缺大量管理员、技术员。目前为留住员工，企业平均给员工工资1200元/月，还提供集体宿舍，免费工作餐，免费培训三个月，设有回民专门食堂。就这样，企业还是招工难，特别是熟练工、技术员、管理员更难招，由此还造成企业间彼此挖人才。人力资源的不足，也造成企业人才结构的不合理。被调研企业中，拥有大专学历以上的员工仅占全体员工数的8.11％，有职称的仅占全体员工数的8.73％。研究生以上学历的只占0.21％，技术员总量不足，只占员工总数的9.15％；高级、中级、初级职称比例为1∶4.75∶12.56，与国际上合理的比例1∶3∶6相去甚远，且整体年龄偏大，中青年高层次人才普遍缺乏。近几年来，招工难有加剧趋势。由于民营企业家大多数受自身文化水平的限制，约有40％的企业家看不懂财务报表；相当一部分民营企业家和新生代业主们难以适应激烈的现代市场竞争环境，感到力不从心，难以驾驭企业的发展。但由于受中国传统文化影响，大部分企业主又不愿意放手让外人插手企业经营管理，使得优秀专业人才队伍难以扩大，进了企业也很难发挥作用。

三、对民营企业转变经济增长方式趋势的基本判断

2004年以来，浙江省经济正处于全方位协调增长的转型时期，以宏观调控为标志，浙江民营企业进入了基于系统竞争能力的成熟期。宏观调控是我国经济运行到一定阶段的必然选择，它标志着民营企业运行的外部环境发生了重大变化，这一阶段企业所处外部环境有三个明显的特征：第一，企业的边界国际化，民营企业进入国际化发展新阶段；第二，政策环境规范系统，非公经济进入历史发展新阶段；第三，转变经济增长方式，进入科学发展新阶段。

在新的发展阶段，对转变经济增长方式，浙江省民营企业总体是有信心的。如果最近三五年，国家进一步加强宏观调控，土地、能源、原材料价格继续上涨，银根紧缩，从对前景的自身预测评估构成来看，被调研企业中有36.38％将依靠科技进步推动发展；有30.28％将依靠品牌优势推动发展；有5.08％将缩小规模；2.65％有可能关闭(见附表40)。

从被调研民营企业的利润分配构成来看，有53.52％的企业将继续扩

大再生产(附表 41),表明广大民营企业对经济形势的趋势总体看好。当然,在座谈和走访时,企业也表示,转变经济增长方式是一项长期的工作任务,需要政府、社会的关心和支持,需要公开、公平、公正的经营环境。调查显示:预计今年民营企业产值比去年增长 24.87%,同比增长率可能会略低于去年;但今年出口交货值平均是去年的 168.20%,年增长 68.20%;今年上缴税款平均是去年的 123.73%,年增长 23.73%(见附表 42、43、44)。总体效益会好于去年,这是民营经济转变增长方式的一个好的兆头。同时,不少民营企业仍然依靠外延扩张发展生产,重发展、轻转变,重眼前、轻长远;一些地方政府重 GDP、轻环保的情况还大量存在;资源紧张和资源浪费的现象并存。对此,我们必须有清醒的认识,民营企业转变经济增长方式并非是一蹴而就的事。

四、我们的意见和建议

改革开放以来,特别是中央提出加快两个根本性转变以来,浙江民营经济转变增长方式取得了积极进展,资源节约与综合利用也取得了一定成效。通过这次走访调研,我们感受到,浙江民营企业从总体上看,正处于从"低、小、散"向"高集聚、上规模、高档次"的过渡阶段,正在不断提高制度创新、管理创新、科技创新,以期把企业做大、做强、做优。科教兴国战略为经济增长方式转变奠定了基础;可持续发展战略为转变经济增长方式提供了指导思想;省委、省政府的"八八战略"为实施经济增长方式的转变提供了具体的步骤;需求制约增长的经济发展阶段的到来,对转变经济增长方式具有日益增大的压力和动力;浙江省民营经济实力的日益提高,为转变经济增长方式提供了坚实的物质基础;加入世界贸易组织后的国际环境总体对浙江省民营经济增长方式的转变是有利的。同时,我们更清晰地看到,浙江民营企业粗放型的经济增长方式尚未得到根本转变,与国际先进水平相比,存在资源消耗高、浪费大、环境污染严重等问题,原有的先发优势正在逐步消退,浙江民营企业要实现经济增长方式的根本转变,任重道远。为此,我们建议:

(一)要进一步深刻认识其重要性和必要性,加快经济体制改革

长期以来,我国以经济建设为中心,贯彻执行时,具体量化为考核各地的 GDP 总量和增长率。在某县座谈时,新任的县委书记对在目前宏观经济比较严峻的形势,要完成全县今年的 GDP 增长率感到生不逢时。但为了追求完成上级政府对全县的考核指标,不得不千方百计地通过加大投入,包括

动员民资扩大生产和加大政府对市政建设的投入，从而以继续靠资本、靠廉价劳动力、靠资源外延扩大来提高GDP的增长率。因此，我国的经济体制转变虽然已经取得很大进展，但还要进一步深化体制改革。目前我国资源配置的方法还是计划经济的一套，政府握有配置资源的权力；由于生产性增值税的设置与产值联系太密切，与地方政府的财政收入直接相关，追求产值因此成为必然；土地、劳动力、上游原材料的价格以及银行利率扭曲，偏低的价格和偏低的利率又使经济核算出现扭曲，这就使我们的增长模式出现了追求数量、不讲效率的问题。因此，GDP仍是考核政绩的主要指标，导致政府必然利用掌握资源的权力，不讲效率地为完成GDP指标服务。因此，各级党委和地方政府牢固树立科学发展观，摒弃传统发展方式，显得尤其重要。

我们建议：省委省政府进一步深化经济体制改革，制定和实施新的科学的绿色GDP经济管理考核体系，重视政府职能的转变，向公共服务、环境保护、协调发展、维护市场经济秩序、依法行政转变，今后在进行宏观调控时，尽可能以税率、利率、汇率为杠杆，为民营企业转变经济增长方式提供体制保障。

（二）必须继续加大政策扶持力度，增强企业创新能力

民营企业转变经济增长方式，离不开政策的扶持和举措。我们建议：要大力加强科研机构、大专院校和民营企业的“联姻”：省科委、省教育厅等有关部门应每年组织科研成果交流会；引导民营企业和科研机构、大专院校以市场为导向、共同利益为纽带，建立区域科技创新服务站。要进一步加大对民营科技企业在技术股、资金、土地等方面的扶持，对民营科技企业进入省级开发区的条件和外商进入的条件及各种政策优惠应一视同仁。

（三）必须认真落实各种已出台的政策

改革开放以来，从中央、国务院到省委、省政府和各地党委政府都有一系列关于鼓励支持和引导民营企业发展的有关方针政策，使得浙江省的民营企业从中得以发展、壮大。但从调研走访中我们了解到，这些政策有很多并没有“落地”，这不仅影响了民营经济的进一步健康发展，更不利于民营企业转变经济增长方式。从转变经济增长方式的角度来看，要求经济体制改革着重解决好两个问题：一是资源优化配置；二是形成有效的激励机制。放宽非公有制经济市场准入、加大对非公有制经济的财税金融支持、完善对非公有制经济的社会服务等政策，就是要解决这两个问题。政策已明确规定，

允许非公有制经济资本进入的垄断行业和领域，必须加快这些垄断行业改革，但实际执行很难到位。如对非公有制经济经营石油，前置条件之一是“成品油批发企业必须从事两年以上成品油零售经营业务，并拥有30座以上自有或控股加油站”。在民营企业从不允许进入的行业，它们无这些资历。

企业的经济效益是决定经济增长方式的关键。从当前浙江省的实际情况来看，企业运行机制对宏观经济增长方式转变制约最严重的是资本关系。民营企业融资难，各级政府在所有的工作报告和有关文件中都说要解决。最近，省政府与省建设银行签约，为近千家企业提供贷款扶持，平均每户能得到贷款5000万元左右，能贷5000万元的可能也属于中等规模企业，但广大小企业急需几十万元、百把万元贷款如何解决一直没有能落实好。有的地方政府反映，省政府讲今年是服务年，没有具体内容，如担保、再担保政策，还是挂在空中。已有的一些担保基金，大多数是非政府的，基金本身也仅区区几百万、几千万，最多也就几个亿，这些基金担保范围有限，总量也有限，不能从根本上解决广大中小企业担保难的问题。金融资源不能自由流动，是经济增长方式粗放型的原因之一。因此，转变经济增长方式要求加快金融改革步伐。

各地还普遍存在国民没有“国民待遇”的情况，同样的项目，资金实力还不如民营企业，只因是外国，要地给地，要免税，三年二减半。此外，台州的企业反映，政府文件上讲医药化工是台州的五大支柱产业之一，给予重点扶持，但实际上是新项目难报，新产品难上。温州服装商会反映，温州服装业总体研发投入不足销售额的1%，而欧洲是5%，美国是10%。服装商会根据温州市政府有关加大对传统产业改造，给予技改贴息的政策，针对温州服装行业新研发成果少的情况，向市科技局申报组建温州服装研发中心的立项报告，但至今未批准。

在生产用地上，当年湖州织里等地政府本着改变企业生产、仓库、生产三合一的现象，在先发展、后规范的思想指导下，鼓励企业兴建厂房。现在厂房建好了，却没有土地证，厂房既不合法，也就不能抵押贷款。土地权证问题不仅反映了企业的建设管理粗放，也暴露了政府工作的粗放。

以上这些情况都表明我们推进民营经济转变增长方式方面的政策是不少的，但在具体执行中却没有能完全认真落实。因此我们建议：各级党委和政府都要对已经出台的支持民营经济转变经济增长方式政策的贯彻执行情况，经常进行督查，并成为一项工作制度。

（四）必须大力培育行业商会等经济中介组织

温家宝总理在今年的政府工作报告中指出:“坚决把政府不该管的事交给企业、市场和社会中介组织,充分发挥社会团体、行业协会、商会和中介机构的作用。”从调研走访来看,这项任务有所进展,如温州的服装商会、鞋业商会、合成革商会等在维护市场经济秩序、降低交易成本、行业自律、自我服务等方面发挥了积极作用;嘉兴市政府把所有行业协会归口于嘉兴市总商会。但从目前全省的现状来看,2911个行业协会、商会组织,绝大多数还是官方、半官方性质,依附于政府某部门,利用政府给予的一些职能,行使“二政府”的权力,甚至还有强化的趋势。在为企业直接服务、规范劳动用工、树立诚信意识、建立研发中心、建立行业预警机制、与国际商会接轨、增强企业核心竞争力等方面不尽如人意,明显难以适应我国加入WTO后国际竞争加剧、政府职能转变、深化经济体制改革的要求。

我们建议:省人大或省政府能尽快制定《浙江省行业协会、商会管理条例》,明确行业协会、商会的宗旨、职能、体系、地位、工作机制和管理体制。按照温家宝总理关于“进一步推进政企分开、政资分开、政事分开”的要求,对浙江省现有的行业协会、商会,要进行改革、规范和整顿。首先是对浙江省的支柱产业的行业协会、商会进行改革试点工作,并要将改革工作在三五年内推向全部行业协会、商会。同时建议在“十一五”规划中要制定社会中介服务体系建设规划,支持会计、律师、审计、检测、咨询等各种服务机构的大力发展,规范其服务行为,建立和完善自律机制和他律机制,促进中介服务机构的健康发展。

（五）必须继续营造良好的经营环境

民营企业转变经济增长方式,需要营造良好的经营环境。

1.建议大力调整浙江省的产业结构

目前浙江省的一、二、三产结构不尽合理,服务业的相对滞后,加大了制造业的成本。加快服务业发展,是民营企业转变经济增长方式的内在需要,能加强民营经济的竞争力。

2.建议建立防范市场经济风险的预警机制

市场经济是一种竞争经济,有优点,也有缺陷。过度竞争、无序竞争、恶性竞争、垄断竞争等都会扰乱经济发展的正常秩序,同时国际上也有许多“大鳄鱼”,随时会扰乱市场秩序,东南亚金融风暴就是典型一例。因此居安思危,防患于未然,建立浙江省防范市场经济风险的预警机制,很有必要,并要进行模拟运作,以便能尽可能降低对经济发展的风险。

3.要有良好的舆论环境

建议各种媒体能多宣传民营经济的发展情况，多宣传民营企业家社会主义事业优秀建设者的风采，多做正面报道。在对个别私营企业主的不良行为或违法事项进行报道时，要就事论事，不要把它无限引申。

4.辩证思考“走出浙江、发展浙江”

目前全国其他省纷纷来浙江省招商引资，一方面有利于浙江省民营企业在省外建立起原材料、能源基地，充分利用兄弟省的人力资源优势开拓市场；但另一方面，国家政策在各省执行不一，也使浙江省民营企业的资金大量外流，一些产业纷纷转移。各省之间的生产成本的差距，使浙江省民营企业的成本优势缩小，竞争力降低，不利于民营企业转变经济增长方式。因此要了解、分析企业走出去的动因，区别对待。同时，在兄弟省已建立了许多浙江商会，要加强和这些商会的联系与交流，帮助它们解决困难。

五、附录

2005年民营企业转变经济增长方式情况调查问卷数据表：

表1　被调研企业的产品平均成本构成

	生产成本	制造成本	营业成本	管理成本	财务成本	合计
比率(%)	76.77	9.71	4.58	6.82	2.12	100

表2　目前企业成本上升趋势构成

	第一位(%)	第二位(%)	第三位(%)	平均率(%)	名次
原材料	73.14	7.75	5.85	28.91	1
设备	2.67	7.95	3.23	4.62	8
研发	3.81	9.11	6.85	6.59	6
能源	7.05	21.90	9.88	12.94	3
劳动力	7.81	28.29	18.15	18.08	2
销售	1.33	9.69	14.92	8.65	4
管理	1.90	5.62	10.08	5.87	7
场地	0.76	1.16	3.43	1.78	10
财务	0.38	3.10	6.45	3.31	9
税费	0.96	5.23	19.35	8.51	5
其他	0.19	0.2	1.81	0.73	11
合计	100.00	100.00	99.99	99.99	

表 3　生产成本占产品成本的比例构成

	≤50	50～60	60～70	70～80	80～90	＞90	合计
比率(%)	5.81	7.62	16.16	30.30	27.23	12.88	100.00

表 4　在产品成本中原材料开支的比例构成

	≤50	50～60	60～70	70～80	80～90	＞90	合计
比率(%)	8.87	9.14	15.32	23.93	25.00	17.74	100.00

表 5　在产品成本中人工费的比例构成

	≤3	3～5	5～10	10～20	20～50	＞50	合计
比率(%)	19.83	11.62	30.59	23.23	14.73	0.00	100.00

表 6　被调研企业工人年均收入构成

	≤0.96	0.96～1.08	1.08～1.2	1.2～1.44	1.44～1.8	1.8～2.4	≥2.4	合计
比率(%)	15.63	13.97	25.00	15.26	21.13	6.8	2.21	100.00

表 7　被调研企业管理人员年均收入构成

	≤1.2	1.2～1.8	1.8～2.4	2.4～3	3～3.6	3.6～4.8	≥4.8	合计
比率(%)	13.26	33.33	24.13	11.05	12.15	3.13	2.95	100.00

表 8　被调研企业技术人员年均收入构成

	≤1.2	1.2～1.8	1.8～2.4	2.4～3	3～3.6	3.6～4.8	≥4.8	合计
比率(%)	5.76	28.02	22.26	18.81	10.56	6.34	8.25	100.00

表 9　制造费用占产品成本的比例构成

	≤3	3～5	5～10	10～20	20～33	＞33	合计
比率(%)	15.24	16.02	37.21	24.55	6.98	0.00	100.00

表 10　制造费用占水电费成本的比例构成

	≤5	5～20	20～50	50～70	70～80	＞80	合计
比率(%)	32.85	22.77	26.22	11.24	5.48	1.44	100.00

表 11　折旧、修理费占制造费用的比例构成

	≤3	3～10	10～30	30～50	50～80	＞80	合计
比率(%)	21.08	20.23	22.79	18.80	14.53	2.57	100.00

表 12　营业费用占产品成本的比例构成

	≤1	1～2	2～5	5～10	10～20	>20	合计
比率(%)	25.37	18.81	25.37	20.90	7.16	2.39	100.00

表 13　运输费占营业费用的比例构成

	≤5	5～20	20～50	50～80	80～90	>90	合计
比率(%)	33.75	16.56	19.94	14.11	6.44	9.20	100.00

表 14　广告费用占营业费用的比例构成

	0	0～5	5～20	20～50	50～80	≥80	合计
比率(%)	56.12	22.84	10.61	6.29	3.24	0.90	100.00

表 15　研发费用占管理费用的比率构成

	0	0～1	1～5	5～20	20～50	50～80	>80	合计
比率(%)	57.52	7.53	11.65	11.29	7.35	3.58	1.08	100.00

表 16　办公费用占管理费用的比率构成

	≤1	1～5	5～20	20～50	50～80	>80	合计
比率(%)	19.25	24.14	30.17	12.07	6.61	7.76	100.00

表 17　财务费用占产品成本的比率构成

	≤1	1～2	2～3	3～5	5～10	10～20	>20	合计
比率(%)	24.46	23.10	14.95	20.11	13.04	2.99	1.35	100.00

表 18　利息开支占财务费用的比率构成

	0	0～1	1～50	50～90	90～100	100	合计
比率(%)	39.66	8.57	17.88	9.12	9.31	15.46	100.00

表 19　汇兑损失占财务费用的比率构成

	0	0～1	1～5	5～10	10～50	<50	合计
比率(%)	71.08	10.76	8.82	3.70	4.59	1.05	100.00

表 20　被调研企业家文化学历构成

文化	文盲	小学	初中	高中	职高	中专	大专	本科	研究生	合计
比率(%)	0.17	0.84	12.9	26.6	2.08	6.37	35.3	9.71	6.03	100.00

表21 被调研企业有学历的人才构成

	博士生	研究生	大学生	大专生	合计
企业平均拥有数(人)	0.12	0.99	13.28	28.64	43.03
企业平均拥有率(%)	0.0226	0.1865	2.50	5.39	8.10

表22 被调研企业有职称的人才构成

	高级职称	中级职称	初级职称	共计
企业平均拥有数(人)	2.53	12.02	31.82	46.37
企业平均拥有率(%)	0.48	2.26	5.99	8.73

表23 2004年被调研企业的全员年劳动生产贡献率构成

年劳动生产贡献率	≤10	10～20	20～50	50～100	>100	合计
比率(%)	19.87	45.67	29.60	3.38	1.48	100.00

表24 被调研企业中工人、管理人员、技术人员平均数及构成

	工人	管理人员	技术人员	合计
开业时平均人数(人)	35.66	3.96	3.22	42.84
开业时比率(%)	83.24	9.24	7.52	100.00
2004年年底平均人数(人)	430.74	51.61	48.56	530.91
2004年年底比率(%)	81.13	9.72	9.15	100.00

表25 被调研企业新产品来源构成

	购买	与科研单位合作	自己研制	仿制
比率(%)	9.87	22.08	46.68	17.41
其中				
≤10	45.45	19.51	0.77	28.87
10～20	30.91	23.57	4.62	14.43
20～50	16.37	32.52	23.85	30.93
50～80	0.00	10.57	26.54	19.59
80～100	0.00	1.63	8.46	2.06
100	7.27	12.20	35.76	4.12
合计	100.00	100.00	100.00	100.00

表 26　被调研企业的生产设备、产品质量和销售价格在同行中的地位构成

	世界一流(%)	国内一流(%)	国内中等(%)	国内一般(%)	合计(%)
生产设备	4.81	35.38	43.46	16.35	100.00
产品质量	4.44	40.54	46.14	8.88	100.00
销售价格	1.35	26.38	55.89	16.38	100.00

表 27　被调研企业自己商标产品的产值在总产值中的比率构成

	0	10	11～50	51～80	81～90	91～99	100	合计
比率(%)	33.52	3.05	9.14	8.42	3.58	2.87	39.42	100.00

表 28　被调研企业贴牌产品的产值在总产值中的比率构成(%)

	0	10	11～50	51～80	81～90	91～99	100	合计
比率(%)	69.89	5.38	10.93	6.27	1.43	1.08	5.02	100.00

表 29　被调研企业认为阻碍经济增长方式转变的政策因素构成

	第一位(%)	第二位(%)	第三位(%)	平均值(%)	名次
产权法律	4.55	2.11	2.89	3.18	6
报刊宣传	2.69	1.48	0.89	1.69	7
税收政策	34.99	25.32	16.89	25.73	1
信贷政策	20.08	37.97	16.00	24.68	2
劳动力管理	6.01	17.51	20.22	14.58	4
户籍制度	0.00	0.00	0.67	0.22	9
社会保障	1.24	5.91	10.22	5.79	5
所有制性质	0.24	0.63	2.22	1.03	8
宏观调控	30.20	9.07	30.00	23.09	3
合计	100.00	100.00	100.00	99.99	

表 30　被调研企业的资金来源比率构成

	银行贷款(%)	民间借贷(%)	企业自有(%)	其他(%)	合计(%)
基本建设比率	28.57	5.67	60.21	5.55	100.00
技术改造	30.21	6.48	56.87	6.44	100.00
流动资金	33.54	9.56	39.29	17.61	100.00
平均比率(%)	30.77	7.24	52.12	9.87	100.00

表 31　被调研企业的银行贷款用途比率构成

	0	<10	11～20	21～50	51～70	70～99	100	合计
基本建设(%)	69.71	4.66	5.21	12.72	5.73	1.25	0.72	100.00
技术改造(%)	66.67	2.33	4.48	11.11	12.91	1.25	1.25	100.00
流动资金(%)	89.78	3.94	2.69	2.15	0.90	0.36	0.18	100.00

表 32　被调研企业的自有资金用途比率构成

	0	<10	11～20	21～50	51～70	70～99	100	合计
基本建设(%)	92.80	2.70	1.98	1.80	0.36	0.18	0.18	100.00
技术改造(%)	92.83	2.69	1.97	1.79	0.36	0.18	0.18	100.00
流动资金(%)	58.24	6.97	6.97	7.89	4.16	7.53	8.24	100.00

表 33　被调研企业的民间借贷资金用途比率构成

	0	<10	11～20	21～50	51～70	70～99	100	合计
基本建设(%)	92.65	2.87	1.97	1.79	0.36	0.18	0.18	100.00
技术改造(%)	96.95	1.79	0.54	0.54	0.18	0.00	0.00	100.00
流动资金(%)	89.96	3.76	2.69	2.15	0.90	0.36	0.18	100.00

表 34　被调研企业目前融资难度比率构成

	很困难	困难	不很困难	不困难	合计
比率(%)	9.92	35.88	37.98	16.22	100.00

表 35　被调研企业近期投融资的主要目的构成

	对外投资	扩建改造	行业拓展	合资合作	其他	合计
比率(%)	7.74	63.13	18.13	6.11	4.89	100.00

表 36　被调研企业的上市状况构成

	已上市	控股上市	海外上市	海外控股	未上市	合计
比率(%)	2.84	0.26	1.55	1.03	94.32	100.00

表 37　被调研企业的上市意向构成

	国内主板	海外主板	海外创业板	不上市	合计
比率(%)	38.88	5.83	4.44	50.85	100.00

表 38　被调研企业的融资意向构成

	基金投资	企业合资	企业债券	企业信托	其他	合计
比率(%)	15.18	37.20	3.27	6.25	38.10	100.00

表 39　目前影响企业转变经济增长方式的主要问题比率构成

	第一位(%)	第二位(%)	第三位(%)	平均率(%)	名次
行业准入	5.97	1.78	1.72	3.16	11
执法环境	6.94	3.57	1.72	4.08	10
税费负担	14.84	9.33	12.39	12.19	2
外贸出口	5.40	4.56	4.27	4.74	9
外贸进口	0.58	0.79	1.28	0.88	13
生产用地	15.41	7.54	3.85	8.93	6
融资	17.52	10.52	6.21	11.42	3
市场开拓	9.83	14.68	8.76	11.09	4
人力资源	8.86	18.05	12.18	13.03	1
企业管理	4.82	11.11	11.97	9.30	5
技术项目	2.70	8.93	14.10	8.58	7
市场信息	1.16	1.79	4.45	2.47	11
社会治安	0.00	0.20	1.28	0.49	15
生产用电	4.43	6.55	12.61	7.86	8
地方保护	0.00	0.40	1.50	0.63	14
其他	1.54	0.20	1.71	1.15	12
合计	100.00	100.00	100.00	100.00	

表 40　被调研企业对自己发展的前景评估比率构成

三五年前景的自身预测	比率(%)
依靠科技继续发展	36.38
依靠品牌发展	30.28
维持现状	22.76
缩小规模	5.08
可能关闭	2.65
转向第三产业	2.24
其他*	0.61
合计	100.00

*其他的企业认为是巩固发展的。

表 41　被调研企业利润分配比率构成

	扩大再生产	公积金	公益金	摊派	捐赠	分红	应酬	其他
比率(%)	53.52	39.86	39.32	14.72	23.34	34.83	20.83	14.54

表 42　被调研企业预期今年产值与去年相比比率构成

	<100	100	100～110	110～125	125～150	150～200	≥200	合计
比率(%)	8.21	5.40	13.39	24.62	26.35	16.63	5.40	100.00

表 43　被调研企业预期今年出口值与去年相比比率构成

	<100	100	100～110	110～125	125～150	150～200	≥200	合计
比率(%)	17.84	4.56	9.54	14.94	14.94	14.94	23.40	100.00

表 44　被调研企业预期今年上缴税款与去年相比比率构成

	<100	100	100～110	110～125	125～150	150～200	≥200	合计
比率(%)	21.23	3.30	12.03	15.09	29.48	9.67	9.20	100.00

课题组成员:汤为平　邓国安　马兆成　李明霞　景柏春

执笔人:马兆成　张日向

【点评】

这篇调研报告紧扣主题,重点突出,针对性强,凸显定性与定量分析,把握现状与未来的发展,提出近期与远期的举措,是一个有分量的调研报告。

浙江省省委书记习近平、省长吕祖善、常务副省长章猛进、副省长金德水分别作了批示。

该报告收录在由研究出版社出版的《调查·思考·决策——2005 年度浙江省党政系统优秀调研成果汇编》。

浙江省民营企业自主创新能力建设调研报告*

浙江省工商业联合会

（2006 年 11 月）

第一部分　前　言

民营经济是浙江经济的一大特色，改革开放以来，浙江民营经济总量迅速上升，规模不断扩大，创新能力不断增强，竞争力逐步提高，成为推动浙江经济发展的主体力量。截至 2005 年年底，共有个体工商户 172.67 万户，从业人员 320.08 万人，资金数额 601.55 亿元，私营企业 35.9 万户，投资者 81.98 万人，雇工 452.84 万人，注册资金 5166.91 亿元；全省个私企业全年实现总产值 11530.16 亿元，销售总额 9054.74 亿元，社会消费品零售额 3902.3 亿元，出口交货值 2070.34 亿元。目前，全省生产总值的 71.5%、新增就业的 90%和税收的 60%均来自于民营企业。

面对全球经济一体化所带来的挑战，面对新技术革命迅猛发展所带来的新形势，面对资源瓶颈要素的制约，如何提高民营企业的自主创新能力显得尤为迫切。

为贯彻胡锦涛同志在全国科学技术大会上《坚持走中国特色自主创新道路，为建设创新型国家而努力奋斗》的讲话精神，全面落实党的十六届五中全会关于提高自主创新能力的要求和省委省政府关于加快实施自主创新的战略部署，引导并推动浙江省民营企业加快自主创新步伐，提高自主创新能力，根据浙江省工商联八届五次执委会议的决议和全国工商联的工作要求，结合浙江省民营经济发展的实际情况，我们确立“民营企业自主创新策略与竞争优势再造”为调研课题。2006 年 4 月，浙江省工商联成立调研课题组，在会议主要领导带领下，开展调研工作。课题组从多角度收集信息：首先走访了省经贸委、省科技厅等省兄弟厅局，收集宏观层面的有关研究资

---

* 本文获得 2006 年度浙江省党政系统优秀调研成果优秀奖。

料;其次,赴杭州、宁波、温州、金华、嘉兴、湖州等各地市召开政府各有关部门的座谈会,收集政府中观层面的有关资料;第三,召开行业商会、民营企业家座谈,对几十家民营企业进行了个案考察,收集了微观层面的有关信息。

调研报告主要围绕以下三个问题展开:

(1)浙江民营企业自主创新的现状与成就,模式与经验。

(2)浙江民营企业自主创新的问题与误区,挑战与危机。

(3)浙江民营企业自主创新的方向与途径,策略与措施。

第二部分 现状与成就,模式与经验

一、浙江省民营企业自主创新的现状与成就

(一)浙江省民营企业自主创新的现状

1.企业总量

2005年,浙江民营科技企业总数约15000多家,数量和产出规模均居全国前列,技工贸总收入约7000亿元,其中工业总产值约6500亿元,占全省工业总产值的25%以上。省级高新技术企业1987家,国家级重点高新技术企业371家,其中,民营科技企业占了95%以上。

2.销售规模

全省高新技术企业中,技工贸总收入1亿元以上的企业有708家,其中10亿元以上的企业54家,50亿元以上的企业9家;利税总额5000万以上的企业238家,其中1亿元以上的企业99家,10家企业超过5亿元;出口创汇1000万美元以上的企业242家,其中5000万美元以上的企业39家,1亿美元以上的企业14家。

3.比例结构

全省高新技术企业的高新技术产品销售收入占总销售收入的70.5%;高新技术产品利税占总利税的75.8%;高新技术产品利润占总利润的78.4%;高新技术产品净利润占总净利润的79.2%;高新技术产品缴税占总缴税的71.9%;高新技术产品出口创汇占总出口创汇的78.7%。

4.科技投入

2005年,浙江技术市场技术合同成交数20628项,技术合同成交额38.7亿元,民营科技企业是科技成果和先进技术装备引进的主体;2004年,全省企业R&D内部支出96.31亿元,占全省R&D内部支出的83.8%,其

中民营科技企业R&D内部支出77亿元，占全省企业研发投入的80%左右，成了科技投入的主体。2005年，浙江省289家拥有省级以上技术中心企业的研发经费为61.51亿元，同比增长26.04%，平均每家企业支出2304万元。民营科技企业中有26.2%的企业R&D投入水平在2%以下，49.4%的企业R&D投入水平在3%以下。

（二）浙江省民营企业自主创新的成就

1.自主创新的基本能力有了显著提升，以提升自主创新能力作为突破口的一些条件和比较优势开始形成

（1）大规模制造能力的提升为企业在自主创新的投入上提供了保证，因为大规模制造能力的形成，意味着巨额研发费用能够被分摊，这是产业发展中从事关键技术研发的重要条件；（2）配套产业能力的提升为自主创新提供了产业基础，为核心技术的突破并迅速形成产业化提供了重要条件；（3）经营环境的快速变化让企业切实感受到了自主创新的外在压力，企业通过管理提升，将外在压力有效地转化为内在动力；（4）自主创新的人才队伍得到贮备，产学研联合、国内外合作的创新机制日趋完善。

2.以企业为主体、高校科研院所为依托的技术创新体系逐步形成，规模企业已成为浙江省技术创新的主导力量

（1）规模企业已成为技术创新的主导力量。2004年，浙江省规模以上工业企业科技活动人员为14.26万人，占全省科技活动人员20.93万人的68.1%；筹集的科技活动经费为202.41亿元，占全省科技活动经费301.69亿元的67.1%。（2）初步形成了以企业为主体的三级企业技术创新网络。截至2005年年底，浙江省已认定市级以上企业技术中心近千家，其中国家技术中心16家，省级技术中心302家，以及大批市级企业技术中心及行业、区域创新服务中心。（3）企业研发经费的投入逐年增长。1990年研发经费投入为0.52亿元，2005年为144亿元，是1990年的277倍。（4）科研成果转化体系初步形成，通过产学研合作，一方面培育了一大批颇具市场竞争力的企业，另一方面促进了浙江省区域块状特色经济的发展。（5）许多企业针对国外技术贸易壁垒的威胁，一方面积极应对技术贸易壁垒，另一方面加强了关键技术的攻关。

3.鼓励自主创新的宏观政策环境取得了积极的效果，企业自主研发成果快速增加，经济效益显著

（1）坚定不移地实施科教兴省战略。浙江省委、省政府高度重视科技进

步与创新。1992年在全国率先提出了科教兴省战略。1996年在全国率先实行市县党政领导科技进步目标责任制和创建科技先进县(市、区)活动,1997年省人大出台了《浙江省科学技术进步条例》,将其纳入其中,以法规的形式固定下来,为推进区域科技进步和自主创新提供了制度保证。2002年省委提出科技强省战略,2003年进一步把建设科技强省作为“八八战略”的重要内容和重大举措。2004年,为加快科技强省建设,在全省范围内开展创建科技强市和科技强县活动,有20个县(市、区)成为首批科技强县(市、区)。(2)加大财政科技投入和政策扶持力度。浙江省委、省政府先后出台了《浙江省鼓励技术要素参与收益分配的若干规定》、《关于进一步加快民营科技企业发展的若干意见》等政策,在全国率先实行技术要素参与股权和收益分配,发展风险投资等一系列举措。2003年安排了1亿元专项资金,主要用于区域创新体系建设,扶持民营科技企业增强技术创新能力。2003年到2005年,每年安排2000万元,用于浙江获国家重大高新技术产业项目配套;每年安排1500万元,用于省级重点孵化器建设。2002年修订《浙江省科技进步条例》,明确规定省、市、县(市)财政投入占本财政支出的比例由2000年的6.5%、3%、2%,提高到2005年的7.8%、4%、3%。2005年全省财政科技投入达到44.5亿元,比1996年的4.42亿元增长了9.06倍,占财政支出的比例居全国第2位。(3)加强金融支撑体系建设。目前,浙江全省已成立32家以民间资金为主的风险投资公司,先后投资了300多项高新技术项目,累计注入风险资本10亿元。2000年,浙江在全国率先出台《关于鼓励发展风险投资的若干意见》,风险投资机构投资本省企业开发高新技术项目和产品,按其投资额占注册资本的比例,享受省级高新技术企业的优惠政策。风险投资公司投资高新技术产业失败项目的资金,可税前扣除。(4)2006年,浙江省委、省政府召开了全省自主创新大会,颁布了《关于加快提高自主创新能力、建设创新型省份和科技强省的若干意见》,特别是规定允许企业按当年实际发生的技术开发费用的150%抵扣当年实际应纳所得税,促进企业加大研发资金投入。(5)企业自主研发成果显著,经济效益显著提升。2005年,浙江申请专利4.3万多件,授权1.9万多件,均居全国第二,其中95%以上是由民营科技企业及其科研人员申请的。全省专利技术和产品实施率达到40%以上,远高于全国25%的平均水平。浙江中小企业局对372家企业的调查显示,拥有自主开发的专利技术或产品占31.74%,拥有5项专利以上的企业达22家。以电器、皮鞋、服装、眼镜、打火机为主导行业的温州市，仅 2004 年共诞生专利 1295 项，其中发明专利 61 项，实用新型专利 432 项，外观设计专利 802 项，平均每天诞生专利 8.6 项，专利产品的市场占有率明显提高，产销率大多在 96%以上。

4. 形成了一批知识密集型和人才密集型的民营科技企业，加快了有利于提升自主创新能力的各类要素的集聚

浙江区域特色经济是经济快速发展的重要支撑。在这些块状经济中，集中了浙江半数以上的民营科技企业。大量的企业集聚，使市场竞争表现为同类产品之间的质量竞争和价格竞争。广大民营科技企业为了提高产品质量、降低成本，千方百计追求科技进步，提高管理水平，努力把产品做精、做专、做特、做大。这种在激烈竞争中形成的“块状特色经济”，构筑起浙江经济整体的竞争优势。如 2002 年乐清市被批准为省级高新技术产业特色基地和国家火炬计划智能电器产业基地。目前，基地拥有电器整机企业 1400 多家，2004 年基地内 30 多家骨干企业销售收入 122 亿元，其中高新技术产品销售收入为 52 亿元，出口创汇 1080 万美元；开发高新技术产品 58 个，研发与开发经费支出为 2.7 亿元。

二、浙江省民营企业自主创新的模式与经验

（一）浙江省民营企业自主创新的主要模式

据浙江省统计局对有科技活动的 3715 家规模以上民营企业的调查，有 87.3%的企业采用如下技术创新过程：市场需求→应用研究及开发→工程制造→销售。引进→模仿→消化→吸收→再创新是浙江民营企业自主创新的主要方式和途径。具体来说，存在以下几种典型的模式：

1. 针对块状经济突围的现实需求，着眼于维护块状经济企业的共同利益，形成了以资本为纽带、市场化为机制的集群创新模式

浙江目前产值超亿元的块状经济有 500 多个，集中了浙江半数以上的民营科技企业。在块状经济发展过程中，许多企业在技术上采取简单模仿，在市场上采取低价竞销，在人才策略上以抢挖为主，许多企业不敢在技术、人才、品牌等方面加大投入，严重危害了块状经济的集群发展。面对这种情况，唯一的出路就是寻找集群创新。集群创新是以企业间技术合作、技术创新为主。如绍兴轻纺行业技术中心，选择以绍兴金昌印花电脑设计分色中心为主体、有部分纺织骨干企业共同参与的高科技股份制企业，以“股份制形式，集约化开发，市场化机制”进行技术创新。

2. 着眼于发展循环经济，以优化资源利用流程为手段、保护环境为目标的产业链创新模式

从资源流程和经济增长对资源、环境影响的角度考察，增长方式存在两种模式：一种是传统增长模式，即“资源→产品→废弃物”的单向式直线过程，财富创造越多，资源消耗越大；另一种是循环经济模式，即“资源→产品→废弃物→再生资源”的反馈式循环过程，以尽可能小的资源消耗和环境成本，获得尽可能大的经济效益和社会效益，促进资源永续利用。新安化工在这方面进行了探索，1997 年，公司科研人员发现草甘膦生产过程中产生的尾气中含有大量的氯甲烷，若不对氯甲烷进行回收利用，势必会污染环境，草甘膦发展也将面临窘境。当时国内外同行中还没有一家企业意识到这个问题，甚至关于氯甲烷的文献资料都很少，没有哪个厂家进行回收利用。公司成立了 8 人科技攻关小组，对尾气进行定量、定性分析，进行同位素跟踪，对生产过程中的物料进行衡算，提出回收氯甲烷可以生产有机硅的大胆设想。经过反复试验，终于在 2001 年 3 月建成了一套万吨有机硅单体装置，氯甲烷的利用取得了实质性的进展。首先将草甘膦生产过程中的副产品氯甲烷进行回收，作为有机硅单体生产的主要原料；有机硅单体生产过程中产生的废盐酸，全部回用于草甘膦生产中，从而形成了氯元素的大循环，大大地提高了氯元素利用率。这一套封闭式循环生产工艺，不仅获得了国家发明专利，并经省科技厅组织的专家鉴定，工艺技术评定为国际首创，同时获得了 2002 年度国家科技进步二等奖。以新安化工目前每年 3 万吨草甘膦、6 万吨有机硅单体的生产能力，公司每年通过回收氯甲烷 3 万吨，可创利 7800 万元，循环利用盐酸 9 万吨，又可创利 2610 万元。仅此两项，公司每年即可增收 1 亿多元。

3. 为顺应全球化发展趋势，提高利用两个市场、两种资源的能力，形成了以思维创新为先导、以资源整合为手段的跨界创新模式

浙江是资源小省，本身的发展空间有限，随着我国对外开放的纵深发展，一些民营企业家开始放眼全球，逐步形成了以思维创新为先导、以资源整合为手段的跨界创新。以万向集团为代表，采取循序渐进的方式构建了一张国际化网络。万向集团从产品走出去到人员走出去，再到企业走出去：1984 年与美国舍勒公司合作，产品走出去；2000 年收购舍勒公司；2001 年收购美国上市公司 UAI。目前万向集团已在美国、德国、加拿大等欧美 7 个国家设立、并购、参股了 18 家公司，构建起涵盖全球 50 多个国家和地区的国际营销网络，并将研发机构设在了美国。

4.着眼于发挥科研院所的优势资源，创建以市场为主导、企业为主体、高校为依托的联合创新模式

浙江产学研联合创新主要有两种形式：一是高等院校发展科技产业，采用产学研相结合模式。浙江的高等院校、科研院所大多集中在杭州，因此杭州的海纳科技、普康生物等产学研结合模式的科技型企业较多。另外一种产学研联合创新模式则是以企业为主导，即通过企业主动出击，与有关的高等院校和科研院所建立技术合作关系，将科研成果产业化，如浙江上虞市的上风集团与上海交通大学建立的技术合作，余杭市的高发磨料公司与洛阳磨料磨具研究所建立的技术合作等。由于浙江自身的科技资源比较少，民营企业在发展过程中更多的是依托省外的高校、科研院所进行产学研联合创新。目前全省有5000多家民营科技企业与全国500多家高等院校和科研院所建立了科技合作关系，为企业技术创新提供了有力的支持。

第三部分　问题与误区，挑战与危机

一、浙江省民营企业自主创新面临的问题与误区

（一）思维创新能力亟待培育

政府与企业都渴望能找到破解创新瓶颈的长效机制，但毕竟缺乏可供借鉴的经验。一方面，由于缺乏参与国际竞合的经验，面对全球竞争新格局，尤其是国外大公司设计的重重技术壁垒，缺乏应有的准备。另一方面，短缺经济时期形成的思维方式一时难以转变，重眼前、轻长远的价值取向仍然明显；重制造轻研发、重销售轻服务的经营风格普遍存在；重机器装备等有形要素，轻科技、人力资源、品牌等发展型要素的投入模式依然盛行。经验缺乏与惯性思维束缚了企业的思维创新，思维创新能力亟待培育。

（二）制度创新能力亟待提升

制度创新能力与自主创新的要求还有很大的差距。从与自主创新相关的配套政策来看，政府也正处于转变观念的过程当中，无论是立项、税收、融资政策还是新的产业政策，尚未围绕自主创新及时制定完善的配套政策；企业自主创新的主体作用在政府的政策措施中也未得到充分体现。从支持技术创新的科研院所来看，还存在不利于研发成果及时转变为现实生产力的制度弊端。从企业的制度创新基础来看，浙江省多数民企刚刚走出创业阶段，家族特征还很明显，尚未形成创新的组织体系，制度创新能力亟待提升。

（三）创新的办法亟须突破

政府非常重视引导企业走自主创新之路，但在具体的办法与实施途径方面还相对薄弱。如在块状经济发达的区域，同一产业集聚了众多企业，如何针对产业结构建立共性技术研发平台还缺乏有效的措施，如何基于产业发展建立国际技术需求与供给的信息互动机制还缺乏有效的抓手。从企业来看，零星的办法多，系统的办法少；推动管理创新的办法多，推动科技创新的办法少；着眼当前的办法多，兼顾未来的办法少。

（四）创新的保障亟须跟进

自主创新尤其是技术创新，相当于投资大、周期长、要求高的风险投资。对企业来说，需要一定的人力与财力作基础；对政府来说，需要制定相应的政策作保障。但许多企业缺乏技术人才与研发团队，且科技投入非常有限，2004年全省规模以上企业的研发费用仅占销售收入的0.28％，直接影响到产品质量、技术更新、产业升级乃至整个经济的运行效率。与此同时，科技人才的无序流动与技术的随意拷贝缺乏有效的防治措施，企业在人才与科技上的投入难以得到有效的保障。

二、浙江省民营企业自主创新面临的危机与挑战

（一）国外公司以知识产权为手段，挤压浙江省外向型企业的国际市场空间，面临逾越技术壁垒的挑战

近年来，浙江省部分拥有自主知识产权的外向型民营企业在欧美主流市场赢得了越来越多的市场份额，开始动摇长期垄断这一市场的欧美跨国公司的市场地位。跨国公司以知识产权为手段，使用打击中国企业的海外代理商以及抢注商标等办法，挤压中国企业在海外的市场空间，这些违背自由贸易原则的排挤性知识产权壁垒正在欧美流行。浙江东正电气有限公司生产拥有漏电保护功能的电气安全装置系列产品，具有自主知识产权，产品全部销往美国、加拿大等北美国家，每年出口美国就多达5000万美元。由于在欧美的市场份额不断扩大，挤压了莱伏顿等4家美国企业垄断20多年的市场，它们以侵犯美国国内法中558号专利权利第三条为由，分别在美国的新墨西哥州、佛罗里达州、加州等地方法院提起诉讼。

（二）技术引进及消化吸收再创新工作普遍存在“四重四轻”现象，其实质是在缺乏系统的创新观念，避重就轻的创新策略积重难返

1.重引进、轻消化

“十五”以来，浙江省技术引进规模逐步加大，技术对外依存度不断提高，“大钱搞引进，小钱搞改革，没钱搞消化”的局面并未得到根本的改变。以2003年为例，浙江省高技术引进经费为28555亿元，而消化吸收仅为6504亿元，技术引进与消化吸收投入的比例只有1∶0.2，远远低于国际平均水平。

2.重硬件轻软件

浙江省设备投资60％以上依靠进口。以2003年为例，浙江省大型和中型企业技术引进经费支出中，以设备为主的合同金额所占比重分别为93％和80.9％，而以技术为主的合同金额所占比重仅占6.2％和7％。

3.重模仿、轻创新

相当一部分企业重引进、轻开发，重使用、轻研制，重模仿、轻创新，使得在某些领域大量引进先进技术，却没能形成技术优势，造成长期依赖国外技术的局面。

4.重引资、轻技术

一是过分强调引进国外资本的规模，招商引资观念存在偏差，只重视外资引进数量而忽视引进质量，导致引进项目总体而言技术含量不高。二是研究与开发经费占GDP的比例约为1.1％，在技术创新关键环节上的投入明显不足。

（三）人才瓶颈成了自主创新的第一瓶颈，人才的培养机制与留用机制既有企业微观层面上的问题，也有宏观政策层面上的问题，具体表现为人才结构上的不合理与配置上的无序流动

从微观层面来看，企业的人力资源结构与自主创新的要求不相匹配；社会上的人才结构与企业的人力资源需求不相匹配；人力资源的培育与留用尚未形成有效的机制。许多企业因为缺乏人才，采取以高薪、落户、宽敞住房、出国考察等优厚待遇，挖别人墙脚；甚至通过抢挖人才，达到窃取商业机密和技术的目标，以减少在研发上的投入。从宏观层面看，企业与科研院所间的人才流动机制没能体现“企业是自主创新主体”；国家的各类人才政策对企业倾斜相对不足，过于吝惜。

第四部分　对浙江省民营企业培育自主创新能力的建议：方向与途径，策略与措施

一、方向与途径

(一)着眼于思维创新，引导企业创新思维方式，增强利用两个市场、两种资源的意识与能力

随着国内与国际市场的融合加速，竞争模式与形态发生了质的改变，浙江省民企要由创业型发展向创新型发展快速转变，创新思维方式能否突破传统思维模式的束缚，事关自主创新的全局。为此，建议政府在引导经济发展的政策思维上要立足当前着眼未来，同时引导企业立足于当前的现实基础，着眼未来发展要求，调整发展模式。各级政府要创造良好的创新氛围，鼓励企业家自我扬弃，在其思维结构中增添新的创新元素；紧跟国际趋势，积极引导企业家提升国际化思维能力，增强利用两个市场、两种资源的意识与能力，由找机会、找市场转为创造机会、创造市场。

(二)着眼于制度创新，鼓励企业创新投入模式，加大对技术、人力资源、品牌等创新型、发展型要素的投入

当前，企业正由从市场拉动向科技拉动转型，智力、技术、品牌在竞争中的决定性作用日益凸现。而长期实施的低价竞销策略削弱了企业在技术、人力资源、品牌等要素上的投入，自主创新乏力。为此，建议各级政府着眼于制度创新，制定有利于鼓励企业加大科技投入的政策，强制性提高研发费用在销售总额中的比例；制定有助于推动企业加大人力资源投入力度的政策，营造良好的人才引进、培养、留用环境；制定有助于引导企业加大品牌投入的政策，帮助企业实施品牌战略。同时，建议政府加大对浙江发展模式的研究力度，以寻找制度创新的突破点。

(三)着眼于机制创新，针对浙江的特点，改进创新办法，加大对创新的保障力度

块状经济是浙江省的特色，中小企业点多、面广、量大，技术积累较少，自主创新的基础较为薄弱。为此，建议政府围绕自主创新这一核心目标，针对浙江的特点，整合各种行政资源，形成相应的管理办法；建立政府、企业、相关机构在研发投入上的分工协作与互通互动机制；采用政府支持、市场化运作机制建立支持产业发展的研发平台，加强对共性与核心技术研发的投

入力度；在各行业中定对象、定时间、定范围、定方式，培育一批具自主创新能力的现代企业；鼓励企业加大力度建立推动自主创新的激励机制，尤其针对研发的团队工作特点，完善科技人员的薪酬激励机制。同时，加大对创新投入的法律保障，重点加强知识产权的保护力度，防止人才的无序流动与恶意抢挖。

二、策略与措施

(一)要立足浙江省民营经济发展的阶段性特点，立足国际竞争的现实情况，着眼未来，分层分类予以政策指导与扶植

经过 20 多年的创业与发展，浙江省民营企业无论在企业的总量上，还是在企业的规模上，或是参与国际竞争的形态上都发生了非常深刻的变化。培育自主创新能力是这些企业面临的共同问题，但由于所处行业特征、自身能力与累积基础的不同，在创新的投入上、产业环境上、路径上、策略上等各有不同。因此政府在制定相关政策时，要从多个层面找出这些差异因素，分层分类予以政策指导与扶植。

(二)政策层面上要围绕推动民营企业成为自主创新主体做文章

政府要进一步创造良好的政策环境，要像支持国有企业自主创新一样支持民营企业自主创新。浙江自主创新的一面旗帜——浙江吉利控股集团，是目前国内轿车制造业“3＋6”格局中唯一的民营企业，在省委、省政府及有关部门的正确领导下，在社会各界的关心支持下，自 1997 年进入汽车行业以来，通过自主创新、大胆实践，取得了较好的发展。不久前被中宣部、国家科技部列为中国汽车工业自主创新的代表，参加两部主办的自主创新报告团，到全国各地巡回演讲，得到了广泛的赞誉。但与国有企业奇瑞集团相比，政府对吉利集团的支持，特别是在资金、市场(公务用车、教练车)等方面，相距甚远。

(三)制订自主创新能力指标体系，并将其纳入各级政府政绩考核当中

自主创新要以企业为主体，但是离不开各级政府的领导。构建以自主品牌数量、专利申请和授权数量、研究开发经费占 GDP 的比例、科技进步的贡献率、单位 GDP 能源消耗降低百分率等为主要指标的自主创新能力指标体系，并将其纳入各级政府官员的政绩考核，成为各级政府推动企业自主创新的抓手之一。

（四）大力发展有利于科技信息服务、科技成果转化的中介机构组织

目前，我国的科研成果转化机制是政府安排项目，科研机构研发，再由政府组织转化，因此，中介机构长期空白。这是计划经济条件下的科技成果转化机制。在市场经济条件下，通过项目支持企业自主创新是重要的，但项目能够支持企业的数量是有限的，项目能够发挥作用的时效也是有限的。因此要改革科研成果转化机制，充分发挥各类信息服务机构、企业孵化器、知识产权机构、资产评估机构、投融资机构、共性技术服务机构等科技中介服务机构，促进科技与经济相结合，将千千万万企业与众多大学、研发机构联系起来。我国科技中介机构完备之际，也就是我国民营企业自主创新体系建成之日。

（五）建立健全激励创新的企业分配机制，与人才的培育与留用机制相配套

要建立和完善企业吸引科技人才机制，改革和完善企业的分配和激励机制，引导企业在分配上向关键岗位、关键人才倾斜。建议政府首先要允许企业对作出突出贡献的科研骨干实施股权激励政策，允许高科技企业实行期权激励政策；要完善对主要发明人和实施人的奖励制度，研究出台科技项目经费中的发明人奖励办法；政府要鼓励企业探索股权、期权等激励方式吸引科学家和工程师到企业创新创业，不断壮大技术创新队伍。

（六）抓好各项政策的落实，培育民营企业自主创新能力

各级政府已经出台了很多鼓励支持民营企业自主创新的政策，但是在许多领域存在政策上允许事实上不允许、理论上允许操作上不允许的现象，规则不一、政策不同、资源配置不公的现象十分突出。要做好鼓励自主创新各项政策的宣传工作，关键是抓好贯彻落实，构建一个诚信的政府，使企业形成良好的预期，防止企业将精力放在政府资源的梳理上，应将主要精力集中于创业。

课题组成员：汤为平　邓国安　马兆成　黎恒　景柏春

执笔人：黎恒　景柏春

【点评】

该文结构新颖，条理清晰，建议合理，是一篇好报告。该报告敏锐地看到浙江民营企业面临全球经济一体化、新技术革命浪潮和资源要素瓶颈制约的新形势，提出了民营企业自主创新能力建设迫在眉睫的时代课题，阐述了浙江民营企业自主创新的现状及经验，提出了问题和挑战，找到了途径和

措施，为政府制定鼓励民营企业自主创新的政策提供了参考意见。

该报告收录在由研究出版社出版的《调查·思考·决策——2006年度浙江省党政系统优秀调研成果汇编》以及由中华工商联合出版社出版的《中国民营企业自主创新调查》。

关于浙江贯彻落实国务院“非公经济36条”和省政府“非公经济32条”情况的调研报告*

浙江省工商业联合会

（2007年10月）

为了解《国务院关于鼓励支持和引导个体私营等非公有制经济发展的若干意见》（以下简称国务院“非公经济36条”）和《浙江省人民政府关于鼓励支持和引导个体私营等非公有制经济发展的实施意见》（以下简称省政府“非公经济32条”）在浙江省贯彻落实的基本情况，进一步推动浙江省民营经济持续健康快速发展，省工商联成立专项调研课题组，了解当地贯彻落实非公经济发展政策的基本情况。现将有关调研情况报告如下：

一、各地贯彻落实国务院“非公经济36条”、省政府“非公经济32条”的基本情况

为认真贯彻落实国务院“非公经济36条”和省政府“非公经济32条”文件精神，各市都在积极制订促进非公有制经济发展的相关配套措施。目前，杭州、宁波、温州、金华、台州等地已出台配套措施（见表1），其他地区目前暂时没有出台相关措施。各地在贯彻落实非公有制经济发展政策中有下面一些好的经验和做法。

（一）加强对非公有制经济的指导

2006年3月16日，杭州市委市政府召开了全市民营经济大会，将非公有制经济发展纳入国民经济和社会发展规划，制定了全国第一份非公有制经济“十一五”发展规划：《杭州市促进个体私营等非公有制经济发展规划（2006—2010年）》，其主要内容包括发展思路、总体目标、重点培植的优势行业和促进非公有制经济发展的战略任务等四个方面。

* 本文获得2007年度浙江省党政系统优秀调研成果优秀奖。

表1　各地出台配套文件或相关文件一览表

地区	配套文件或相关文件	时　　间	性质
杭州	杭委发〔2006〕3号《中共杭州市委、杭州市人民政府关于进一步鼓励支持和引导个体私营等非公有制经济发展的实施意见》	2006年3月	配套
	市委办〔2006〕6号《杭州市促进个体私营等非公有制经济发展规划(2006—2010年)》	2006年4月	相关
温州	温委发〔2005〕57号《中共温州市委、温州市人民政府关于进一步促进非公有制经济发展的若干意见》	2005年4月	配套
	温政发〔2007〕12号《温州市人民政府关于进一步拓宽非公有制经济市场准入的若干意见》	2007年2月	相关
宁波	宁政发〔2006〕205号《关于进一步鼓励和引导我市个体私营等非公有制经济发展的实施意见》	2006年9月	配套
台州	台市委〔2006〕17号《关于加快非公有制经济发展推进民营经济创新示范区建设的若干意见》	2006年11月	配套
金华	金政发〔2006〕97号《金华市人民政府关于进一步鼓励支持和引导个体私营等非公有制经济发展的实施意见》	2006年6月	配套

(二)支持非公有制企业实施品牌战略

如《温州市人民政府办公室关于印发温州市质量与品牌奖励管理办法的通知》规定，为鼓励非公有制企业争创驰名(著名)商标、名牌产品和知名商号，对首次获得中国世界名牌产品的企业，给予一次性奖励200万元；对首次获得中国名牌产品、中国驰名商标或中国建筑工程“鲁班奖”的企业，给予一次性奖励50万元；对首次获得商务部重点培育和发展的出口名牌的企业，给予一次性奖励30万元；对首次获得国家级“守信用、重合同”企业和国家免检产品的企业，给予一次性奖励10万元。在一系列创牌激励政策下，温州民营企业创牌积极性空前高涨，效果明显。目前，温州市有注册商标数72314只，拥有中国驰名商标38个，位居全省前列，拥有省著名商标179个和省商标品牌专业基地7个。

(三)加大金融、税收支持力度

1.拓宽企业直接融资渠道

各级政府加强企业上市的培训和引导，在民营企业中积极培育上市公司的后备资源，创造条件支持其在境内外资本市场上市融资，加速了民营企业上市融资的进程。到2006年年底，注册地在浙江的民营上市公司有62家，占全省上市公司总数77家的80.52%。更为可喜的是，浙江企业上市速度加快，后备资源丰富。据不完全统计，仅2007年，就有宁波市商业银行、浙江东南网架集团有限公司、华仪电器集团有限公司、浙江利欧股份有限公司等一批优秀企业IPO上市。

2.出台税收优惠政策

浙江省去年先后出台了10余条鼓励企业自主创新的优惠政策，其中最大的“利好”，就是企业当年实际发生的技术开发费，可以150%抵扣当年应纳税所得额，当年不足抵扣的部分，可在以后年度企业应纳税所得额中结转抵扣，抵扣的期限最长不得超过5年。浙江新安化工集团股份有限公司去年按政策进行所得税抵扣之后，直接让公司少缴了472万元。

(四)加强人才培训服务

全省各级政府认真组织实施企业家素质提升、专业技术人员继续教育、民营企业经营管理者培训和务工农民素质培训等工程。如2007年1月杭州市印发了《关于进一步加强非公有制经济组织人才队伍建设的意见》，致力于加强非公企业人才队伍建设。从今年开始，杭州市人才专项资金将每年安排100万元作为培训全市中小民营企业以及初创型民营企业经营管理者的资助，每年安排200万元用于企业高技能人才培训的资助，每年安排不少于200万元作为开展对中小企业人才培训的经费。

(五)大力发展和提升社会中介服务

各级行业协(商)会积极发挥自身优势，加强非公经济政策宣传力度，为民营企业进入相关领域积极牵线搭桥。如今年6—8月，国防科工委、国家发改委和国资委联合发布了《关于军工企业股份制改造的指导意见》、《非公有制经济参与国防科技工业建设指南》。温州市中小企业促进会了解到这个政策后，积极为温州民间资本“从军”搭建平台，并联合中国和平利用军工技术协会，在温州召开非公企业参与国防工业推介会，为温州民资进入军工技术领域进行专题推介并培训相关政策知识，借助专业力量来帮助更多的温州中小企业顺利进入军工领域。

(六)依法维护非公有制企业职工合法权益

根据调查，到2006年，组建工会组织的非公有制企业比例为93.6%，有职代会的比例为60%(见表2)。2006年企业职工工资由企业主同员工代表定期协商的比例为30.7%，2002年这一比例为3.7%，说明职工在工资决定方面同企业谈判的能力在逐渐增强，这一方面取决于劳动力市场状况的变化，体现出企业工会和职代会等组织发挥了积极的作用；另一方面得益于各级政府在企业中积极推广平等协商集体合同制度、工资集体协商谈判制度，构建和谐的劳动关系。

表 2 非公有制企业有下列组织的比例

	1998 年	2000 年	2002 年	2006 年
工会(%)	81.6	81.6	66.4	93.6
职代会(%)	34.0	33.8	18.2	60.0

(七)非公有制经济成绩斐然

各地在贯彻落实国务院“非公经济 36 条”和省政府“非公经济 32 条”过程中,做了大量的工作,非公有制经济人士给予了较高的评价。非公有制企业在各级政府的大力支持下,创造出了很好的成绩。主要表现为以下几个特点。一是个体工商户、私营企业数量在增长。到 2007 年 6 月底,私营企业数量为 43.1 万家,比去年年底净增加 2.5 万家,比去年同期增长 11.8 个百分点;个体工商户数逐年增加,但增长速度已经减缓,到今年 6 月底为 178.1万户,仅比同期增加 0.64%。二是个私经济总量继续扩张。2006 年年底个私经济总产值为 12547 亿元,比去年同期增长 8.8%,占全省 GDP 总量的 80%以上。三是带动社会就业贡献大。到 2006 年年底,私营企业雇工、个体工商户从业人员分别为 508.6 万和 364.8 万人,比上年同期分别增长12.3%和 14.0%。四是个私经济出口增幅明显减弱。个私经济出口 900 亿元,出口增长率 2006 年比 2005 年下降 12 个百分点,2007 年上半年仅比去年同期增长 3.5%(见表 3)。

表 3 2004—2007 年上半年浙江个体私营企业运行数据

		2004 年	2005 年	2006 年	2007 上半年
私营企业	数量(万家)	33.3	35.9	40.6	43.1
	比上年同期增长率(%)	10.3	7.8	13.2	11.8
	投资者(万人)	76.2	82.0	92.6	97.7
	比上年同期增长率(%)	9.4	7.6	13.0	9.8
	雇工(万人)	447.5	452.8	508.6	616.2
	比上年同期增长率(%)	8.0	2.7	12.3	29.7
	注册资金(亿元)	3906	5167	6937	7872
	比上年同期增长率(%)	33.7	32.3	34.3	27.3
个体工商户	户数(万户)	168.4	172.7	179.8	178.1
	比上年同期增长率(%)	6.2	2.5	4.1	0.64
	从业人员(万人)	312.8	320.1	364.8	373.0
	比上年同期增长率(%)	4.9	2.3	14.0	7.0
	注册资金(亿元)	498.3	601.6	621.0	647.4
	比上年同期增长率(%)	16.1	20.7	3.2	11.5
	个私总产值(亿元)	9910	11530	12547	6864
	比上年同期增长率(%)	19.8	16.4	8.8	17.4

续表

	2004 年	2005 年	2006 年	2007 上半年
个私销售总额(亿元) 比上年同期增长率(%)	7826 13.4	9055 15.7	9847 8.8	5489 16.1
个私社会零售(亿元) 比上年同期增长率(%)	3356 7.4	3902 16.3	4368 11.9	2658 11.9
个私出口交货值(亿元) 比上年同期增长率(%)	1555 28.4	2070 33.1	2507 21.1	900 3.5

二、各地在贯彻落实国务院"非公经济 36 条"、省政府"非公经济 32 条"中存在的问题

(一)关于垄断行业改革方面的问题。

据我们调查,目前非公有制企业已经进入电力、电信、航空、石油等垄断行业、公用事业、社会事业、金融服务、国防科技领域的分别为 11.19%、8.93%、10.39%、9.72%和 4.18%,而拒绝进入和不可能进入这些行业、领域的分别占 82.57%、83.57%、77.06%、75.70%和 88.59%,准备进入这些行业和领域的分别为 6.10%、7.50%、12.54%、14.58%和 7.22%(见表 4)。统计数据表明,总体来讲,非公有制企业进入上述自然垄断、行政垄断行业和领域的比例还很低,说明垄断行业改革进程缓慢。"玻璃门"、"弹簧门"现象,是民营企业在行业准入上的典型问题。

表 4　2006 年非公有制企业进入以下领域的情况

	电力、电信、航空、石油	公用事业	社会事业	金融服务	国防科技
拒绝进入(%)	15.93	13.21	5.73	10.07	14.45
不可能进入(%)	66.78	70.36	71.33	65.63	74.14
准备进入(%)	6.10	7.50	12.54	14.58	7.22
已经进入(%)	11.19	8.93	10.39	9.72	4.18

"玻璃门"现象,即政策允许和鼓励非公有制企业进入,但实际进入时却很困难。2005 年 8 月 15 起,中国民用航空总局第 148 号令通过的《国内投资民用航空业规定(试行)》开始实施,降低航空业准入门槛后,全国各地不约而同出现了航空公司投资潮,仅去年 1—7 月,就有 14 家公司提出筹建申请或已经批准筹建中,平均每个月出现两家申请筹建的"航空公司"。浙江商人在市场和政策机遇面前总是先知先觉的。从最早涉"天"的均瑶集团包

机开始，民营企业包机掘到了第一桶金，企业品牌得到了增值，“均瑶集团”声名因此大振。国家放开航空业后，均瑶集团申请筹建上海吉祥航空有限公司，将服务基地选择在上海。去年 4 月，注册资金 8000 万元的宁波泛亚航空有限公司的筹建基地落户宁波。由义乌第一家海外上市公司“中国时装”出资 8000 万元、总投资 2 亿元筹建的钱塘航空有限公司，准备依托萧山国际机场开展业务。据义乌这家准备涉足航空领域的企业反映，最近中国民航业准入门槛又开始提高，将原来租赁三架飞机条款更改为购买三架飞机，这相当于企业投资要扩大 10 倍左右。另据《上海证券报》报道，今年 8 月民航总局再出调控措施提高准入门槛，内容涉及航班总量、航空运输市场准入、运力增长等方面，关于航空运输市场准入方面，规定“到 2010 年之前暂停受理设立新航空公司的申请，对设立新航空公司增加更加严格的审批条件”。我们认为，中国民航总局这种朝令夕改多变的政策安排，与国务院“非公经济 36 条”政策相违背，严重影响了民营企业投资民航业的积极性。中国航空业准入政策变更使得浙江三家民营企业的“飞天梦”再一次变得不可确定。显然，准备进入航空业的浙江民营企业正遭遇“玻璃门”。

“弹簧门”现象，即企业进入，但经营过程中出现一些困难而不得不退出。根据义乌和绍兴一些企业反映，电力安装施工项目存在很强的垄断性，民营企业进入几乎不可能。目前绍兴只有一家绍兴大明实业公司负责电力项目安装，公司是电力部门的下属企业。按照电力部门规定，电力安装项目完工后，要经过电力部门的验收、评审。据了解，如果电力安装项目不是电力系统下的企业承接的，验收过程往往会出现麻烦，因此电力安装需求的企业为了避免这种麻烦，往往不惜以高出市场 3 倍的价格将项目承包给电力部门的安装公司。结果原来从事电力安装的民营企业生意会越来越少，由于生意惨淡不得不退出电力行业，从事电力项目安装的民营企业也就越来越少。显然，电力安装企业过少，电力项目安装价格过高，是政府部门保护垄断行为、市场竞争不充分的结果。因此，浙江民营电力安装企业遭遇到了“弹簧门”。

（二）金融、税收方面问题

据我们调查，1998 年、2002 年和 2006 年，税收政策对非公有制企业影响都排在第一位，1998 年和 2002 年信贷政策对企业的影响排在第二位，2006 年下降到第三位，而宏观调控对企业的影响则从 1998 年第四位上升到 2006 年第二位（见表 5）。统计数据表明，税收、信贷政策是影响非公有制企业经营活动的主要因素，在非公有制企业看来，国家税收、信贷政策总体没有多大改观，宏观调控对企业的影响在扩大，可能浙江省绝大多数非公有制企业经营领域在传统产业，处于粗放型增长阶段，因而对政府宏观调控政策比较敏感。

表5　国家政策对非公有制企业经济活动影响较大的事件

	1998年		2002年		2006年	
	影响比率(%)	排位	影响比率(%)	排位	影响比率(%)	排位
税收政策	33.0	1	35.8	1	29.5	1
信贷政策	16.6	2	21.6	2	21.2	3
宏观调控	13.8	4	11.3	3	24.2	2

1.融资难问题

国有商业银行和主要股份制银行在信贷问题上存在“喜大恶小”、“嫌贫爱富”、“偏公废私”的现象，使得有很大比例的迫切需求发展资金、成长性好的中小民营企业得不到银行贷款。如义乌大陈镇拥有400多家服装企业，2006年从业人员3.5万，销售规模70多亿元，固定资产18亿元，但贷款规模仅有8亿—10亿元，特别是规模在500万元以下的民营企业几乎拿不到银行贷款。

2.税收不公问题

一是税收歧视政策。根据有些民营企业反映，民营企业税后利润再投资要交20%所得税，而国有企业不受这项政策限制，浙江为了保护民营企业投资的积极性，暂时停止征收。但是这种国有、民营区别对待的税收政策安排，有损民营企业进一步投资创业的积极性。在英国，国家为了鼓励企业税后利润再投资，不仅不收税，还能返还部分所得税。二是税收管理问题。据宁波市一些民营企业反映，在税收稽查中有“保大、漏小”的现象，民间有个说法是“大企业有优惠，个体户好逃税，中小企业交重税”。据杭州市一些民营企业反映，某些地方税务部门到企业去并没有检查出税收问题，税务稽查人员仍对企业说罚一点算了，回去好有个交代。

(三)关于行业协(商)会发挥作用的问题

1.行业协会官方背景浓厚，开展活动热情不高

截至2007年6月底，全省与各级行政部门有关联的行业协会1387家，占行业协会总数2538家的54.6%，有官方背景的行业协会占一大半，而按

照市场化原则组建的行业协会不足50%。据金华市反映，目前全市有涉及非公经济发展的大小各类协会227家，其中58.2%的行业协会是由行政主管部门组建的，真正能正常开展各类活动的大概只有1/3，而且多是官办的。自发的民间商(协)会数量少、层次低、覆盖面小，开展活动缺乏有效的载体，生存困难。这虽有历史和法律方面等客观原因，但与完善市场经济体制和转变政府职能的要求已不相适应。

2.行业协会脱钩工作发展不平衡，总体进展比较缓慢

行业协会脱钩工作进展快的嘉兴市已完成任务50%，舟山市、杭州市脱钩工作进度分别为7.0%和8.6%，脱钩工作呈现出地区不平衡问题。已完成脱钩行业协会数(包括省本级)为292家，占应脱钩协会数的21.1%。统计数据显示，目前已与各级行政部门脱钩的行业协会仅占总脱钩数的1/5左右，脱钩工作进展不快，主要来自于各级行政部门的干扰和阻力。

(四)关于非公有制企业权益保护方面问题。

根据调查，非公有制经济人士对政府部门保护合法权益的执行情况满意度最低，只有36.5%，对保护企业家及亲属的人身安全不满意度最高，达到8.2%；对保护工作的要求集中在建立规范的市场经济体系、制定权益保护的法律法规和保护合法权益的执行三个方面(见表6)。另据调查，目前非公有制经济人士对自己的生存环境满意的占52.4%，不满意的占11.6%，说不清的占36%，不满意和说不清的占一半左右。总体来看，说明非公有制经济人士对自己的生存状况并不乐观。

表6　被调查非公有制经济代表人士对保护工作的评价

	企业家对保护工作的评价			企业家对保护工作的要求	
	较好	一般	不够	比率(%)	排序
制定权益保护的法律法规	53.8	41.8	4.4	26.6	2
建立市场经济的规范	40.0	52.7	7.3	27.1	1
保护合法权益的执行	36.5	56.0	7.5	25.1	3
经济上一视同仁	41.8	50.2	7.9	13.4	4
保护企业家及亲属的人身安全	44.1	47.7	8.2	7.8	5

1.强制入会，增加企业负担

据杭州市反映，同政府机构有牵连的行业协会，往往将企业年检同协会会费捆绑在一起，多数民营企业往往为了同政府部门搞好关系，加入它们下

属的协会，这是一种强制性会费，企业交了会费并不见开展什么行业活动，这种协会实际上演变成一种向民营企业变相收费的行头。

2.治安环境还不够好，影响企业正常经营活动

据杭州、宁波、温州一些民营企业反映，随着金属材料价格飞涨，一些盗窃分子眼盯民营企业的财物，昂贵的有色金属材料被盗，对企业来说遭受资金损失，还影响企业的正常生产计划。企业的财产不仅在晚上，甚至在白天也会受到侵害。据反映，个别企业还受到社会上黑、恶势力的敲诈和勒索。

3.变更名目乱收费，提高企业生产成本

据有些民营企业反映，国家取消了企业用电的增容费，电力部门将其改为增容保证金，企业用电增容保证金按照200—250元/千瓦的标准收取，并且规定此保证金只有在企业注销登记后才能返还。某企业为用电增容支付了70万元保证金，大大增加了企业的生产用电成本。

当前，浙江省很多企业面临产业政策调整、人民币汇率波动、出口退税等国内外宏观经济环境的影响，遭受环保压力、资源紧缺、要素价格上涨等制约因素，非公有制经济正处于转型发展的重要关口。省政府要对非公有制经济发展政策贯彻落实情况进行专项督察，使有关政策能够落地生根，有利于帮助非公有制企业渡过发展难关，有利于进一步提升非公有制经济发展水平，有利于实现省委省政府提出“创业富民、创新强省”的奋斗目标。

三、进一步提升非公有制经济发展水平的建议

(一)加大贯彻落实力度，促进非公经济发展

我们建议，一是制定配套的实施细则。浙江省大部分民营企业反映，国务院、省政府文件原则性强、操作性差，要求出台具体的实施细则。国家各部委加快出台相应实施细则，各级地方政府也要吃透国务院“非公经济36条”文件精神，抓紧出台实施细则，使鼓励支持非公有制经济发展的政策能够落地生根。二是对国务院“非公经济36条”和省政府“非公经济32条”在各地贯彻落实情况进行一次监督。当前特别要做好自然垄断、行政垄断行业准入问题的检查工作，让民营企业实现所有领域“难入到易入”、“怕入到敢入”、“暗入到明入”的转变。做好执行情况的监督检查工作能增强政策落实的有效性。三是畅通非公企业反映问题的渠道。政策贯彻落实好不好，企业最有发言权，开辟企业反映文件贯彻落实问题的通道，让企业的呼声和

要求及时传达到政府部门，有利于抓好政策的落实工作，使信息反映渠道成为企业与政府政策对话的窗口。

（二）完善金融、税收制度，促进非公经济发展

我们建议，要进一步完善金融、税收制度，加大对中小民营企业的金融支持力度，完善外汇管理制度，发挥金融在支持企业"走出去"方面的积极作用。针对民营资本准备进入金融服务和社会事业领域的愿望比较强烈的情况，政府相关职能部门要做好非公有制经济人士投资金融、社会事业的服务工作，引导他们投资的积极性。要落实好新的企业所得税法，使新税法成为引导和促进非公有制经济发展的有力杠杆。

（三）建立公共信息服务平台，促进非公经济发展

我们建议，建立政府信息预公开制度，推广部门新闻发言人制度，推进电子政务建设，搭建最新政策信息、市场信息等公共信息发布平台，及时发布有关中小企业发展的产业政策、发展规划、投资重点和市场需求等方面的信息，引导中小企业持续健康发展，进一步提高政府信息发布的时效性和广泛性。通过公共信息服务平台的建立，有利于解决企业与政府之间信息不对称问题，有利于引导企业及时把握市场机会。

（四）加强行业（协）商会建设，促进非公经济发展

我们建议，按照市场化原则，大力发展行业协（商）会等社会中介组织，发挥其行业自律、自我服务、降低交易成本、维护市场经济秩序等方面的作用。按照《国务院办公厅关于加快推进行业协会商会改革和发展的若干意见》（国办发〔2007〕36号）、《浙江省人民政府关于推进行业协会改革与发展的若干意见》（浙政发〔2007〕57号）文件精神，抓紧落实行业协会同政府相关部门的脱钩工作，还原行业（协）商会的民间色彩，把政府不该管、不便管的事交给行业协（商）会等民间组织和社会团体。同时，要按照政府职能转变、经济体制改革的要求，赋予行业（协）商会一定的职能，让"业内人管业内事"。

（五）优化外部发展环境，促进非公经济发展

我们建议，优化社会舆论环境。宣传民营企业对浙江省经济发展、财政税收、安排就业方面的突出贡献，树立民营企业家的财富也是社会财富的财富观，新闻媒体要引导正确的舆论导向，不要夸大贫富差距，制造仇富心理，正确理解效率优先兼顾公平之间的关系，营造全社会支持民营经济发展的良好氛围。加强社会治安管理。各级公安部门要从构建和谐社会的高度出发，加强流动人口管理，抓几件破坏民营企业正常经营秩序的典型案件，严

厉打击盗窃和敲诈民营企业财物的犯罪分子和团伙，还民营企业一片安静、安全的社会治安环境。营造良好的可持续发展的软环境，促进非公有制经济发展。

课题组成员：汤为平　邓国安　马兆成　景柏春

执笔人：景柏春

【点评】

2005 年 2 月“国务院非公经济 36 条”和 2006 年 1 月“省政府非公经济 32 条”出台，当时在社会上引起强烈反响。该报告选择了一个社会热点问题开展研究。这篇调研报告的好在于比较全面、及时地摸清了政策落实情况，比较直接、及时地反映了民营企业主的心声，为党委政府决策提供了第一手材料。

该报告收录在由研究出版社出版的《调查·思考·决策——2007 年度浙江省党政系统优秀调研成果汇编》。

关于浙江部分民营企业资金紧张情况的调研报告*

浙江省工商业联合会

（2008年5月）

浙江省部分民营企业特别是外贸出口企业产业链出现资金供应短缺、资金占用过大、资金回流减慢现象。为此，我会立即成立专项调研组，全面了解全省民营经济运行基本情况，重点调查了外贸出口企业产业链、资金链情况。现将调研情况汇报如下：

一、目前浙江省民营经济基本情况

截至3月底，浙江省私营企业45.41万家，投资者103.22万人，雇工655.8万人，注册资金9509.61亿元，与去年同期相比分别增长10%、10.73%、18.29%和29.74%；全省有个体工商户181.88万户、从业人员389.73万人，资金数量665.17亿元，与去年同期相比分别增长2.61%、8.6%和8.1%。

（一）经济总量增加，发展速度趋缓

一季度，浙江省个私经济在“创业富民、创新强省”总战略的政策激励下，总量与上年同期相比，各项指标全面增长，但增长幅度低于去年同期。1—3月，全省净增私营企业0.38万户，为去年同期的3/5，新设私营企业与去年同比减少5.4%。

（二）实力规模不断提升

到3月底浙江省私营企业户均注册资金达209.42万元，同比增长17.93%；私营企业集团仍然延续发展态势，一季度末私营企业集团达1181户，比年年初新增22户，与上年同期相比增长10.9%；股份有限公司队伍不断壮大，一季度末全省私营企业中股份有限公司已达到485家。

---

* 本文获得2009年全国工商联系统优秀调研成果二等奖。

（三）出口规模保持相对较快速度，但效益大幅度下滑

今年一季度，民营企业出口额161.7亿美元，增长35.2%，占全省出口总额的49.23%，比上年度提高1个百分点。个体工商户拥有进出口自营权的个数和出口额均居全国第一。虽然今年一季度出口商品平均价格上涨6.05%，出口数量增长18.19%，但在货币供应从紧、人民币汇率升值、原材料价格上涨、劳动力成本上升、出口退税率下调等综合因素作用下，企业被动适当提价，提价幅度无法消化上述因素对出口效益的影响，因此出口企业普遍反映出口信心不足。

（四）宏观调控作用明显，企业资金链紧张

一季度全省规模以上工业企业主营业务成本占收入的比重为87.4%，同比提高0.1个百分点，财务费用增长36.9%，其中利息净支出增长45.4%，管理费用增长20.5%。在宏观调控政策导向下，资金紧张逐步显现，突出表现为：企业资金来源面临退潮压力，固定资产投资和流动资金均面临考验；信贷潜在风险正在集聚，企业资金链断裂事件时有发生，特别是相互担保、连环担保的企业，可能出现一家企业倒闭牵连多家企业倒闭的"多米诺骨牌效应"，将同时导致银行不良贷款增加，进而影响全社会金融安全。

二、构成浙江省部分民营企业资金紧张的因素

浙江省民营企业目前在面临着产业结构调整、企业管理提升、技术水平提高、产品创新换代、市场竞争激烈、企业融资困难、劳动力成本提高、人民币汇率上升、出口退税下调等诸多困难和问题中，突出反映的问题是资金紧张，融资困难。特别是外贸出口企业产业链出现资金供应短缺、资金占用过大、资金回流减慢现象。

构成目前浙江省部分民营企业特别是外贸出口生产企业资金紧张的主要因素是：

（一）长期以来，不少地方政府不断要求民营企业做大做强，部分民营企业盲目投资扩张，造成资金需求猛增

一方面，不少地方政府大力鼓励民营企业做大做强，许多新闻媒体也大力宣传民营企业扩大投资规模、延伸投资领域，企业做大做强的典型。另一方面，部分民营企业为保持或占有更多的市场份额，获得更多的利益，积极投资，扩大生产。特别是一些大中型民营企业，在主业外的行业投资，盲目

扩张。据调查反映，在大中型民营企业中，有70%都或多或少投资房地产业、小水电等行业。随着多管齐下的房地产宏观调控政策的实施，房地产市场成交量已明显萎缩。由于房地产销售周期拉长，资金回笼困难，定金及预付款大幅下滑，房地产企业仅依靠预售资金和银行借款作为滚动开发资金的难度增大，部分房地产企业，特别是天价拿地和囤积土地的房地产企业已面临资金链断裂的风险。

（二）民营企业从银行获得贷款总量有限

受宏观经济环境影响，浙江省资金日趋紧张。2007年以来，央行已12次调高法定存款准备金率，共计6.5个百分点，多抽走浙江省资金1900亿元，全省被冻结资金达4700亿元，加上各商业银行上交总行的二级准备金和必要的备付金，实际可用资金更少。2007年年末，全省存款余额29030亿元，贷款余额24940亿元，存贷比达到86%，全省资金缺口已经非常大。央行安排2008年的信贷总增速大体为13.86%，而2007年全国较上年增长15%以上。即便考虑到各商业银行总行对浙江实行信贷倾斜政策，浙江省全年贷款增量预计难以超过2007年4180亿元的水平。以工商银行为例，虽然新增信贷规模仍维持在2007年总量不变，但由于去年工行票据压降较多，且今年将增持部分票据，实际上今年可用信贷规模比去年要减少约1/4。同时，贷款需求增多。工商银行浙江省分行对全行客户贷款需求状况的调查显示，贷款新增需求远大于新增贷款可供给额。新生增贷款需求满足度大约只有50%。实行从紧的货币政策后，商业银行普遍压缩流动资金贷款，企业短贷长用比比皆是，使得贷款期限错配现象较为突出，中长期贷款占用了越来越多的信贷资金，并主要投向基础设施建设和个人住房消费等领域。由于各地的基本建设主要是政府贷款，投放具有较强的刚性，客观上造成民营企业资金供应总体趋紧。同时，由于我国资本市场发育不全，直接融资比例偏低，民营企业融资主要寄希望于银行贷款。在信贷资金有限的情况下，银行首先考虑和满足的是政府基础设施建设和大企业等优质客户，也必然造成民营企业信贷资金总量供应减少。

（三）银行实行贷款按季均衡发放政策，加剧了资金的紧张程度

为了落实从紧的货币政策，各银行在今年第一季度贷款额度控制在全年计划的35%以内，全年将实现按季均衡投放，通过行政手段按季约束商业银行贷款进度是2008年“从紧”货币政策的重点。据民营企业反映，各银行以往通常在每年第一季度将全年贷款额度的60%以上发放给企业，而大

部分企业也是在每年第一季度从银行获得贷款来维持或扩大再生产。由于银行在第一季度贷款总额大幅度减少，使大部分民营企业难以从银行得到资金支持，因此感到资金压力空前。

（四）企业在采购、生产、销售等环节占用资金增加

1.原材料等资源持续涨价导致流动资金占用量增加

据国家统计局公布数据显示，2008 年 2 月份，原材料、燃料、动力购进价格同比上涨了 9.7%。浙江省是一个资源严重短缺的省份，且大部分企业处于中下游行业，原材料等资源持续涨价导致流动资金占用量增加。一季度浙江省工业生产资料价格明显上涨，部分钢材、有色金属、化工产品价格大幅上涨。据绍兴县统计，工业企业原材料购进价格同比上涨 8%左右，涨幅创下两年来新高，而工业品出厂价格同比仅上涨 2%左右，两者涨差由上年同期的 1.6 个百分点扩大到 6.4 个百分点，同时也造成企业在产品生产、流通环节资金占用过多。如年销售达 9000 万元的宁波宁江粉末冶金有限公司，因钢材等原材料涨价，每月要多支出近 200 万元资金。而在销售中，占用资金更是大幅增加，截至 2008 年 4 月 23 日宁江粉末冶金有限公司，应收货款 3200 多万，同比增长超过 70%。

2.各种利息支出大幅度增加

连续加息增加了企业财务成本，分流了部分流动资金。企业存款以活期为主，定期存款的大幅加息并不能抵消贷款利率上升增加的财务成本，2007 年浙江规模以上工业企业的财务费用比 2006 年增长了 34%，今年如果央行继续加息，企业的财务成本无疑将再上一个台阶。今年一季度，宁波市鄞州区规模以上工业企业利息支出 4.19 亿元，同比增长 47.6%。在从紧的环境下，中小企业的资金链已绷得很紧，很多小企业因无法从银行借贷到流动资金，只能向民间、担保机构、典当行借贷来缓解资金紧张局面。在法定利率以外的领域融资，大大提高了企业的筹资成本。据调查，民间短期融资月利率已经高达 3%～3.5%。2008 年信贷从紧可能会导致部分中小企业资金链断裂，部分小企业信贷风险有可能集中暴露。

3.《劳动合同法》实施，提高了劳动力成本

《劳动合同法》生效实施后，企业人力成本开始大幅增加，对浙江省的纺织服装等劳动密集型行业影响尤甚。目前劳动用工不规范的中小企业除每月发放不低于最低标准（浙江省的最低月工资标准为全国最高）的工资外，还必须为员工（增加）交纳养老、失业、医疗、工伤、生育五项社会保险和住房

公积金。除了上述直接成本之外，企业还可能为辞退员工承担一定的补偿费用。省工行调查认为，浙江省部分劳动密集型企业2008年的用工成本大约比上年提高10%。省中小企业局调查认为在经济相对欠发达的衢州，中小企业今年“五险一金”足额上交要占工资总额的38.8%，人均约5000元/年，这将使企业的用工成本上涨20%～30%，直接降低企业利润达2%～5%。

三、浙江省外贸出口企业产业链资金供应紧张的情况

浙江省外贸出口企业，除了受上述诸因素影响资金短缺外，还受到出口退税调整和人民币升值加速影响。在外贸出口生产企业产业链中，出口生产小企业反映资金供应短缺，自营出口生产企业反映资金占用过大，大中型外贸流通企业反映资金回流减慢。

浙江省出口生产小企业面临的资金压力比自营出口生产企业和大中型外贸流通企业大。尽管贷款规模受限，但银行对大中企业的融资需求优先满足，且融资利率水平相对较低，再加上目前出口退税速度加快，因此，大中型出口流通企业因资金紧张而无法开展正常业务的情况较少。但出口少、规模小、利润低、家底薄，再加上是劳动密集型的中小出口生产企业，受出口退税率下调、人民币升值、劳动力成本提高和原材料涨价等多种因素叠加的影响，市场竞争力和盈利能力趋弱，越来越不符合银行授信条件，并成为银行控制新增贷款规模的首选对象。而中小出口生产企业往往对银行推出的诸多金融产品缺乏了解，仍然停留在传统融资产品上。这些中小企业面临财务成本急剧上升、利润减少，甚至资金链断裂的窘境。

生产出口型企业面临的资金压力比流通型出口企业大。据反映，流通型出口企业主要通过贸易融资方式来解决资金问题，经过“排队”，付出一定时间成本后，贷款基本上能得到满足。但生产出口型企业需要购置设备以开发新产品、进行技术改造、扩大产能，这部分贷款很难得到满足。

市县出口企业面临的资金压力比省级企业大。一方面是由于市县企业中小型偏多，另一方面是由于绝大多数银行采取由总行对支行按季度或按月核定信贷限额，并层层下达信贷限额的办法对贷款进行控制，部分县市银行因受限，出现无贷款可放现象，更加重了市县出口企业在当地的融资难度。

随着国家对出口结汇加强管理，贸易融资逐渐趋紧，已对浙江省出口企业，尤其是生产出口型中小企业融资带来了一定的影响。

四、资金紧张对浙江省经济发展的主要影响

货币调控政策的累积效应逐步显现，商业银行可用资金偏紧，企业融资难度加大。3 月末，金融机构人民币存款中企业存款同比虽增长 18.3%，但比去年年末减少 118.7 亿元。企业存款存量数据的减少，部分反映了企业资金紧张的程度。企业成本大幅上升，景气指数明显下滑。一季度企业家信心指数和企业景气指数分别比去年同期下降 13.9%和 15.6%，比去年四季度下降 9.9%和 15.2%。

资金紧张对浙江省经济发展的主要影响有：

（一）出口竞争力下降，劳动密集行业商品出口订单向周边国家和地区流失明显

在人民币汇率大幅升值、生产要素成本上升、出口退税政策调整、节能环保要求提高等综合因素影响下，浙江省出口企业的国际竞争力有所下降。仅 2008 年一季度，美元兑人民币汇率升值幅度达到 3.91%。人民币汇率的持续大幅升值，对出口企业，特别是劳动密集型、低附加值商品的经营企业出口利润产生了很大影响，出口效益大幅度萎缩，削弱了浙江省出口商品的国际竞争力。一季度全省出口增长 25.5%，剔除人民币升值因素后，出口销售收入仅增长 15.7%。人民币汇率加速升值，进一步压缩了企业出口利润。以嘉兴平湖为例，平湖是浙江省服装出口的主要集中地区之一，2007 年出口收汇额 7.85 亿美元，仅汇兑损失一项高达 3900 万元人民币。与印度、越南、孟加拉等周边国家相比，浙江省在纺织、服装等劳动密集型行业的竞争优势正在逐步丧失，出口订单向周边国家和地区转移现象明显。浙江省服装出口行业普遍利润率在 3%～5%，在人民币持续升值、退税率下调、劳动力成本上升、出口提价困难等因素叠加影响下，出口经营困难，大批中小服装企业已经或濒临倒闭，大中型服装企业也处于订单减少、微利或亏损经营状况。

（二）在当前民营企业融资困难的情况下，大中型民营企业之间互相担保风险凸现，且有蔓延趋势

值得注意的是，浙江省部分大中型民营企业也出现流动资金紧张、利润下降、亏损面扩大等问题。部分大中型民营企业的投资冲动，上新项目、扩大生产规模等增长方式需要投入大量的资金，在体制内融资条件苛刻的情况下，很多企业采取相互担保获得银行贷款，甚至从民间借高利贷来实现企

业运转。根据调查，浙江70%以上大中企业存在相互担保的关系。目前，已经得知杭州、台州、金华等地部分大中型民营企业由于互相担保出现资金紧张的情况，这种情况有蔓延的趋势。表面来看，银行将项目贷款风险转嫁给民营企业，实际上，只要担保圈中一家企业发生无力偿还银行贷款，就会对这家企业的担保企业产生连带影响。南望集团是一家国家星火计划高科技企业，安防业巨头，浙江省纳税大户，董事长是杭州市人大代表。但因近几年经营决策、多元化投资和实际运作的失误，在宏观调控、银根紧缩等背景下，公司已资金链断裂，出现资不抵债的状况。十多家大中型企业为南望集团提供的贷款担保共计5.27亿元。南望集团一旦破产，十几家的担保企业将代为承担还款责任，不仅将直接给这些企业带来重大经济损失，还将导致上述企业中的数家企业资金链断裂，破产。这种企业间的彼此互保关系完全有可能进一步引起更大的连锁反应，被殃及企业的损失金额将是5.27亿元的数倍甚至十几倍，众多互保企业将受“多米诺骨牌效应”波及，导致大批企业无力偿还银行贷款，大量工人失业，亟须政府有关部门高度关注。

（三）民营企业向民间借贷，滋生巨大的社会风险隐患

受从紧货币政策影响，浙江省中小民营企业从银行获得资金的难度增加，使得大部分企业转而向民间借款，滋生了巨大风险。据工商银行浙江省分行不完全统计，民间借贷的月利率已达到3.5%（年利率达到42%），今年信贷从紧可能导致部分小企业资金链断裂，部分小企业信贷风险有可能集中暴露。据浙江省工商部门对个私企业生存状况调研表明，资金断链是造成企业退出市场的重要因素。2007年四季度以来，嘉兴民间借款加权平均利率16.51%，同比上升7.93%，高于同期银行加权平均利率7.57个百分点。

（四）多种因素叠加导致民营企业盈利能力下降，民营企业亏损面在扩大，发展速度减缓

宁波市鄞州区工业企业一季度利润增幅为20.6%，但是与去年同期相比，规模以上亏损企业比例从上年16.7%增加到21.3%，绝对数从385家增加到571家，增加23.1%，其中亿元以上亏损企业从12家增加到24家。杭州市今年前两个月规模以上工业企业亏损面29.8%，比去年同期有所扩大，亏损企业亏损额同比增长28%，增速比去年同期大幅提高26.65%。今年1—2月衢州市规模以上企业主营业务成本同比上升38.3%，比销售收入上升快1.1个百分点，亏损企业数上升3.5%，亏损企业亏损额同比上升达73.3%。节能环保政策增加了企业经营成本，如嘉兴富宏紧固件有限公

司为执行国家节能环保政策，企业加大了对环保资金的投入，2007 年环保设施投资超过 100 万元，比 2006 年增加了 5.7 倍。

我们认为，国家实行从紧的货币政策进行宏观调控是必要的，实施效果是明显的，宏观调控为浙江省民营经济"创业创新"提供了有力的政策支持，加快了浙江省民营经济转变发展方式、调整产业结构的速度。但是，在当前原材料涨价幅度过大、人民币汇率持续升值、《劳动合同法》刚性实施、环境保护成本增加的情况下，企业利润空间已十分狭小，企业亏损面有所扩大，特别是作为浙江省就业和出口的重要支柱产业的纺织、服装等劳动密集型产业，受到冲击最大。浙江省在实施产业梯度转移、发展技术密集型和资金密集型产业时，要充分考虑劳动就业和中小企业的承受力，以时间换空间，以渐进的方式，实现经济软着陆，使浙江省民营经济能继续又好又快健康发展。

五、我们的建议

(一)注意保持经济面的基本平衡，实现经济软着陆

宏观调控要注意保持经济面的基本平衡，实现经济软着陆。在当前企业受原材料大幅涨价、人民币持续升值、劳动合同法的实施、出口退税政策调整、节能环保要求提高等综合因素的叠加影响，大部分企业感到资金紧张。不少民营企业建议，采取适当宽松的信贷政策，有利于企业渡过生存难关。

(二)中国人民银行要尽快出台企业之间的相互担保行为细则

《中华人民共和国担保法》第十八条规定债权人可以要求债务人履行债务，也可以要求保证人在其保证范围内承担保证责任。银行作为债权人通过《担保法》将债务风险转嫁给担保人，但是万一债务人破产而保证人也无力承担连带责任时，银行自身也会陷入债务圈。我们认为，《担保法》的实施一方面为民营企业融资带来了便利，但同时银行债务风险部分是由于银行之间对担保圈企业财务信息不对称造成的。建议中国人民银行尽快制定企业之间相互担保行为细则，防止发生大面积的债务风波。

(三)稳定人民币汇率，促进外贸企业健康发展

人民币升值过快削弱出口商品的国际竞争力，同时汇率非均衡性升值还导致外贸企业不敢接订单，目前浙江省已经出现不少外贸订单向周边国家转移的现象。建议政府要以经济手段代替行政手段，做好人民币汇率的稳定和预测工作，恢复外贸出口企业的发展信心。

(四)政府要缓解中小企业融资难

政府必须支持小企业的合理信贷需求,解决中小企业融资难问题。中小企业是创造税收、吸纳就业的重要载体。金融机构要在加强风险控制的前提下,继续拓展优质中小企业客户,银监会要敦促各大银行认真执行《银行开展小企业授信工作指导意见》有关要求,满足中小企业合理融资需求,因为发展中小企业是解决政府"人到哪里去,钱从哪里来"的最主要渠道。因此建议政府设立中小企业发展基金,以财政资金为杠杆,调动银行大力扶持中小企业发展的积极性。

(五)允许私有资本设立银行

允许外国资本在中国设立银行,不允许本国私人资本设立银行,这在理论上是说不通的。再则,民间资本借贷在全国各地都大量存在,一是加大政府宏观管理金融市场的难度;二是大量税收流失;三是出现资金链断裂时,会造成社会不稳定。稳定社会是政府不可推卸的责任。

(六)修改《劳动合同法》

从长远看,《劳动合同法》对改善民生、推动产业升级具有积极意义。但由于历史原因,我国量大面广的中小民营企业普遍存在用工制度不完善现象,短期内新法的实施对中小企业,尤其是初创型中小企业和微小企业产生较大冲击。建议全国人大常委会修改、完善《劳动合同法》,给予初创企业、微小企业以适当的缓冲期。各级政府在贯彻落实《劳动合同法》的过程中,要紧密结合当地经济社会发展的基本情况,考虑地方产业结构的特点,同时要顾及民营企业的承受能力,因地制宜,加快出台《劳动合同法》实施细则,给民营企业以明确的政策信号。

课题组成员:邓国安　马兆成　景柏春

执笔人:景柏春

【点评】

该报告角度独特,立意深刻,分析透彻,建议中肯。这篇调研报告好在客观准确地看到宏观调控形势下浙江省部分民营企业特别是外贸出口企业资金紧张,利润空间狭小,亏损面有所扩大,对民营企业发展形势作出了十分严峻的判断。在中央还没有采取新一轮刺激经济增长的宏观调控政策之前,敏锐地提出为保持经济稳定发展必须采取宽松的信贷政策的意见建议。浙江省省长吕祖善将此报告递交给国务院总理温家宝。

浙江省省长吕祖善作了批示。该报告收录在由中国财政经济出版社出版的《中国小企业融资状况调查》。

深化体制机制改革，再创民营经济发展新优势*

浙江省工商业联合会

（2009年5月）

浙江是我国改革开放的先行地区、民营经济大省，民营经济在经济社会发展和改革开放大局中具有重要地位和作用。某种程度上来说，浙江经济是中国宏观经济的“晴雨表”。改革开放30年来浙江民营经济取得了巨大的发展成就，但也累积了一些矛盾和问题。特别是当前受国际金融危机的影响，国内外需求严重萎缩，浙江民营企业效益普遍下滑，企业家信心下降、投资意愿不足，部分民营企业处于停工或半停工状态，甚至有的企业面临倒闭境地。浙江民营经济遭遇了30年来从未遇到过的困境。

困境的产生，既受到国内外经济环境变化和国家宏观调控的影响，也受到民营企业自身素质性、结构性问题的制约。深层次的还在于浙江省民营经济发展的体制性、机制性问题没有得到根本解决，浙江省民营经济赖以发展的产业层次一直未得到有效的提升。问题引发反思，危机促进改革，浙江民营经济要转“危”为机，继续保持领先优势，最根本的出路还是继续深化体制机制改革，以体制机制改革来释放民营经济和民间资本发展的能量。所以，在新形势下，对浙江民营经济体制机制改革问题进行研究探索，不但对浙江经济发展至为攸关，而且对全国经济大局都具有重要意义。

一、民营经济发展的基本概况及体制机制优势

（一）民营经济发展的基本概况

改革开放至今，浙江省民营经济发展大致经历了自发起步、发展壮大、规范提升三个阶段。第一阶段为改革开放初期到80年代末，是民营经济自

* 本文获得2009年全国工商联系统优秀调研成果二等奖。

发起步期。当时主要抓住“商品短缺”的市场机遇，使浙江省民营经济在这期间得到快速发展。第二阶段为 90 年代特别是 90 年代中后期，是民营经济的发展壮大期。社会主义市场经济体制的确立为民营企业发展创造更为宽松的环境，“国退民进”，乡镇企业改制使民营企业的体制优势得到全面释放，浙江省民营经济取得空前发展，浙商开始在全国市场竞争中崭露头角。第三阶段为 21 世纪初以来，是民营经济规范提升期。国务院“非公 36 条”和省政府“非公 32 条”文件的颁布实施，民营经济的发展空间得到拓展，政策环境得到极大改善，浙商作为一个区域性的企业群体真正在国内外取得广泛影响。

经过 30 年的不断发展，30 年的不断改革完善，民营经济在浙江省经济社会中地位越来越重要，作用越来越突出，影响越来越深远。

1. 民营经济成为国民经济的重要支柱

2008 年年末，浙江省法人企业 56 万家，其中民营企业 52 万家，占浙江省企业总数的 90%以上。民营经济总量达到 15470.57 亿元，占全省国内生产总值的 72%。民营经济为浙江省创造了 60%的税收，76%的外贸出口额。

2. 民营经济成为市场改革取向的先行者和推动者

浙江省民营经济与改革开放和市场经济相伴而生，是推动对外开放和建立社会主义市场经济体制的重要力量。一方面，民营经济率先成为真正意义上的市场主体，强化了市场配置资源的基础性功能；另一方面，民营经济的发展为国有企业改革和国有经济的战略性调整提供了改革形式和操作空间，使社会资源得到有效整合。

3. 民营经济成为就业和增加城乡居民收入的主渠道

浙江民营经济发展，解决了一大批城镇居民的就业问题，这些年来新增就业人口的 90%以上都是民营经济创造的。2008 年全省城镇居民人均可支配收入 22727 元，农村居民人均纯收入 9258 元。浙江城乡居民收入特别是农民人均收入一直居于全国前列，这与浙江省民营经济的发达程度密不可分。

4. 民营经济成为推动工业化、城市化的生力军

一大批民营企业在竞争中不断发展壮大，使浙江从一个工业基础薄弱的农业省份变成工业大省，并有力推动人口、资金等要素流动和集聚，加快了浙江省城市化进程。老乡变老板，集市变城市，农民变居民是改革开放以来浙江经济社会的真实写照。

(一)民营经济发展的体制机制优势

1.浙江省深厚的历史文化背景为浙江省丰富的创业活力和动力奠定了基础

(1)浙江省拥有讲求实效的文化传统。“义利并重、工商皆本、以利和义”的文化传统与资本追求利润和利益的属性不谋而合,形成了有利于企业家以及各种经济、管理及技术人才涌现的社会环境。

(2)浙江省拥有工商业的历史基础。早在近代以前,江浙地区就是中国经济最发达的地区之一,有着较高的农业劳动生产率和较高的人口密度,由此产生的大量农业剩余劳动力,促进了各种手工业和商业活动等非农产业活动的兴旺和发展。20 世纪 80 年代,乡镇企业和个体私有经济的发展与浙江民间发达的手工业及商业活动传统有着密切的联系。

(3)浙江省有交通和信息流通的优势。浙江地处长江下游领域和东南沿海,自古交通便利,内有长江接连中国腹地,外邻东海,是中国和海外交流的前沿。发达的交通网络为信息的流通和商业活动提供了有利条件,为市场资源的产生和近代企业家资源的形成准备了基础条件。

2.浙江省历届党委政府为民营经济发展营造了相对宽松的管理体制

相比其他地区而言,浙江省各级政府在改革开放之初就对民营企业采取了相对比较宽松的政策,没有过多地陷入所有制之争,放手发展个体私营企业。当群众在创业创新中的一些做法与全国原有体制发生冲突时候,各级党委政府表现出允许试、允许闯、允许变通的态度。对于新事物,暂时看不准或有争议的,不急于下结论;看准了的,则积极加以肯定,予以大胆推广。在行政管理体制改革方面浙江推行得早,形成了自己的特色。坚持实行省管县财政体制,相继进行了五轮制度改革,对审批事项进行削减,经济强县进行扩权。这对以县域为主要发源地的民营经济发挥了非常积极的推动作用。

3.浙江省民营经济发展得益于浙江省先发的市场优势

(1)浙江省领先的要素市场化配置机制。改革开放前,浙江国有经济规模比较小,又以轻纺加工业为主,因而计划配置资源的受益范围比较窄,迫使浙江省企业自行在计划外找原料、找市场。求生存、求发展,使浙江省能够较早突破计划体制的束缚,发挥市场机制在资源配置中的基础性作用。(2)浙江民营企业产权清晰、决策高效的企业管理制度。(3)浙江民营企业发端于家庭工业，家族制是最基本的特征。企业初创时期，家族制管理模式不但产权相对明晰，而且家族企业的血缘关系较好地解决了管理层约束激励问题，具有机制反应灵活、决策高效等特点，是浙江省民营企业发展中极具竞争力的机制优势。

4.民营企业相互协作、集群发展的产业分工模式

浙江省民营企业通过专业化产业区和产业空间组织形成了较大的产业竞争力和区域优势。"块状经济＋专业市场"成为推动浙江省区域工业化和经济发展的巨大动力。

二、新的历史条件下民营经济的发展困境和体制制约

（一）民营经济的发展困境

在改革开放中率先兴起的浙江民营经济，在形成和发挥先发优势之后，随着形势的变化，使先发遭受了"后发"劣势。特别是近年来，受国家宏观调控及世界性金融危机的影响，浙江省民营经济发展面临的困境更加突出。

1.低层次产业结构面临国际竞争压力

浙江省民营经济以传统制造业和商贸业为主，习惯于采取低成本的产品竞争策略。但受前期人民币升值、国际能源价格动荡以及信贷紧缩等多种因素的影响，企业输入型成本增加。与此同时，新的《劳动合同法》的实施使企业用工成本大幅上涨。据调查统计，《劳动合同法》的实施使企业用工成本上升15％～30％。各种因素叠加，企业综合成本急剧上升，利润空间受到严重挤压，很多企业处于微利、无利，甚至经营性亏损现象。从国际上看，由于外需的萎缩，浙江省外向型民营企业普遍遭遇出口难的问题：国际订单缩减，贸易风险增大，资金回收困难，出口利润趋薄。受访企业家表示随着国际金融危机的加深，特别是部分地区信用环境的进一步恶化，出口贸易中的结算风险和履约风险加大，浙江省民营企业外贸出口形势仍将非常严峻。

2.块状产业组织方式面临恶性竞争压力

改革开放以来，以块状经济为特征的产业集群发展是浙江省区域经济发展中的一个亮点。但浙江省"块状经济"还处于产业集群的初级形态，还不是现代意义上的产业集聚。许多块状经济由大量企业在同一区域、同一产品领域简单堆积而成，没有构筑完善的区域创新体系和社会网络合作体

系，专业化分工协作程度不高。表现最突出的是集群内企业相互“模仿”严重：同一产品出来，销路好，往往就跟风搭车，马上仿制，一下子形成了巨大的产能规模，造成相互压价，无序竞争。部分不法企业为了降低成本，采取偷工减料、减少工艺等非技术手段，结果形成了块状假冒伪劣经济区。这方面，浙江省是有深刻教训的。柳市电器、温州制鞋、苍南印刷等，都对浙江省区域经济造成过恶劣影响。尽管这些年有所改观，但区域内企业相互模仿、相互压价、无序竞争、缺乏创新的这种格局依然没有根本改观，使浙江省多数块状经济升级乏力。

3.粗放型发展模式面临要素资源瓶颈压力

浙江省民营经济增长主要依靠物质资源支撑的格局没有根本改变。受能源、生态、土地、资金等要素市场的制约，民营企业“高投入、高能耗、高污染、低效益”（三高一低）的粗放型发展模式遭受严峻挑战。在浙江“十一五”产业集聚发展的政策导向下，工业园区（开发区）用地指标少而供地程序复杂，很多中小民营企业拿不到地或者用地成本过高，迫使部分企业放弃投资或向外省发展。中小企业融资普遍比较困难，从正规合法的金融机构贷不到款，不得不依赖于高昂成本的民间融资，一旦出现资金链紧张，许多企业危机马上显现。劳动力结构性短缺矛盾突出，浙江省企业熟练工人只占劳动力总数的1/3，专业技术人员比重也仅居于全国中下游水平。生态要素的压力加大，由于产业布局的不合理及环境生态容量有限，浙江省企业环境治理成本欠账多，治理成本高，钱塘江上游的化工企业、台州的废旧五金、电器利用加工企业等这些“集群污染”企业面临严重的生存危机。

4.民营企业传统组织体制及治理机制面临升级压力

浙江省很多民营企业的产权只是形式上的“明晰”，但实际含糊。部分以家庭或家族为单位建立起来的民营企业，产权在家庭或家族内部成员之间并无严格界定。这种含糊的产权结构随着企业规模的扩大最终成为企业进一步发展的巨大隐患。很多民营企业治理结构并不完善，所有权、控制权与经营权仍然高度集中，没有实现真正意义上的分离。各个利益相关者没有相互的权力制衡关系，实现权力制衡的股东大会、董事会、监事会等流于形式，其职能由大股东一手控制，难以发挥其应有作用。所有权和经营权的集中和治理结构的不完善，一方面使企业决策风险加大，另一方面，使真正意义上的职业经理人队伍难以培养和形成。

5.国家实施区域振兴战略使浙江省民营经济面临地区竞争压力

20世纪90年代以来，国家相继实施了上海浦东开发、西部大开发、中部崛起及振兴东北老工业基地等区域振兴战略，这些地区在经济振兴中都把发展民营经济作为一个重要方向，出台一系列扶持民营经济发展的政策和举措。上海浦东新区借助强大金融资本优势及国际化开放背景，吸引了浙江省一批民营企业以各种形式迁往上海。中西部地区由于矿产资源、土地政策优势也吸收了浙江省大量民间资本流入。进入新世纪，国家又对一部分地区进行了改革实验，如成都和重庆成为"全国统筹城乡综合配套改革试验区"，武汉城市圈和长株潭城市群成为"全国资源节约型和环境友好型社会建设综合配套改革试验区"。这些地区在体制机制改革方面将获得更多的国家支持，无疑也使浙江省的体制机制先发优势日益弱化。

（二）体制制度原因分析

分析民营经济发展面临的困境，有的是企业自身的素质性问题，有的是市场外部环境变化所致。但这些都是表象，是特定时期表现出来的特定现象。从体制机制等深层次原因去分析，民营经济发展所获取的行政资源支持与市场资源的支撑相当有限。目前，无论是法律法规层面也好，还是政府管理体制也好，乃至于市场经济体制，相对于民营经济发展的新要求都很不适应。

1.行政管理体制改革滞后

政绩考核导向不科学。当前民营企业发展环境存在的一些问题实际上是政府的行政管理和经济管理方式造成的，而政府行政和经济管理方式存在的问题很多又是由于上级对政府的政绩考核不科学造成的。虽然中央一再强调科学发展观，但实际上仍然存在用人与做事的不统一，具体在对地方政府的政绩考核和领导干部的考核任用上，重GDP排名、重财政收入、重形象工程的现象仍然较为突出，而对资源节约、产业升级、人才培养等关系企业长远发展等方面关注不够。在这样的政绩考核导向下，政府通过强化对经济的短期干预和管制，做大政府的财力、培育所谓的"大企业"就成为必然选择。对困难企业调查中，有些企业反映，企业走到今天的困境，一部分原因是市场这只无形手的影响，但与政府这只有形的手在"做大做强"这一口号的推动下也有很大关系。

政府管理经济的手段还是偏重于审批收费等传统路径依赖。据浙江省"十一五"规划中期评估的抽样调查，在民营企业设立登记中，尚存在145项前置审批审核，除了必要的安全、环保强制性条件外，多数属于行业性、技术性(资质资格)甚至事务性许可或非行政许可。审批环节程序不科学,在一些行业审批中还存在互为前置现象。行政性收费过多过滥。据调查,目前创办一个小企业所需的费用一般在 4000—5000 元左右,若加上环境评估、申办许可证等费用,约在一到两万元,远远超过一个新办小企业的承受能力。办一个餐馆,就涉及 21 个部门和 71 项费用。当前,虽然各地都出台了减免费等政策,看起来涉及的项目很多,但减免的都是一些鸡毛蒜皮的工本费之类,真正大的税费并没有减免,而且近年来有的还在大幅度递增,如土地使用税,浙江省是每平方米 4—12 元,房产税是房产价格加土地价格乘以 70%再乘以 1.2%的税率每月,实际土地使用要缴两次税。有些项目应该是政府无偿服务的,但却由中介来代替,如外汇结算,质监强检、执照审批等,都变成了中介收费项目。民营企业家反映,个人 40%的精力用于应付政府性公关。这些问题的存在降低了政府服务效能,败坏了政府形象,削弱了民间创业动力,制约了民营经济健康发展。

2. 市场准入和要素配置机制不公平

市场准入"进入难、壁垒多、遭歧视"问题依然存在。电信、广电、邮政、金融等垄断行业,民营经济难以进入;有的行业即使允许进入,也设置了很高的门槛,给民营经济设置一道看得见、进不去、一去就碰壁的"玻璃门"。据 2009 年中国改革评估报告调查:目前全社会 80 多个行业中,允许国有资本进入的有 72 项,允许外资进入的有 62 项,而允许民营资本进入的只有 41 项。可见,民资的待遇不仅不如国资,连外资的相应待遇也没有得到。市场准入的不公平限制了民间资本的发展空间,这是民营经济为什么一直停留在传统产业,难以转型升级的重要原因。

民营经济发展所需的财税、金融、土地、科技和社会等政策不够完善,某些方面存在不公平。用地指标向大企业倾斜,中小企业项目用地相当困难。民营企业中高级职称分配比例低,人才市场每年还向人才托管企业收取较高的托管费。特别需要指出的是,融资难问题已经成为民营经济发展的最大障碍。据"浙商"2009 年调查,分布全国的 500 家浙江民营企业中,有一半以上未获得过银行贷款。尽管今年以来银根放松,信贷规模大量增加,但企业反映,信贷指标多数到大项目和政府项目中去,实际到中小企业的贷款不到 20%。近期国家加大了财政刺激力度,就目前趋势看,政府主导的投资势头强劲,而社会投资疲软,这种模式还将持续,民营经济的发展动力仍难以提升。

3. 法律政策运行导向机制不到位

这些年，虽然出台了“国务院非公经济36条”、“省政府非公经济32条”及《中小企业促进法》，对民营经济发展出台了许多政策性规定，但从实施效果来看，民营经济发展的法律政策环境仍然存在诸多问题。法律规范既有大量重叠产生冲突，又存在内容上的缺失而留有立法空白。此外，还有结构不合理问题。如现阶段，关于民营企业的立法，主要有《乡镇企业法》、《合伙企业法》、《私营企业暂行条例》、《公司法》和《中小企业促进法》及浙江省出台的地方性法规。但这些立法多以所有制来划分，缺乏统一性、系统性、科学性，每部法律都有相应执法主体和主管部门，致使出现监管力量分散，宏观层面管理不力，微观层面干预过多等问题。

政策变化过频过快。从大的宏观政策来看，2008年一年之内政策从年初的“两防”到年中的“一保一控”，到年末政策来了一个大掉头，实行了适度宽松的货币政策和积极的财政政策，政策调整大方向是对的，但时机上已然稍晚，实际上浙江省民营经济已经困难重重了。有关税收(出口退税)、金融等事关企业发展存亡的重要政策，也往往“朝令夕改”。如，纺织品的出口退税率，从2007年7月份的13%降到11%，到2008年8月1日又升到13%，2009年2月1日又升至14%，直至4月1日到15%。外贸企业反映政策变化过频过快，使企业原有的出口合同不断跟着调整，部分出口退税成了外商的直接利润来源。《劳动合同法》的实施和城镇土地使用税的调整也是如此。甚至有的企业家反映，《劳动合同法》的执行刚性成为压垮企业的“最后一根稻草”。

4. 企业自治和行业自律机制不健全

家族化是浙江省民营经济的特征之一。家族化在民营经济中的主导地位有其合理性。但是，随着民营经济的发展和壮大，家族化管理的弊端逐步显露。原本的家族企业是一个非契约化的组织，企业的凝聚力主要依赖亲缘和地缘，强调基于血缘而建立的信任关系，缺乏契约化的利益共享机制。这种企业凝聚力在发展初期能起到很强的作用，但随着家族概念和企业概念的分离而逐渐丧失。企业后期需要整合和调用更多的社会资源，因此法制精神、契约精神变得愈加重要。当家族无法实现这种关系内涵的转型时，一方面企业内部管理制度无法规范化、法制化；另一方面容易造成企业的内部分歧，使企业进一步成长受到很大制约。

行业协会(商会)等社会中介服务体系发育不充分。这些年来，浙江省成立了名目众多,数量广大的行业协(商)会等社会化中介组织,协助政府在行业管理方面做了大量基础性、服务性工作,成为政府实施行业管理的不可或缺力量。但有的行业协会还没有从政府机关中脱钩,而是异化为政府部门管理中的一个机构,有的还在“吃皇粮”,成为安排退下来公务员的“二政府”,其作为社会中介组织的“中立性”还未确立。行业协(商)会归口管理部门太多,缺乏整合,往往满足于收会费、评选等营利性事业,没有真正地在行业标准制定、行业自律、信息共享等方面下工夫。同时,政府也存在对行业协(商)会授权不足问题,包括反倾销应诉、行业管理、经济政策的咨询等方面,这也很大程度上限制了行业协(商)会职能的发挥。一句话,现阶段行业协(商)会还没有充分发挥好政府和企业之间的桥梁和纽带作用。行业协(商)会的错位和缺位,使众多中小民营企业缺乏与政府互动的载体,使中小企业的声音形不成“共鸣”,引不起“关注”,这也是影响和制约民营经济发展的一个重要的体制性因素。

三、加快推进民营经济体制机制创新的对策建议

(一)基本判断

根据30年来浙江民营经济发展的基本情况、成功经验以及今后民营经济在浙江经济社会发展中的地位和作用,对未来浙江民营经济发展趋势作以下基本判断:一是在充分竞争领域,民营经济的制度优势和绩效优势将保持相当长时间,并可以延伸到非完全竞争行业领域。二是在垄断领域,依靠独特的国家政策和资源支撑,国有经济仍将处在竞争高位,民营经济面临“挤出效应”,某些领域甚至呈现“国进民退”的趋势。三是随着市场经济的深入发展,不同资本间的重组和融合将更加普遍,发展混合所有制经济将会是今后民营经济转型突围的一条现实途径。

(二)改革思路

坚持市场化的改革导向,遵循“平等准入、公平待遇”的原则,以完善市场经济体制和改革行政管理体制为突破口,创新民营经济发展的法律政策体系、政府公共服务体系、公平竞争机制、要素保障机制、社会化中介服务体系,优化发展环境,拓展发展空间,再创民营经济发展新优势。

(三)对策建议

1. 着力构建民营经济发展的法律政策运行导向机制

(1)坚定不移地贯彻落实“国务院非公经济36条”和“省政府非公经济

32 条”精神，并建立贯彻落实情况的督查机制。建议由省政府办公厅牵头每年组织一次“省政府非公经济 32 条”落实执行情况督察。

(2)从法律层面加大对中小企业的支持力度。建议国家把《乡镇企业法》和《中小企业促进法》整合，重新制定新的《中小企业促进法》。省人大常委会相应地对《中小企业促进条例》进行修改，并每年组织开展全省贯彻《中小企业促进条例》的执法监督。

(3)建立健全行政执法检查制度。建议省人大法工委、省政府法制办定期组织开展清理、规范有关部门出台的各项涉企法律法规和行政性规章。涉及国家层面的，提出建设性的意见和建议，争取国家支持。

(4)加强法律政策制定的针对性、严肃性和实效性。制定出台重大法律法规(特别是涉企的法律法规)前要充分并广泛听取企业、行业协会(商会)和职工意见，并保持相关法律法规和政策的透明度和连续性。

(5)提高民营企业家的社会地位，增强社会荣誉感。建议省委省政府每年召开一次会议，对民营经济工作进行总体部署，表彰一批省级优秀民营企业家和优秀企业。今后民营企业家中产生的劳动模范要优先从省级优秀企业家中评选。

2. 着力创新行政管理体制

(1)创新地方政府绩效考核制度，建立有利于加快民营经济发展的科学评价体系。要建立以就业、财政和居民收入以及 GDP 增长特别是中小企业发展三者并重的干部政绩和政府绩效考核体系。在指标设置时要考虑中小(民营)企业发展总体情况，如企业增加值、法人企业、个体工商户登记数、中小企业解决就业的贡献率、企业家对政府服务质量评价等具体指标，以用人导向、干部选拔和政府绩效考核为推手促进民营经济加快发展。

(2)科学设置相关涉企机构，积极整合发展改革、经信委、工商、卫生(食品药品监督)、质量技术监督、环保、建设规范、城市管理等部门监管职能，减少审批环节、规范审批程序。大力推进办事大厅、网上审批、并联审批、审批服务代办制等便民服务方式。全面推行涉企审批事项办理情况评价制度，建立有行业协会(商会)、民营企业和职工代表参与的政府服务评价和行政问责制，切实提高服务质量与效率。

(3)加快推进扩权强县改革，赋予县(市)政府更多经济社会管理权限。能够下放的审批和管理权限，不仅要下放给发达地区，也要下放给欠发达地区。深化乡镇体制改革，大力推进扩权强镇，扩大中心镇部分经济社会管理权限，充分激发基层政府和民间的创造性与活力。

(4)继续取消、暂停或降低涉企收费标准，并逐步实现审批事项“零收费”制度。向中央和国务院建议降低消防、电力、人防、质量技术监督、气象等部门涉企收费标准，坚决取缔银行在给企业贷款时以财务顾问费名义向企业收取的中间业务费。

(5)严格规范各类涉企检查、培训和评比活动。鼓励行政联合执法检查，坚决杜绝多层次、多部门的多头检查和重复检查。严厉禁止以收费为目的、加重企业负担的各类评比达标表彰行为；涉企收费培训必须向有关业务主管部门申报并经批准后方可实施，收费需经物价和业务主管部门核定标准方可收取。

(6)加快推进政府信息公开与市场信息服务。有关职能部门要及时向企业公开并传达相关涉企法律法规和政策，尽可能为企业提供国内外市场发展基本趋势，特别是国外各行业非关税壁垒设置情况等信息，帮助企业顺利开展生产经营。

(7)加强重点困难企业生产经营情况动态监测，引导企业建立健全经营危机预警及应对处置机制。优化海关、质监、外汇等方面监管和服务，建立健全国际贸易预警和摩擦应对机制。

3.着力推进市场准入公平化和要素配置市场化

(1)推进市场准入公平化。①继续深化金融、通讯、石油、电力、交通、军工、水利等垄断行业改革，进一步降低民间资本准入门槛，鼓励民资参与垄断行业生产经营，支持民间资本投资城市公用设施建设和运营，兴办教育、医疗、保健和文化体育等社会事业。严格审查并清理垄断部门自行设置的市场准入壁垒，坚决杜绝民企投资垄断行业的“玻璃门”和“弹簧门”现象。②放宽民营中小企业的注册资本，经营范围核准、投资者出资方式、经营场所限制和企业集团登记等准入条件，以更低成本激发更多创业主体。③完善国有资本有进有退合理流动的机制。继续对省属竞争性领域进行股份制改革，积极吸引民资进入，以现代产权制度为基础，大力发展混合所有制经济，进一步优化国有经济布局和结构调整。④深化国有企业领导人管理体制改革。取消国有企业行政级别和参照的行政待遇，从政治上消除国企和民企不平等政策。

(2)推进要素配置市场化。①积极推进资金要素供给市场化。支持国有商业银行设立中小企业贷款机构,加大对中小企业的信贷支持度。创立专门为中小企业融资服务的中小企业银行,强化民营企业融资服务针对性;大力推动地方商业银行组建和增资扩股改革,鼓励民间资本参与组建或参股;积极推进民间融资合法化,稳步发展各种所有制中小金融企业,建立健全村镇银行、农村资金互助社、社区银行等非银行金融机构;出台放贷人条例,设立更多的小额贷款公司、担保公司和再担保公司,为民营企业融资提供更多的渠道和支持。实行"以税定贷",将企业银行贷款额度与企业缴税金额相挂钩,参照企业前三年纳税额,由税务部门给予企业贷款贴息或银行担保,便于民营企业融资。推动民营企业上市融资,扩大地方债券发行规模,积极争取发行企业债、公司债、金融债、短期融资债、中期票据和中小企业集合债,探索资产证券化试点。创新金融产品服务,积极开展企业知识产权、林权和海域使用权抵押贷款等金融创新试点,扩大中小企业信贷资金规模。②推动土地供给市场化配置。加快推进土地利用总体规划修编,从规划上扩大用地规模;改革工业用地公开出让制度,在积极推进土地出让"招拍挂"的同时,大力开展标准产房建设,拓展小企业用地空间;加快土地整理和开发,积极实施黄土丘陵开发、滩涂围垦、废弃盐碱地整理、旧城改造废弃地复垦等措施,提高折抵指标;完善节约集约用地的激励机制,实行亩产用地考核,鼓励企业在原有用地建设规划中建造多层厂房,提高容积率,并减免相关规费;加大闲置地清理力度,切实解决"圈而不用、圈而它用、圈大小用"的问题,提高土地资源配置效率;根据《物权法》和《土地管理办法》等有关规定,帮助中小企业解决用地历史遗留问题,办好产权证,盘活存量资产;调整土地等级划分范围和标准,适当降低土地使用税标准,特别是要降低有市场前景民营企业的土地使用税收缴标准,促进产业结构优化升级。③完善企业人才社会化服务体系。统一国有、民营企业人才社会保障待遇,取消企业人才档案代理收费事项,设立科学公正的企业人才评价晋升机制。大力实施"浙商回归"工程以及海外高层次人才引进计划,形成浙江民企的人才高地。④推动煤、电、油等要素价格市场化。改革煤、电、油价格形成机制,放松政府对垄断经营产品价格的管制,尽可能发挥市场竞争机制的积极作用。

4.着力强化行业协会(商会)服务职能

(1)加快政府职能转变,落实行业协会(商会)职能。按照"政府扶持中介，中介服务企业"的思路，大力推进行业协会与行政机关人员、机构和财务"三脱钩"，确保协会（商会）的"中立性和公信力"；结合政府职能转变，把政府的一部分技术性、服务性职能委托、强制移交或通过签订协议交给行业协会（商会）来运作；逐步赋予行业协会和商会制定行业规范和标准，企业履行社会责任基本原则，行业规划和资格审查，企业改革与发展指导，法律咨询、市场信息服务等职能。

（2）加快行业协会（商会）培育，加强协会内部制度建设，提升服务质量。要培育发展一批支柱性产业的行业协会，扶持提升一批块状经济领先行业的行业协会，培育发展一批全省性、跨省性的行业协会，培育扶持一批新兴产业的行业协会。加强行业协会的内部选举、决策、监督机制建设，充实行业协会专业人才，规范收费及财务管理，推进行业协会运行绩效评估、行业协会地方立法等。建设共性技术服务平台，电子商务平台，行业信息服务平台，"三反一保"调查应诉服务平台，切实提升行业协会（商会）的代表、协调、服务与自律职能。

（3）理顺行业协会（商会）的管理体制。重视、支持工商联组建各类行业性商会，在确保各行业协会（商会）独立行使职能的前提下，充分发挥在各行业性商会运行中的指导和协调作用。

5.积极引导民营企业建立现代企业制度

（1）提升民营企业家及其员工的综合素质。大力实施企业管理人才素质提升计划、高标准人才培训工程和民营企业家素质提升工程。加快职业经理人培养，引导民营企业家形成现代企业管理和战略经营理念，自觉履行社会责任。

（2）鼓励有条件的民营企业进行产权制度改革，推进民营企业管理制度创新。引导上规模的民营企业通过相互参股、技术入股、高管人员持股等形式进行股份制改造，夯实民营企业产权基础。突破家族制管理的局限性，构建新时代下民营企业的体制机制优势。

（3）实施民营企业组织创新战略。引导和推动民营企业组建战略联盟，充分整合和利用各类优势资源，进一步提高生产经营效率、增强企业技术创新能力或开展多元化经营，构筑民营企业的市场优势和经营优势。

（4）积极推进以企业为主体的自主创新体系。围绕块状经济的产业特点，加快建立面向中小企业的共性科技创新服务平台，促进块状经济向现代产业集群转变。加强对重点企业技术中心的扶持,引导和支持创新要素向企业集聚。积极支持在政府采购、示范化项目、重大装备国产化方面优先购置自主创新产品。使创新成为浙江省民营企业转型升级的自主选择和必然途径。

课题组成员:邓国安　周冠鑫　孙裕增　吴志鹏　李燕娜

执笔人:李燕娜

【点评】

选题切中社会热点,分析问题清晰,提出建议合理。该报告好在提出了新的历史条件下,浙江省民营企业原有的体制机制优势已经弱化,已不能适应时代的要求,作出了必须深化体制机制改革才能再创民营经济发展新优势的判断。其理论贡献在于提出了对民营经济体制机制要进行改革和如何改革的问题。

浙江省副省长金德水作了批示。

积极鼓励和引导民间投资促进浙江省经济持续稳定增长*

浙江省工商业联合会

（2010年5月）

2009年以来，投资成为积极应对国际金融危机、拉动经济企稳回升的最重要力量。在政府一揽子刺激计划所释放的大规模投资拉动下，我国经济率先回升，浙江省经济也成功实现了V型反转。但我们也清醒地认识到，经济回升的主要动力来自于国有投资，民间投资还没有得到有效的启动和跟进。浙江是民营经济大省，民间资本充裕，能否真正有效地全面激活浙江省民间投资关乎全省经济的真正复苏和持续稳定增长。

一、当前浙江省民间投资的基本情况

近年来，随着国际国内形势的不断变化，特别是受国际金融危机的影响，浙江省民营企业遭遇了前所未有的困难，非国有投资在2009年一季度达到了历史低点，为985亿元，同期仅增长2.6%，与2008年一季度11.2%的投资增速相比下滑严重。随后在国有投资的积极拉动和经济复苏的带动下，浙江省民间投资（由于统计口径原因，以下民间投资泛指非国有投资）呈现出逐步回升的态势。全省民间投资逐季增加，至2009年年底，民间投资总额为6265亿元，同比增长10.8%；今年一季度，民间投资增速同比增长了29.6%，增速进一步加快（详见图1）。

但是，无论是与国有投资的横向比较还是与往年民间投资的纵向比较，都显示出当前浙江省民间资本投资仍显不足，投资信心还没有恢复到正常水平，主要表现在：

* 本文获得2010年度浙江省党政系统优秀调研成果三等奖、2011年全国工商联系统优秀调研成果一等奖。

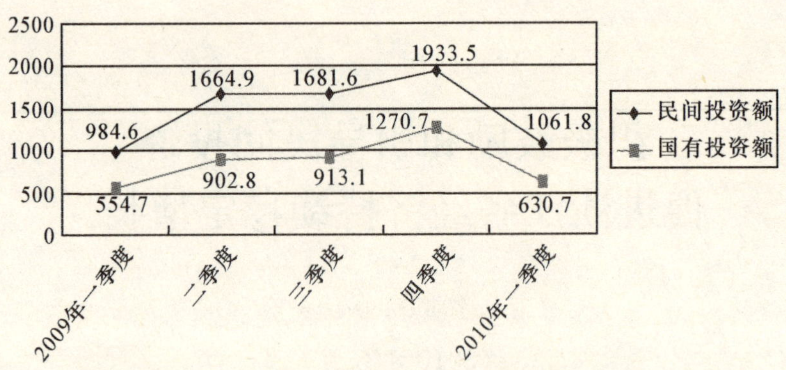

图1　2009年一季度至2010年一季度浙江省国有投资与民间投资趋势对比(单位:亿元)

(一)2009年浙江省民间投资增速低于国有投资,其中制造业尤为明显

2009年全年,浙江省限额以上固定资产投资中,国有及国有控股投资增长25.6%,而民间投资只增长13.7%,其中以民营企业为主的制造业投资仅增长7.4%,特别是一季度仅增长2.6%,大大低于国有投资的增速。从中我们可以看出,在应对金融危机的挑战中,国有投资在经济发展中的重要性日益凸显,国有投资面已经基本覆盖了国民经济的各个领域。除了传统的基础设施领域和公共设施管理业外,房地产等充分竞争领域的国有资本比例也在大幅攀升。相反,浙江省民间资本投资意愿、投资积极性受挫,虽然全年增幅有了明显回升,但还没有恢复到正常水平。

(二)较去年逐季回升的态势相比,2010年一季度民间投资的总量有所下滑

今年一季度,虽然浙江省民间投资增速同比达到32.0%,高于同期国有投资18.3个百分点,但出现这一结果的主要原因还是2009年一季度的民间投资总额基数太低(去年一季度民间投资总额984.6亿元)。如果从规模上看民间投资总额,浙江省2010年一季度为1061.8亿元,与2009年四季度1933.5亿元投资额相比,环比反而下降了近45%。可见,随着世界经济形势的逐步回暖和国家宏观经济持续向好,政府投资规模与效应开始递减,而浙江省民间投资还没能起到很好的“接棒”作用。

(三)浙江省民间投资在房地产领域和资本运作方面的占比过高,影响了实业投资

2009年以来,由于在房地产领域实施了一系列的优惠政策,投资与投机需求大增,房价过快增长。出于资金安全和收益方面的考虑,相当数量的

民间资本从实体经济中流出，转向房地产市场。今年一季度浙江省房地产的投资额占总的民间投资的37.95%，可以说民间投资的增长主要来自房地产业。此外，证券市场投资也是相当一部分民间资本的重要投资渠道。从我们这次调研中许多大型民营企业的资本配比情况看，主业、房地产、证券投资三分天下，而且后两块投资收益相当可观，这进一步限制了民间资本对主业特别是制造业的资金投入。

（四）浙江省民间资本外流的趋势加剧

据不完全统计，目前浙江省外有500多万浙商，境外浙商也达100多万。除了一部分是历史上形成的华人华侨，更多的是改革开放以来走向省外、境外的浙商。近年来，受浙江省土地资源匮乏、劳动力成本和原材料价格上升以及国际贸易壁垒的影响，更多的浙江资本走出省外，走向境外。据统计，至2010年一季度，浙江企业境外投资累计达42.73亿美元，中方新增投资额4.51亿美元，其中民间资本占比90%以上。如台州国强建设集团近期在非洲加纳投资12亿美元开发当地房产，成为浙江省在当地的最大投资项目。一些民营企业还把制造业基地转向中西部地区，利用当地廉价的资源和劳动力，有效提升企业的市场竞争力。产业的梯度转移、资本的外流削弱了省内的投资规模。

（五）民间投资信心仍未恢复

国际金融危机给浙江省企业家特别是近几年发展起来的企业造成了巨大的心理阴影。一些企业遭受了损失，心态还没有调整好，观望情绪比较浓。今年1月，我会对省工商联部分执委企业的问卷调查统计显示，只有13.6%的企业家认为国际经济形势将会较快企稳回升，17.5%的企业家认为国际金融危机影响仍在，可能出现二次下滑；对下一步的出口形势的预测也很不乐观，30.5%的企业家认为2010年我国出口形势依然十分严峻，只有9.1%的企业家认为可能出现明显好转。对经济复苏的前景和出口形势的判断导致民间资本缺乏投资信心，投资行为更加“谨小慎微”。调查显示，有25.7%的民营企业近期没有投资意愿，有14.3%虽然有投资意愿，但选择观望。

二、当前浙江省民间投资乏力的原因分析

影响民间投资的原因是多方面的，实际上这些年来浙江省的限额以上

投资无论从规模还是增速来看，一直在低位徘徊，这是个大背景，民间投资也是如此。从民间资本的自身看，盈利能力下降、国家宏观政策多变、市场准入渠道的不通畅、新兴产业投资回报模式的不确定以及浙商资本的趋利动机过甚，都是影响浙江省民间投资活力的重要原因。

(一)国内外市场预期不乐观，民间投资缺乏效益驱动

投资的目的归根到底是为了盈利，没有良好的盈利预期就不会有民间资本的投入。近期瞬息万变的国内外市场环境以及国际金融危机爆发后经济发展的不确定性，使得民间投资缺乏稳定的收益保障。一方面，国际市场萎缩严重，难以恢复。由于各国采取的经济刺激政策随时可能退出，加之持续较高的失业率和逐渐提升的储蓄率，发达国家的消费能力进一步萎缩；贸易保护主义日渐抬头，除传统的关税壁垒及反倾销调查外，技术壁垒与绿色贸易壁垒不断出现，外贸市场不确定因素增多；人民币的升值的压力更是悬在浙江省外贸型企业头上的利剑。因此对浙江省民间资本来说，外需市场近期难以恢复，即使有所恢复，也难以回到以前的高位。另一方面，短期内拓展内需市场也不容乐观。首先，国内市场本身竞争已经很激烈，原本针对国际市场的大量产品突然涌入，进一步加剧了国内市场竞争；其次，由于我国还缺乏完善的社会保障制度，初次分配不合理，造成国民消费水平不高，消费时瞻前顾后，特别是去年以来房产价格大涨，许多家庭透支祖孙三代的收入和储蓄买房，被巨额债务压得根本不敢消费，导致国家出台的各种刺激内需的政策成效大打折扣。

(二)国家宏观调控政策多变，掣肘着民间资本投资

一个项目从投资到盈利的过程时间跨度大，一些大型项目的投资——回报周期更长，投资成为关乎企业长期发展甚至是生存的战略问题。民间资本往往根据市场需求和资本金大小，参照国家政策导向来制定投资战略。相对稳定的国家宏观经济政策对企业投资战略的顺利实施至关重要；相反则会造成资本无所适从，决策困难，投资风险增大。在我们调研过程中，企业家普遍反映近几年宏观经济政策变化过频过快。2007 年，由于国家实施宽松的货币政策，资本流动性充裕，民间投资信心高涨；2008 年，国家突然收紧了银根，加之下半年国际金融危机影响，民间投资遭受重大损失，甚至一些企业因效益锐减和资金链断裂面临破产的境地；2009 年，国家为刺激经济复苏，重新施行积极的财政政策和宽松的货币政策，放出天量贷款，货币流动性比 2007 年更加充裕；而最近，随着通胀压力的增大，国家又不断地

调高准备金率，利率政策随时可能出台，民间资本又开始担心宏观政策有所调整，在投资行动上显得犹豫谨慎。此外，一些部门出台的政策也影响了民间投资行为。如去年国家发改委出台钢铁、汽车等十大产业振兴计划，但随后又马上将相关产业定为产能过剩而加以限制，使民间投资面临的政策风险大大加强。

(三)行业准入和垄断格局尚未打破，民间投资缺乏新的发展空间

客观地说，2009 年国有企业依靠国家行政垄断及行业垄断的优势，借助国家大量的信贷支持，不但原有垄断地位在加强，而且在充分竞争性领域“攻城略地”，各地频频出现国企地王就是明显的例证，有的专家甚至警言：“2009 年是民营企业失去的一年”。从我们调研看，大多数民营企业对这种态势感到不满，但又很无奈。我会今年 4 月专题对国务院“非公经济 36 条”，浙江省“非公经济 32 条”政策贯彻情况进行调查。我们统计了近 800 家企业的调查问卷。数据显示，有 63.9%的企业认为民间资本进入垄断领域遭遇“玻璃门”现象相当严重和比较严重。近 800 家企业中，已经进入到垄断行业、基础设施领域及公用社会事业领域的企业不到 10%。行政垄断和行业垄断造成的后果就是使民间资本只能在充分竞争领域内打转转，很多利润较为丰厚的领域进不去，民间投资的发展空间受到极大的限制。“非禁即入进不去，有序退让让不出”，这是我国经济体制改革中有关政策落实不到位的集中体现，也是民间资本难以进入高端领域的最大体制性障碍。

(四)融资难问题没有得到有效解决，民间投资缺乏金融支持

金融在民间投资中发挥着重要的杠杆作用，是民间投资的有力保证和推动力量。融资难问题不但是长期以来制约浙江省民营企业发展的主要因素，也是制约浙江省民间投资活力的重要原因。从间接融资看，国有及商业银行对民间投资支持有限。由于银行追求“无风险贷款”，手续繁琐，普遍表现出对民营企业信心不足。据全国工商联调查，截至 2009 年 6 月份，国有商业银行和股份制商业短期贷款中的个体私营企业贷款为 1533 亿元和 1739 亿元，占短期贷款比重分别为 3.47%和 5.23%。中长期贷款中，个体私营企业的贷款比重更少。调查显示，金融系统的实际供给与实体经济的需求存在严重矛盾，绝大多数的金融供给由以国有银行为主的大中型金融机构控制，绝大多数金融资金由国有企业及大中型企业获得，绝大多数小型企业得到的正规金融资金相当少，而小型企业几乎就是民营企业。从直接上市融资看，对民间投资的支持也十分有限。究其原因，主要是门槛过高，

周期过长，显性及隐性成本太大。此外，金融创新不足，国家对诸如公司债、小额贷款公司与村镇银行等控制得比较严，很大程度上也影响了民间投资的社会化融资能力。

（五）政府对战略性新兴产业的配套扶持力度不够，导致在创新领域民间投资积极性受到影响

民间投资不振的一个原因是研发投资意愿低，这是由浙江企业特点决定的。浙江中小企业集群技术溢出快，企业习惯于模仿，整个社会对知识产权保护力度不够，造成大中型企业不愿搞研发投入。近些年来，在省委、省政府调结构、促转型的积极引导下，部分民营企业创新发展、转型升级，民间资本开始关注并投向了以新能源开发、低碳经济为代表的新兴领域。以正泰集团为代表的太阳能薄膜电池已经走向国际市场，以吉利、众泰为代表的电动汽车频频在各地车展上亮相，以万象为代表的车用电池在技术上也有了很大的突破。但是，这些新兴产业的技术成果，距离市场化还有一定的距离。其中主要原因除了技术上还欠成熟外，更主要的是市场化应用推广环节未能跟上。浙江省有些新兴产业的生存状态是“墙内开花墙外香”，如光伏产业大多数还处于给国外提供产品配套阶段，对外依存度过大，产品质量参差不齐，一定程度上造成了恶性竞争。即使像正泰集团，虽然在技术上领先，并具备了一定的系统集成能力，但因与传统能源相比成本过高，其太阳能产业也未能在国内形成真正的市场；浙江省吉利、众泰等民营企业的电动汽车也因为社会上没有配套的充电设施而无法形成有效的市场需求；政府在采购目录中也未能发挥市场应用导向作用。民间创新投资结出的果实，却因为政府配套政策的缺失而不能催生出巨大的市场，创新投资难以形成良性循环，影响到新兴产业的后续研发和投资跟进。

此外，近年来股市、楼市的非理性增长挫伤了民间资本投入实体经济的热忱，进而阻碍了实体经济的健康、持续发展。综观世界，在进入工业化发达阶段后，日本、韩国及我国台湾、香港地区都出现过房地产业和资本市场泡沫，提高了创业商务成本，阻碍了经济结构的转型优化，导致实体经济资本向虚拟经济转移。一旦泡沫破裂将给经济发展造成巨大的冲击，日本曾经经历过的“十年经济迷茫期”，前车之鉴，不可不防。

三、促进浙江省民间投资的建议

当前是应对国际金融危机冲击，保持经济持续稳定回升的关键时期，扩

大民间投资迫在眉睫。要尽快把改革和清理制约民间投资增长的体制性和政策性障碍作为宏观调控的一项重要内容，以形成政府和民间投资共同拉动经济增长的局面。为此，我们建议：

(一)进一步完善、落实促进民间投资的相关政策、法规

国务院目前已经下发了国发〔2010〕13号文件《关于鼓励和引导民间投资健康发展的若干意见》，提出了鼓励民间投资的“新36条”政策。相比五年前的国务院“非公经济36条”，内容更加细化、措施更为明确、操作性更强。可以说，“新36条”为民间投资进一步扫清了制度障碍。建议省委、省政府结合浙江省实际，广泛听取民营企业的声音，征求商会等社会团体的意见建议，咨询有关专家学者，在多方论证的基础上尽快出台鼓励和引导浙江省民间投资健康发展的实施意见，进一步细化相关的政策措施，并督促执行落到实处。省人大要通过立法，尽快出台《浙江省民间投资促进条例》，加强对浙江省民间投资合法权益和地位的保障，保护民间投资、私有资产和经营权益不受侵犯，着力减少对民间投资的行政干涉，使民间资本依法投资，有法保护。政府各有关部门要坚决贯彻国务院“新36条”文件精神，从市场准入、财税政策、社会服务、权益保护、政府职能入手，制定操作实施细则，保证政策执行到位。在关系企业发展的宏观政策方面，建议中央尽可能保持政策的连续性和稳定性，慎用货币政策及行政干预手段，真正发挥市场在资源配置中的基础作用，发挥市场的自我调节能力，为民间投资营造一个公开稳定、平等竞争的政策大环境。

(二)继续刺激需求，以稳定的收益驱动民间投资

能够盈利是启动民间投资的根本动力，企业无利可图，投资就是一句空话。所以，激活民间投资，不能就投资谈投资，必须从如何刺激消费这个层面来考虑。要改变经济长期主要依靠投资拉动的局面，代之以投资和消费双轮驱动的经济增长模式。要不断研究并适时出台长期刺激消费的政策，继续开展汽车、家电下乡等活动，提供更多的能够拉动消费和改善民生的公共产品；帮助企业拓展内需市场，构建浙商名品营销网络，为浙江产品特别是外贸商品回归国内寻找新的市场空间。要努力培养优势产业，挖掘新的优势出口产品，进一步开拓其他境外市场，减少对特定市场的依存度。要进一步加强境外市场信息服务，政府应尽早建立相关信息服务机构，为企业发展对外贸易把舵望风，规范、引导企业积极稳妥地运用期货贸易和其他金融衍生工具，规避国际市场风险，帮助企业积极应对各国贸易保护主义，保护

浙江省企业的合法权益。要尽快改革分配机制特别是初次分配制度，提高劳动报酬，增加工资收入，让老百姓有钱消费。要进一步完善社会保障体系，扩大保障范围，提高保障水平，让老百姓放心消费。

（三）打破行政垄断和行业垄断，切实放开民间投资的准入领域

放宽市场准入，鼓励民间资本进入，不仅会激发民间资本的投资热情，而且可以通过“鲶鱼效应”的竞争机制提高国企的效率和竞争力，实现互利共赢。要切实降低垄断行业的市场准入门槛，破除不合理的进入壁垒。当前要尽快改革和清理制约民间资本准入的政策文件，取消各项不合理的附加条件和限制性要求，对浙江省权限范围内的市场准入限制要坚决破除，对属国家层面的政策和执行障碍，积极向中央及国务院建议加以解决。要通过健全收费补偿机制，实行政府补贴和政府采购，给予信贷支持和用地保障等多种方式，引导民资进入交通电信能源等基础设施、市政公用事业、国防科技工业、保障性住房等领域，参与发展文化、教育、体育、医疗、社会福利等事业。要完善国有资本有进有退合理流动机制，按照“有所为有所不为”的原则，划定国有企业的经营边界，加快国有企业非主业资产的剥离重组，强化国企的社会功能，并为民企腾出发展空间；对部分省属及各级地方政府所属的竞争性行业的国有企业，要鼓励浙江省民营企业通过参股、控股、资产收购等多种方式参与改制重组，构建国企与民企共生共荣、互利双赢的企业生态。

（四）改善金融服务，拓宽融资渠道，为民间投资提供资金支持

进一步推进投融资体制改革，优化金融资源配置，加大对民营企业的资金支持力度，是激活民间投资的有力保障。要提高国有银行以及城市商业银行等金融机构对民营企业的信贷支持力度，特别是增加小企业的贷款比例，扩大贷款规模。要建立适应民营企业发展需求的中小资本市场，积极引入 ABS（资产证券化）融资方式，大力发展证券投资基金、产业投资基金、风险投资基金等公共投资产品，发展股权融资、债券融资等直接融资方式，鼓励民营企业上市融资，支持中小企业发行集合债券，满足民营企业发展过程中的资金需求。要结合产业转型的需要，设立产业投资基金，通过政府资金的杠杆作用，吸收民间资本参与，为企业间兼并重组、新兴产业的发展、民营企业进入垄断行业提供融资支持。要大力发展与民营中小企业相匹配的中小金融机构，放宽对金融机构的股比限制，支持民间资本参与商业银行的增资扩股。地方政府股份应逐步退出，真正实现地方金融机构民营化。要放

宽村镇银行、小额贷款公司、农村资金互助社、典当行等金融机构的准入门槛，增加其数量和资本规模。要加快面向中小企业的信用担保体系建设，依法设立商业性、互助性和政策性等形式的信用担保机构，建立多层次的贷款担保制度，建立健全信用担保体系。要出台中小企业贷款风险补偿、信用担保机构风险补偿等政策措施，加强金融生态环境建设。建议中央尽快出台《放贷人条例》，并将浙江列入试点，为浙江省面广量大的民间资本、地下钱庄转化为产业资本提供合法渠道。

（五）加强研发投入，促进成果应用，引导民间资本投资新兴产业

当前，浙江省正在加快推进经济发展方式的转变，要正确处理“新”与“旧”的关系，在积极提升传统产业的同时，更要大力推动新兴产业的发展。各国发展经验表明，新兴产业的兴起离不开政府的投入和扶持。20 世纪 90 年代，美国政府在 IT 产业研发上大量投入，促进了知识经济的大发展。去年，美国政府投入大量资金用于官办或独立研发机构从事低碳技术与新兴产业技术研发，再低价无偿提供给企业进行产业化的鼓励做法，也值得我们借鉴。浙江省要促进新兴产业的发展，途径也在于此。各级政府要加大基础研究领域的投入力度，特别要在产业共性技术的研究和构建公共技术平台服务上下工夫，以政府的资金投入引导社会研发跟进，引导更多的民间资本投入新兴产业的研发和应用。要积极推进创新基地和科技城建设，加快引进集聚国内外优质科技资源，力争打造一批国际先进、国内一流的科技资源集聚区、技术源头创新区、高新产品孵化区、低碳经济示范区。要支持有实力的大型民营企业参与国家级重大科技计划项目和技术攻关，鼓励民营企业建立各种研发机构，增加研发投入，提高自主创新能力。要扎实做好知识产权制度建设，不断提高知识产权创造、应用和保护能力。要加大高层次科技人才的引进力度，特别要注重以技术带头人为主的研究型团队的引进，并为其营造良好的社会配套环境，如以子女教育为重点的国际化学校建设，符合其需求的居住及家政服务等，使高层次人才引得进、留得住。要尽快出台有利于新兴产业市场化运用的政策措施，进一步完善价格补贴机制，全面落实鼓励企业研发投入的税收优惠政策，推动新兴产业的市场化步伐，使民间资本投资新兴产业不但有良好的发展愿景，更有实在的投资回报。

（六）加强对民间投资的服务和指导，为民间投资营造良好环境

加大民间投资离不开政府的服务和社会的引导。要加强相关机构建设，借鉴欧美国家的成功经验，设立民营企业项目投资促进中心，为民间资

本提供投资咨询服务，完善民间投资的管理决策、项目咨询、行业准入和审核报批等方面的综合性服务，降低民营企业的投资风险。要加强对民间投资的产业政策引导，政府要简化审批程序，适时出台《引导民间资本发展的产业规划和投资目录》，在目录范围内由审批制向备案制过渡。要建立社会化投资服务体系，充分发挥商会、行业协会等自律性组织的作用，积极培育和发展为民间投资提供法律、政策、咨询、财务、金融、技术、管理和市场信息服务的中介组织，以提高民间投资的组织化程度，避免民间投资过程中的无序竞争，保护投资者利益，促进民间投资有序增长。要通过多种形式多种渠道开展素质提升工程，加强对民营企业家的培训，提高投资者整体素质，积极引导民营企业家在经营理念、投资理念上不断创新。要优化舆论环境，进一步加强对优秀民营企业和民营企业家的正面报道，大力宣扬社会主义优秀建设者的先进事迹。即不但要依法保护好投资者的权益，而且要在全社会营造“创业光荣”的良好氛围，以此来提升浙江省民间投资的意愿，激发民间投资的热情，推动浙江省民间投资再上一个新的台阶。

课题组成员：汤为平　邓国安　周冠鑫　张成

执笔人：张成

【点评】

这篇调研报告分析透彻，建议合理，最大亮点在于提出了经济回升的主要动力来自于国有投资，民间投资没有有效启动和跟进的核心观点，为国家和浙江省推进民间投资促进经济发展提供了参考意见。

浙江省省长吕祖善、常务副省长陈敏尔分别作了批示。

该报告收录在《调查·思考·决策——2010年度浙江省党政系统优秀调研成果汇编》，《今日浙江》2010年第13期。

江浙两省民营经济发展情况比较与思考*

浙江省工商业联合会

（2010 年 11 月）

江苏、浙江均是我国民营经济的先发地区，两省民营经济的发展无论对经济社会的贡献还是城乡居民收入的提高都发挥了巨大的作用。江苏省民营经济主要发端于国有和乡镇企业的改制，而浙江民营经济则更多地由“草根经济”发展演变而来。应该说，江浙两省民营经济发展模式有所不同。这两种不同发展模式对各自区域经济产生了怎样的影响？取得了哪些发展成就？有没有规律可循？我会近期对江浙两省民营经济发展情况进行调研，通过两省民营经济发展的优劣对比，探寻两省民营经济发展的内在机制，特别是借鉴江苏发展经验，以此来促进浙江省民营经济又好又快发展。

一、江浙两省民营经济发展指标比较

（一）经济规模总量

2009 年江苏省个私经济实现增加值 13420.1 亿元，同比增长 16.8%，个私经济总量占全省 GDP 的比重达到 39.4%，比上年提高 2.3 个百分点。

去年，浙江省个私经济实现增加值 12557.6 亿元，同比增长 6.4%，增幅比上年减少 9.1 个百分点，增长率低于全省平均 8.9%的增长幅度，占浙江省 GDP 比重达到 55%。

（二）个私经济数量

2009 年年末，江苏省私营企业和个体工商户注册户数累计达 352.60 万户。其中，私营企业 91.16 万家，个体工商户 261.44 万户，分别比上年增长 11.7%和 14.7%。

* 本文获得 2010 年度浙江省党政系统优秀调研成果三等奖、2011 年全国工商联系统优秀调研成果二等奖。

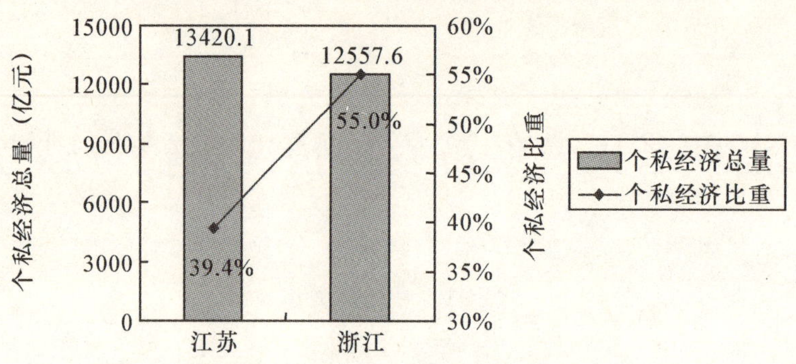

图 1　江浙两省个私经济总量、比重比较

去年，浙江省私营企业和个体工商户数累计达 255.35 万户，同比增长 5.62%。其中，私营企业 56.66 万家，同比增长 9.41%；个体工商户注册户数累计达 198.69 万户，同比增长 4.59%。

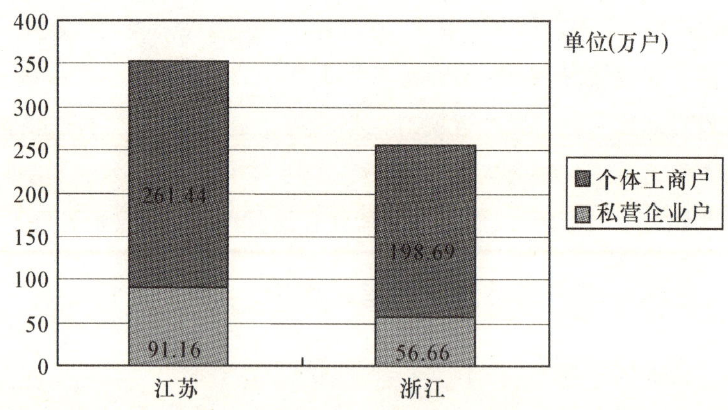

图 2　江浙两省个私经济户数比较

（三）注册资金规模

2009 年，江苏省私营企业和个体工商户注册资本金累计达到 21718.39 亿元。其中，私营企业累计注册资本金 20136.65 亿元，个体工商户累计注册资本金 1581.74 亿元，分别比上年增长 28.1%和 31.3%。私营企业户均注册资金 220.89 万元，个体工商户均注册资金 6.05 万元。

去年，浙江省私营企业和个体工商户注册资本金 13825.71 亿元。其中私营企业注册资本金 12975.71 亿元，个体工商户注册资本金 849.99 亿元，分别比去年同期增长 19.96%和 14.99%。私营企业户均注册资金 229.01 万元，个体工商户均注册资金 4.28 万元。

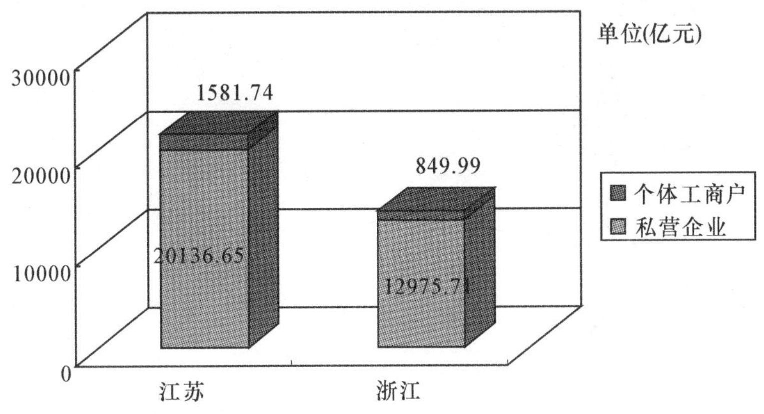

图 3　江浙两省个私经济注册资金比较

（四）对外开放水平

2009 年，江苏省出口总额 1992.4 亿美元，同比下降 16.3%。其中，私营企业出口 311.8 亿元，占全省出口总额 15.6%，外商投资企业出口 1466.4亿美元，占出口总额 73.6%。全省有进出口实绩的民营企业 17366 家，比上年增加 2307 家；全省累计批准设立的民营外资项目 8966 个，实际到账外资 253.2 亿美元，项目平均规模达到 1289.2 万美元。全年累计批准境外投资项目 332 个，协议投资额达到 10.63 亿美元，比上年增长 67.6%。其中，新批民营企业境外投资项目 200 个，同比增长 44.9%，境外投资千万美元以上的项目 20 个，占全省企业对外投资千万以上项目总数的 76.9%。

去年，浙江省出口总额 1330 亿美元，同比下降 13.8%。其中，私营企业累计出口 732.3 亿美元，同比下降 8.6%，小于同期全省外贸出口总体降幅 5.2 个百分点，占同期全省出口总值的 55.1%。全省共有 2.7 万家民营企业经营外贸出口，占全省出口企业总数 74.6%。全年新批外商直接投资项目 1738 个，比上年减少 120 个。实际到位外资 99 亿美元，比上年下降 1.3%。批准境外企业和机构共计 475 家，总投资 13 亿美元，同比增长45.7%。

（五）吸纳就业情况

2009 年，江苏省私营企业和个体工商户全年累计就业人数 1776.52 万人，比上年年底增加 145 万人，增长 8.9%，已成为就业的重要渠道。其中，私营企业从业人数 1367.66 万人，比上年年底增加 80.42 万人，增长6.3%，投资者 167.17 万人，雇工 1200.49 万人，私营企业户均从业人员 15 人。个体工商户从业人数为 408.86 万人，比上年年底增加 64.25 万人，增长 18.6%，户均带动就业 1.56 人。

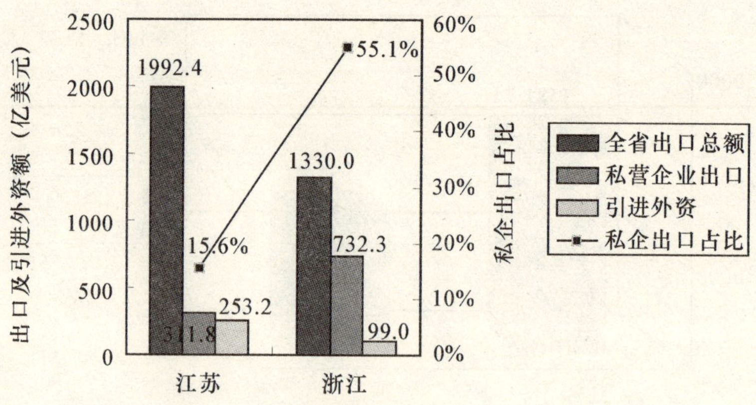

图4　江浙两省私营企业出口、引进外资比较

去年，浙江省私营企业和个体工商户从业人员1227.98万人，比上年增加73.86万人，同比增长6.4%，成为吸纳就业特别是新增就业的主渠道。其中，私营企业从业人数798.49万，同比增长5.41%，投资者117.36万人，雇工681.12万人，私营企业户均从业人员14人；个体工商户从业人数429.49万，比上年增加32.88万人，同比增长8.29%，户均带动就业2.16人。

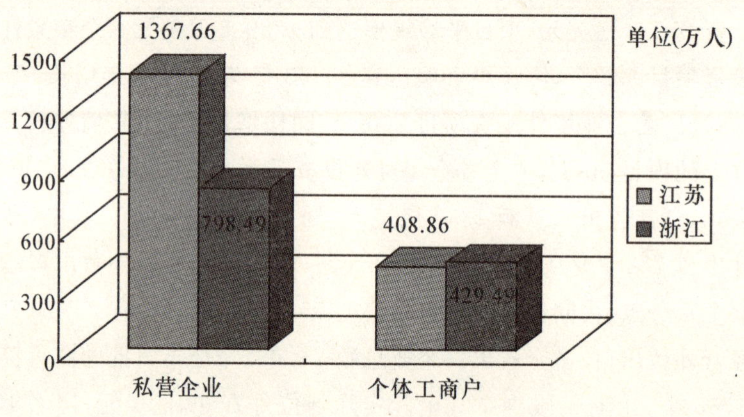

图5　江浙两省个私经济就业情况比较

（六）民间投资情况

2009年，江苏省民间投资总额达到11746.2亿元，同比增长26.9%，占全社会投资比重达62.6%，比上年提高1.1个百分点。从投资的行业分布看，制造业、房地产业、批发和零售业、水利环境和公共设施管理业、电力燃气及水的生产和供应业等行业的民间投资共计占到全部民间投资的90%以上。从分行业的投资结构看，在批发和零售业、住宿和餐饮业、房地产业、

建筑业、制造业、租赁和商务服务业、农林牧渔业等行业，民间投资已经占据投资的主导地位。

2009年，浙江省民间投资总额5300亿元，同比增长13.71%，占全社会投资总额的53.5%。在新开工项目投资中，民间投资增长36.8%。从固定资产投资结构来看，呈现"两头高、中间低"的增长态势，对房地产开发投资和基础设施投资增长较快，制造业投资相对滞后。全省限额以上基础设施投资2893亿元，增长21.9%；而全年限额以上制造业投资3656亿元，增长仅7.4%。

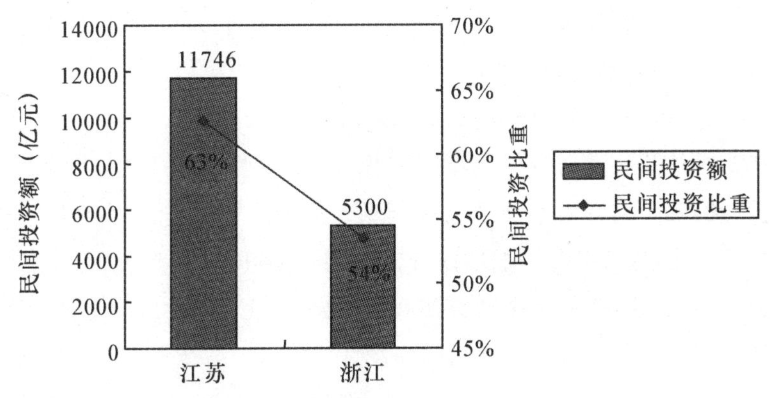

图6　江浙两省民间投资水平比较

二、江苏省民营经济发展的比较优势

江苏是我国改革开放的前沿地区，是民营经济较为发达的省份之一。长期以来，江苏高度重视民营经济发展，出台了一系列支持和鼓励民营经济发展的政策措施。自1997年以来，江苏省委、省政府已先后四次召开了全省民营经济大会，对民营经济发展进行持续推动。2006年，在全国率先出台地方法规《江苏省中小企业促进条例》。2010年1月，江苏省在全国率先制定了《"十二五"加快江苏省民营经济发展的总体思路》，明确提出"十二五"期间民营经济发展战略、发展目标和发展举措。江苏在培育大企业、大产业方面政策优、投入大，一批规模较大的旗舰型民营企业集团脱颖而出。在党委、政府强有力的推动和引导下，江苏民营经济形成了一些比较优势。

（一）新兴产业发展已经在全国取得先发优势

在全球新一轮技术革命和产业革命的紧迫形势下，江苏提前布局，积极谋划，新兴产业发展已经初具规模优势。2009年，江苏战略性新兴产业逆势上扬，规模达 1.5 万亿元，成为经济增长的突出亮点。六大新兴产业占全部工业销售收入比例达到 21%，其中新能源、新医药、新材料、环保产业产值分别以 66%、30%、22%和 21%的增速令人刮目相看。今年 1 至 6 月，江苏新兴产业产值突破 1 万亿元。江苏省各级政府重视新兴产业的培育发展，推进民营企业逐步占领产业制高点。相比江苏，浙江省传统产业升级比较缓慢，产业结构仍以轻工业为主。虽然近年来浙江省在新能源、新材料、信息服务等新兴产业和领域得到快速发展，但高新技术产业发展规模总体偏小，2009 年浙江省高新技术产业产值为 9000 亿元，远低于同期江苏 21987 亿元的水平。浙江省新兴产业发展速度相对缓慢，自主创新能力偏弱，使经济发展后劲受到制约。

（二）利用外资的规模和水平处于全国首位

江苏对外开放度高，特别是高水平外资的引进促进了本土民营企业发展质量的提升。2009 年江苏省实际利用外资 253.2 亿美元，占全国引进外资总量近三成，连续 7 年位居国内首位，比上年增长 0.8%。全年新批外商投资企业 4219 家，新批及净增资 3000 万美元以上企业 434 家。今年江苏着力提高利用外资质量，引导外资投向现代服务业、高新技术产业等新兴产业，引导外资参与江苏省企业改组改造，引导外资向苏中、苏北转移。近年来，江苏利用外资逐步实现了从制造业到服务业、从苏南到苏中和苏北的纵深发展，形成了全方位、多层次、宽领域的对外开放格局。外资的引进，产生了“鲶鱼效应”，对江苏本土民营经济的发展理念、管理创新、人才和技术的引进都发挥了积极的影响。相比江苏，浙江省“三外”工作很不平衡，外贸出口“块头”很大，但利用外资却是块“短板”。这些年，浙江省利用外资存在技术含量不高，投资规模普遍偏小，有影响的项目不多等问题。在引进外资总量上，2009 年浙江省实际到位外资 99 亿美元，约为江苏的 39%。

（三）科技人才优势比较明显

江苏省民营经济发展后劲足的背后，得益于江苏高起点、大手笔的“人才战略”。早在 2006 年，江苏即在全国率先设立“高层次创业创新人才引进计划”。无锡市于当年推出了用 5 年时间引进不少于 30 名“领军型海外留学归国创业人才”的“530 计划”。据江苏省介绍，上一轮发展开放型经济，核心是“招商引资”，人才跟着项目走；新一轮发展创新型经济，核心是“招才引智”，一个人才带动一个团队，一个团队带动一个产业。据不完全统计，过去 3 年多来，江苏各地通过团队引进、核心人才带动引进、高新技术项目开发引进等方式，业已资助引进创业创新领军型人才3600多名，组建创新团队550多个，其中61人入选国家“千人计划”。这些人才80%来自海外，70%拥有自主知识产权成果，大多分布在江苏重点发展的新能源、新材料等新兴产业。另外，江苏省高校及科研院所云集，省内有大专以上高校122所，为江苏民营经济发展培养了大量各类专业人才。省内培养和省外海外引进人才为江苏民营经济创新发展提供了人才支撑。相比江苏，由于历史原因，浙江省名校大所不多，基础较弱。尽管近年来浙江省在引进科研院所及人才队伍建设上力度很大，如引进浙江清华长三角研究院、中科院材料技术与工程研究所等大院名校，但与江苏科研院所及高等院校的数量和水平还有一定差距。

（四）土地资源禀赋为民营经济发展提供了新的空间

江苏省行政区划面积与浙江省相当，但平原面积约占70%，土地等自然资源禀赋优势为民营经济发展提供了广阔的地理空间。江苏省自2001年成立苏北办以来，在协调区域发展方面推出了不少好的举措，对近十年来苏北地区经济社会快速发展起到重要推手作用。在当前土地、劳动力、环保等要素制约下，苏北广阔的地理空间为承接包括苏南地区在内的长三角较为发达地区的产业转移提供了可能。相比江苏，尽管行政区域面积相当，但浙江省地理特征可以概括为“七山一水二分田”，平原面积约占20%。特别是欠发达地区多为山区和海岛，土地、环境要素制约比平原地区还要突出，因而承接产业转移的空间十分有限，浙江省很多传统产业只能转移到周边省份或中西部地区。据江苏省苏北办介绍，浙商投资江苏一半在苏北。

三、浙江省民营经济发展的比较优势

民营经济是浙江的特色和优势所在。改革开放30年来，浙江民营经济从“草根”起步，相继抓住了20世纪80年代“商品短缺”的市场机遇，使90年代市场经济体制确立后，国有经济体制改革的机遇，以及21世纪初我国加入世贸组织后，外贸出口迅速增长的历史机遇，使浙江民营经济取得了巨大的发展成就。一直以来，省委、省政府高度重视民营经济的发展，在行政管理体制改革，市场准入，土地、资金等要素供给，国内外市场拓展，品牌战略等方面出台了一系列政策措施，为民营经济发展营造了良好的环境，创造了国内独具特色的“浙江模式”，产生了国内外具有广泛影响的浙商群体，形成了浙江省民营经济的比较优势。

(一)民营经济发展使浙江"富民程度"居全国各省区首位

2009年,浙江省城镇居民人均可支配收入24611元,农村居民人均纯收入10007元,城镇居民人均可支配收入连续9年、农村居民人均纯收入连续25年蝉联全国各省区第一。与江苏相比,2003年浙江省城镇居民家庭人均可支配收入、农村居民家庭人均纯收入分别高出江苏3917元和1149.7元,2009年浙江省城镇居民家庭人均可支配收入、农村居民家庭人均纯收入分别高出江苏4059.1元和2003.8元。2003—2009年,尽管江苏人均GDP与浙江省差距在缩小,但其城镇居民家庭可支配收入和农村居民家庭人均纯收入与浙江省的差距却在扩大。究其原因,主要在于创业观念和创业氛围早已在浙江人民中形成。尽管浙江民营企业总数不及江苏,但万人拥有法人单位数量高居全国各省区之首。劳动报酬和创业利润成为改善浙江人均收入水平的重要因素,也造就了浙江"自主创业、藏富于民"的发展模式。而江苏城乡居民普遍以就业为生存方式,劳动报酬成为主要收入来源,很少有创业利润的收入来源。另外,由于江苏外资企业多,其产生的利润多归外商所有,而当地员工分享利润份额较小,这是江苏人均GDP与浙江省差距不大,但收入水平差距加大的又一重要原因。

(二)现代服务业成为浙江经济增长的重要推动力量

2009年,浙江省第三产业比重为43%,高出江苏第三产业比重3.5个百分点,服务业增加值达到9827亿元,居全国第四位。"十一五"期间,浙江省服务业增加值年均增长14.3%,比同期GDP增速高出2.4个百分点。浙江在消费品产业集群培育和发展方面,充分利用我国巨大的消费市场,开创了"小商品、大市场"的经济发展模式。2009年,商品市场成交总额9793亿元,连续17年列全国第一。近年来,现代服务业成为浙江省经济新的增长点。电子商务产业蓬勃发展,全国行业电子商务网站100强中,浙江占54席。物流业发展得到大力推进,产生了传化物流中心、义乌国际物流中心等知名物流企业,浙江成为全国交通物流发展试验先行区。文化影视产业是浙江省近年快速发展又一新兴领域。杭州国家动画产业基地动画制片量居全国之首,横店影视城已成为国内最大的影视实景拍摄基地。金融业增加值达到1918亿元,"十一五"以来年均增速达到32%,存贷款增速均居全国第一。相比而言,由于江苏主要从制造业起步,中心城市的集聚和辐射功能不突出,区域发展不平衡,而且城乡居民收入水平低于浙江省,平均消费能力也不及浙江省,所以现代服务业和商贸流通业发展不足。

（三）区域协调、城乡统筹的均衡发展模式取得明显成效

浙江省区域协调发展情况较好。比较 2009 年江浙两省各地级市人均国内生产总值，我们发现，浙江 11 个市人均 GDP 的标准差为 15030；而江苏 13 个市人均 GDP 标准差为 30239。浙江省各市人均 GDP 的标准差低于江苏，说明浙江省区域发展相对比较均衡。浙江省城乡协调发展情况也好于江苏。2003 年江苏城乡居民家庭人均可支配（纯）收入之比是2.185∶1，2009 年扩大到 2.568∶1；而浙江城乡居民家庭人均可支配（纯）收入差距保持稳定，2003 年浙江省城乡居民家庭人均可支配（纯）收入之比是 2.4456∶1，2009 年也只有 2.4593∶1。尽管近几年江苏农村居民家庭人均纯收入增长较快，但城乡居民家庭人均可支配（纯）收入差距仍呈扩大趋势。

在浙江区域和城乡协调发展实绩的背后，是各级政府放手发展民营经济的结果。民营经济的快速发展带动了浙江全民创业的热潮，催生了浙江企业家的成长，也促成了浙江人财富的增长。据统计，浙江大约平均 20 人中有一个企业老板，接近西方发达国家的企业形成水平。

（四）民营经济发展产生了具有广泛影响的浙商群体和充裕的民间资本

浙江各级党委、政府正确认识到了“浙江经济”和“浙江人经济”的关系，把在外浙商与浙江经济更加紧密地联结起来，促进在外浙商更好地为发展浙江服务。妥善处理了“走出去”与“引进来”的关系，既为浙商走出去发展搭桥铺路，又为在外浙商的回归发展搭建平台，创造良好的投资环境和创业环境。据全国 29 个省级浙江商会（除西藏外）不完全统计，目前浙江在全国各地经商办企业的人员约 600 万，创办各类企业 26 万家、各类专业市场 2000 多个。省外浙江人在全国投资总规模超过 3 万亿元。浙江省民营企业走出去的步伐在加快，新批的外经项目无论是项目数量和投资规模均超过江苏水平。有学者总结，浙江是我国唯一“GNP＞GDP”（即国民生产总值大于国内生产总值）的省份，形成了“省外浙江人经济”这一特殊经济现象。省外浙商虽然短期会使一部分资金和项目外流，但在国内国际一体化的大开放格局下，如果政策引导得当，这是未来浙江发展本土经济国内任何省份都无法比拟的一支重要建设力量。

四、江浙两省民营经济发展情况比较引发的思考

受国际金融危机的影响和冲击，国际国内经济发展格局发生了深刻的变化。特别是国内新一轮区域经济竞争中，都将经济转型升级作为突破口，

这当中包括政府的转型、产业的转型以及企业的转型。通过江浙两省民营经济发展的优劣对比，有一些问题值得我们反思和思考。

（一）管理经济方式与体制机制创新的问题

浙江省民营经济在起步时，各级政府营造了宽松的发展环境，民营经济利用体制优势和市场先发优势得以快速发展。但是，在金融危机、转型升级以及新一轮区域竞争背景下，浙江省体制优势正在弱化。如何深化体制机制改革，削除制约民营经济发展的体制性障碍，再创民营经济发展新优势，这是浙江省当前面临的重大课题。著名经济学家吴敬琏就我国工业化道路选择的问题，提出“需要建立一个有利于技术进步和效率提高的体制，而这个体制建立的关键又在于政府自身的改革，即政府能从为自己带来权力和利益的资源配置领域退出，让位于市场”。实际上，浙江民营经济的充分发展正是得益于市场机制作用的发挥。同样，现在有些困境的产生，根源还是市场机制不完善，在某些地方和领域还存在向旧体制回归的倾向。当前，浙江省要以贯彻落实国务院“民间投资 36 条”为契机，思想要更解放一些，体制机制创新力度更大一些，给民营经济提供一个更广阔更自由的发展平台。要继续深化行政管理体制改革，构建良好的公共服务体系。坚持省管县等体制改革中好的方面，继续向中心镇下放行政权限，发挥好地方政府的主观能动性。要切实改革投融资体制，削除民资准入门槛，给民间资本平等的市场竞争机会。要大力发展经济类社会化中介服务组织，各类行业协会、商会不仅要同政府部门脱钩，而且政府部门应该赋予它们一定的行业管理权限，使其既能有序地引导行业的发展，又能发挥好政府在管理经济中的助手作用，使政府真正从微观主体的管理中释放出来，集中精力行使好“经济调节、市场监管、社会管理、公共服务”的政府本位职能。浙江以往在体制改革上步子迈得很大，下一轮民营经济要取得快速发展，首要的还需在体制改革中率先行动，构建有利于经济发展的最佳制度环境。

（二）传统产业升级与新兴产业发展的问题

浙江省民营经济特别是在传统产业、外贸经济上具有一定的比较优势，但是市场取向过于单一、产品产业层次低等的企业在国际金融危机袭来时显得比较被动。一些传统企业无力转、无心转、无处转的情况还比较突出，转型升级的方向还不明确，现实路径也不明朗。“十二五”时期浙江省要处理好传统产业和新兴产业的发展问题。在一段时期内，传统产业仍是浙江省的优势，关键要通过产品升级、技术升级、市场升级、企业升级等方式提高竞争力。但从长远看，还是要在新兴产业发展上谋篇布局。江苏得益于5年前提前发展新兴产业，已取得明显成效。目前，浙江省已经起草了《关于浙江省战略性新兴产业重点领域的建议》，明确生物产业、物联网产业、新能源产业、节能环保产业、高端装备制造业、海洋新兴产业、新材料产业、新能源汽车产业、核电关联产业等九大重点领域。这九大产业，一方面要紧盯不放，持续推进。另一方面，也要分清主次，有重点地扶持，避免地区之间的同质化竞争。要有重点地发展浙江省已具有产业基础、资源优势的新兴产业，如海洋新兴产业、电动汽车、新能源、生物医药等。特别是海洋经济，要利用好上升为国家战略的历史性机遇，充分利用浙江省丰富的港、涂、海、景、油等海洋资源，进一步拓展发展空间，大力发展港口基础设施、船舶制造、海洋运输、海洋渔业、海洋医药、海洋旅游等。在新兴产业发展问题上，不仅要把产业发展好，而且要把新兴产业市场化应用环境构建好，以市场化推广应用来促进新兴产业的可持续发展。反过来，又以新兴产业发展促进市场的培育和壮大。不仅要发挥央企、外企在新兴产业项目上的带动作用，更要发挥好浙江省民营企业在新兴产业发展中的主力军作用，各级政府要大力鼓励和支持民营企业参与新兴产业的建设。

（三）民间资本和地方金融创新的问题

民间资本充裕是浙江省有别于其他省区的重要优势。国内金融、产业界对浙江民间资本的高关注度，也从一个侧面反映出浙江省民间资本的全国地位。但浙江资本处于游资形态的较多，逐利性过强，产业坚守度不够，大多热衷于房地产、矿产资源、农副产品等的炒作，有些投资行为游走在违法的边缘，在全国产生了一定负面影响。如何将浙江省民间资本变分散为集中、变投机为投资、变非法为合法，这是我们需要重视和思考的问题。在市场经济条件下，我们认为要解决民间资本的出路问题，很重要的一个载体就是金融。浙江应该着力于通过金融创新提高民间资本的组织化程度，使大量分散的民间资本沉淀下来，进而发挥金融功能为民间资本找到投资实体经济的渠道。与上海国际金融中心错位发展，打造全国性中小企业金融服务中心，使浙江不仅成为一般商品输出地，而且要成为资本的集聚地和输出地。一方面，浙江要大力发展地方性银行金融机构，支持民间资本参与商业银行的增资扩股；另一方面，要大力发展非银行性金融机构，包括放宽担保公司、农村资金互助社、典当行等非金融机构的准入门槛，继续推进小额贷款公司试点改革，鼓励向村镇银行转制。结合产业转型的需要，设立各种产业投资基金、股权投资基金，为企业间兼并重组、新兴产业的发展、民营企业进入资本市场提供融资支持。积极建议中央尽快出台《放贷人条例》，并将浙江列入试点，为浙江省面广量大的民间资本、地下钱庄转化为产业资本提供合法渠道。

（四）“四大建设”与中小企业发展的问题

总体来看，浙江省企业生态群以中小企业为主，缺乏大平台的支撑，缺乏大项目的支持，缺乏大产业的配套，缺乏大企业的龙头带动作用。这是浙江的实际，也是和江苏的差距所在。省委、省政府审时度势，提出了“四大建设”的发展构想，以此提升浙江省经济综合竞争力，这符合未来浙江省经济发展的方向。据了解，浙江省“四大建设”进展比较顺利。《浙江省产业集聚区发展总体规划》已审核通过。地方政府对产业集聚区建设热情空前高涨。但在这种高涨热情的背后，我们又不免有些担心：产业集聚区的产业定位是否清晰？会不会出现新一轮造城运动的冲动？会不会出现现有大企业项目在空间上的简单腾挪？会不会影响到中小企业的发展信心和空间？从江苏调研情况来看，江苏经济的腾飞和该省在园区经济上的高起点规划、高标准建设、严格的园区准入政策是密不可分的。江苏的园区建设是浙江省“四大建设”的学习样板。我们认为，虽然省里规划了 14 个产业集聚区，但在发展过程中还是要有所侧重，重点发展杭州、宁波等产业集聚区，以发挥示范和带动作用。虽然园区建设以新建开发模式为主，但还是要结合现有经济开发区的整合和提升。虽然产业集聚区规划中已对一些产业进行布局，但在产业定位上还是要以发展新兴产业为主，并且各园区之间在主导产业上要实行差异化发展。虽然产业集聚区在项目引进上以大项目为主，但仍不能忽视中小企业的发展空间，应该在产业集聚区建设中适当规划一些创业园区、标准厂房、科技孵化园区，以扶持中小企业特别是初创型企业的发展，真正体现省委提出的“创业富民、创新强省”的总战略。

课题组成员：邓国安 周冠鑫 景柏春

执笔人：景柏春

【点评】

这份调研报告分析比较系统、深入，有针对性、建设性，抓住了浙江省经济发展中的民间投资、管理体制、金融创新、产业平台等问题，分析了江浙两省民营经济发展状况和趋势，进行了深入的比较和思考。

浙江省省委书记赵洪祝、常务副省长陈敏尔、副省长金德水分别作了批示。

该报告收录在由研究出版社出版的《调查·思考·决策——2010年度浙江省党政系统优秀调研成果汇编》、由浙江教育出版社出版的《浙江区域发展研究报告(2011)》以及《政策瞭望》2010年第12期。

浙江工业小企业发展状况的调查与思考*

浙江省工商业联合会

(2011年4月)

量大面广的工业小企业是浙江经济社会发展的生力军，支撑起了浙江作为民营经济大省的半壁江山。从2010年浙江工业小企业在全省工业经济的各项指标占比来看，其产值占49%，就业占60%，税收占39%，出口交货值占44%，科技活动经费占36%。

一、2010年浙江工业小企业发展基本情况

从几个主要经济指标看，去年全省小企业经营状况总体良好，这主要得益于各级党委、政府应对金融危机的一系列卓有成效的政策措施，还得益于国际经济形势的好转，特别是外需市场的复苏。

(一)经济运行质量进一步提高

2010年，全省小企业实现利税总额1923.1亿元，同比增长49.6%，高于全省规模以上工业利税增幅12.1个百分点；实现利润总额1224.0亿元，同比增长63.9%，高于全省规模以上工业利润增幅16.6个百分点，比2009年同期提高27.5个百分点；小企业亏损额同比下降21.4%，企业亏损面为10.14%，分别比前三季度企业亏损面低12.4、6.9和3.5个百分点。

(二)产销增速同步高位增长

2010年全省小企业实现总产值25336.0亿元，占全省规模以上工业的49.0%，同比增长36.1%，高于大型企业工业总产值增幅8.5个百分点，比2009年同期提高30.2个百分点。2010年小企业实现销售产值24585.9亿元，占全省规模以上工业的48.8%，同比增长35.9%，高于大型企业工业销

* 本文获得2011年度浙江省党政系统优秀调研成果三等奖。本文所指工业小企业是指年销售额500万—3000万元的工业小企业，以下简称小企业。

售产值增幅9.3个百分点,比2009年同期提高30.0个百分点。全省小企业产销率为97.04%,分别高于三季度和上半年0.25个和0.26个百分点。

(三)出口占比降幅开始收窄

2010年全省小企业实现出口产品交货值4719.5亿元,同比增长31.8%,比2009年同期提高36.5个百分点。从历史数据看,自2007年以来,浙江省出口交货值占工业销售产值的比重在持续下降。但从2009年的情况看,尽管出口比重仍在下降,但下降的幅度开始收窄,出口同比增幅与销售产值增幅的差距从一季度的10.6个百分点,缩小到上半年的3.8个百分点,再缩小到年底的3.2个百分点。

(四)主导产业保持快速增长

2010年全省资源类行业、机械制造业、电子业三大板块继续领涨其他行业。三大行业主营业务收入同比增幅均超过30%。相比而言,小企业相对集中的传统行业的涨幅较小,多数传统行业主营业务收入同比增幅小于25%,但传统产业的增幅呈逐季走高的趋势,与领先行业的差距在日益缩小。

二、浙江工业小企业发展存在的问题

2008年国际金融危机时浙江省小企业的困难主要是外需市场萎缩造成的,当前的困难更是多重因素累积的结果。今年年初以来,受各种原材料成本上涨、劳动力成本提高、用电用地等要素制约,特别是随着通胀预期的增强,央行货币政策开始收紧,当前浙江小企业处境艰难,企业家信心不足。如果经济政策持续收紧,要素叠加效应持续显现,浙江省小企业将陷入继2008年国际金融危机以来的又一轮发展困境。

(一)当前浙江工业小企业发展中出现的新问题

1.融资问题极为突出

从我们这次调研看,全程下来反映最突出的就是资金问题。现在小企业手上有订单,但就是贷不到款。有的即使贷到款,银行往往对小企业实行基准利率上浮30%~50%的政策,加上存款回报、搭购相关理财产品、支付财务中介费用等,实际的贷款成本接近银行基准利率的两倍。多数小企业反映贷不到款,只能向民间借贷,年利息15%~20%,甚至有些短期融资年利息高达50%~60%,小型微利企业很难支撑过高的融资成本。

2.用工环境日趋恶化

首先表现在招工难,小企业特别是劳动密集型小企业平均缺口在

15%~20%,部分企业用工缺口达50%。其次表现在用工难,企业反映新生代民工普遍缺乏上一代吃苦耐劳的劳动者本色,现在员工不讲诚信随意跳槽的现象比较多。一些媒体的舆论导向使得有些民工片面讲究工资待遇而等待招工,更加剧了企业劳动力紧张局面。三是成本高,浙江省企业用工成本较去年平均提高15%~20%,"刘易斯拐点"或在浙江提前到来。

3.资源要素制约加剧

随着土地资源日益紧缺,各工业园区在有限的土地指标上供应上设置了较高的准入门槛,同时又缺乏小企业的供地模式,导致小企业根本拿不到土地。另外,用电紧张是今年以来小企业碰到的一个普遍问题,许多地方一周只能"开五停二"。一方面没有预告的拉电使企业直接受损,有企业反映拉一次电企业要损失10多万;另一方面拉电后,企业为了赶订单不得不自己购买发电机发电,自发电给企业带来生产成本的大幅度提高,市场竞争力大大削弱。

4.税费负担有所反弹

2008年金融危机后,各级政府出台了一些减轻税费的政策,使浙江省中小企业得到了一些优惠,但现在有的政策已经恢复执行。这次我们调查了近500家小企业的税赋情况,小企业纳税额和缴纳的各种行政事业性收费总额基本相当,但涉及的税种和费用种类2010年都比2009年在数量上有所上升(2009年涉税种类平均7.6项,2010年为8项;2009年涉费种类平均7项,2010年为10.5项)。另据绍兴一家纺织企业反映:一件报价75元的衣服,面料和辅料成本约为50元,加工费25元。在这25元加工费中,需缴纳国税3.63元,地方教育附加费0.44元,水利基金0.02元,社保费用2.77元,总的税费6.86元,这样实际税费负担达到27.44%。

(二)浙江工业小企业发展存在的深层次问题

除了当前主要问题外,浙江小企业还面临着融资结构问题、企业结构问题、产业结构问题、市场结构问题、技术结构问题、人才结构问题等六大长期性、素质性问题。

1.融资结构问题

突出表现为现有的金融体制与小企业融资需求不对等的矛盾。我国现有的金融资源主要集中在几家国有商业银行,由于银行本身的逐利行为,大型金融机构往往主要服务于政府性项目、国有企业以及大型民营企业。而小企业由于贷款数额少、财务制度不健全、单笔融资成本高以及不确定性风险，国有商业银行的资金供给几乎覆盖不到这个层面。而反之，专门服务小企业的金融机构又普遍缺乏。地方资本市场和区域性金融体系尚未建立。股权交易市场还没有建立，小企业资产证券化尚未推行。产权交易市场还没有发育成熟，创业风险投资还不够活跃。小额贷款公司和村镇银行还处在试点阶段。担保制度建设滞后，担保方式单一，再担保环节缺失。现有金融体制安排根本难以解决小企业的融资需求。

2. 企业结构问题

突出表现为小企业数量多与组织化程度低的矛盾。2010 年浙江省规模以上工业企业中，大企业 185 家，中型企业 4121 家，小企业 59152 家。此外，规模以下工业企业有 14.9 万家，个体工业户 69.0 万家。因此，浙江省大企业数量偏少，中型企业不多，微小企业居多。从组织形式看，浙江省企业组织形式以私营企业为主，有限责任公司不多，股份有限公司偏少。2010 年浙江省私营企业有 45022 家，占 71.2%；有限责任公司有 6334 家，仅占 10.0%；股份有限公司仅占 0.9%。一方面，小企业量大面广；另一方面，小企业抱团发展的组织化程度又很低。受税收、土地制度的影响，小企业兼并重组积极性不高。行业协会、商会往往对小企业指导帮助不够，使许多小企业处于“自生自灭”状态。

3. 产业结构问题

突出表现为产业路径依赖与转型升级的矛盾。从全国比较来看，浙江前五大产业为纺织业、电气机械、普通机械、交通设备、电子通信，其劳动生产率远远低于全国前五大产业。从制造业生产环节看，以低附加值的加工制造为主，品牌与研发相对薄弱。浙江省制造业人均附加值为 76052 元/年，低于全国约 25000 元/年。2010 年浙江省制造业平均工资为 27957.5 元，明显低于上海和江苏。总体上看，在制造业中，浙江省附加值比较高的产业增加值比重约为 59%，全国为 76%，浙江比全国低 17 个百分点。浙江省低附加值的产业主要集中在小企业这个群体，现在许多小企业在转型升级方面一直处于“无心转、无力转、无处转”的境地。

4. 市场结构问题

突出表现为小企业外贸依存度大与外贸产品单一、市场单一的矛盾。2010 年，浙江省外贸依存度为 63.0%，比 2009 年上升了 7.1 个百分点，大量小企业除了为大企业配套生产外，其中很大一块市场依赖于外需。浙江的出口以劳动密集型工业产品为主，2010 年出口排名前二位的产品服装及衣着附件、纺织纱线织物及制品占出口总额的27.6%，机电产品加纺织服装的出口比重达到了71.4%。出口主要以发达国家为主。2009年浙江省出口比重最高的四个国家为美国、德国、日本、意大利，占总出口额的32.6%。从出口区域看，面向亚洲出口占32.1%，欧洲占31.7%，北美洲占18.8%，三者合计共占82.6%。外贸产品和市场的单一，使浙江省小企业对外贸易的抗风险能力较弱。这也是为什么一旦外需市场波动，浙江小企业往往最受“伤害”的原因之一。

5.技术结构问题

突出表现为小企业自主创新能力弱与公共服务平台不足的矛盾。据调查，80%的小企业没有进行新产品开发，产品更新周期2年以上的占55%左右。并且，小企业的国家级、省级新产品产值占工业总产值的比重仅为7.3%，比大型企业低12.4个百分点。新产品产值率也仅为9.5%，分别低于上海、江苏4.8和1个百分点。小企业的研发费用投入偏低。2009年浙江大企业研究开发费用占产品销售收入的比重为1.3%，而大多数中小企业则不超过0.9%，与发达国家的差距在3倍以上。而且科技投入结构不合理，往往“重设备引进，轻消化吸收”，二者投入的资金比例为1∶0.08，远低于亚洲“四小龙”，如韩国为1∶5～1∶8；科研经费中人员费用所占比例不足25%。小企业本身的资金、人才、技术储备，要想在自主创新上有突破是比较难的。经验表明，小企业的共性技术是需要政府平台来帮助解决的。但现有财政投入不足，全省共性技术服务平台建设还比较滞后，专业技术人员紧缺，服务功能单一，远远满足不了中小企业的现实需求。

6.人才结构问题

突出表现为小企业人才需求与现有教育体系人才供给的矛盾。浙江人均受教育年限、万人大学生人数，都低于全国平均水平；近1000万城乡劳动力的文化程度为小学及小学以下。我会这次对500家小企业进行问卷调查，小企业出资人初高中学历接近一半。小企业主素质不高和高层次人才引进难是影响企业持续发展的一个主要原因。但更重要的是，对小企业而言，它们普遍反映，现在最缺的是懂技术、具有操作经验的“中高级蓝领”。而由于我国现有教育体制的缺陷，恰恰缺乏对职业技术教育的重视和投入，社会上对职业技术教育缺乏正确的评价，使得小企业处于“大学生用不上、高级技工招不到”的尴尬境地。

浙江经济转型升级不仅在于大型企业的转型升级，更重要的是量大面广的小企业如何实现转型发展。小企业发展中存在的这些结构性问题，正是政府在推动小企业转型升级中需要解决的重点问题。

三、浙江工业小企业发展的若干思考

著名经济学家吴敬链表示：一个国家经济有没有活力，在相当程度上要看小企业的状况如何。我们查阅了相关统计资料，同样发现，小企业的的数量和质量几乎可以清晰地反映出一个地区的经济地位。2004 年工业经济普查数据表明，500 万以下销售收入小企业数量前六位的分别是广东、江苏、上海、浙江、北京、山东。这一排名与全国各省市综合经济实力排名基本一致。从浙江省发展实践来看，小企业是企业发展的重要源头，正是因为有了这一源头活水的不断涌现，并持续做大，才为浙江省培养出一批又一批有竞争力的大企业和知名的企业家群体；小企业是产业分工协作的重要力量，正是因为浙江省面广量大的小企业为区域龙头企业提供配套，才造就了浙江省卓有特色的块状经济模式；小企业更是解决就业、改善民生的重要途径，正是因为有小企业这一庞大的根基，为浙江省乃至全国就业作出了巨大贡献，形成了“藏富于民”的浙江模式。所以，小企业是经济发展的生力军，社会和谐的稳定器，社会主义事业的重要建设力量，也是党执政的重要基础，必须要对小企业有一个全新的再认识。

应该说，近些年来，省委、省政府对小企业的发展是重视的。2005 年，浙江省制定出台了《浙江省促进中小企业发展条例》，首次把中小企业发展上升到法律层面加以落实。2010 年，省政府又出台了《关于促进中小企业加快创业创新发展的若干意见》，这对浙江省小企业发展起到积极的推动作用。但我们在调研中发现，小企业发展环境还不容乐观，政策措施效应还不特别明显，长期困扰小企业发展的一些素质性、结构性问题依然没有得到有效解决，在某些方面表现得越来越突出。究其原因，我们一直没有注重设计和形成一套适合小企业特点的、有利于小企业创业创新发展的制度安排。抓大研究微观，扶小研究宏观。浙江经济改革开放 30 多年的发展，我们应该改变小企业任其自生自灭、草根发展的管理模式，而应转入有清晰的战略定位、明确的战略目标、正确的政策导向等为主要内容的制度建设轨道上来。

（一）着力构建重视和支持小企业发展的政策法规体系

体制制度是根本，特别是法律建设有着全局性、长期性、稳定性的推动效应。一要强化小企业法规体系建设。在国家层面，要对《中小企业法》进行修订，特别要在要素供给、财政扶持、市场准入、公共服务、政府采购等方面进行修改和完善，从法律上明确扶持小企业的差别化政策。在省级层面，要结合浙江省实际，对《促进中小企业发展条例》进行相应修改。省政府要对浙江省《促进中小企业加快创业创新发展的若干意见》进行督查，检查督促条例及文件落实情况，用法律法规的形式来规范和保障小企业的健康发展。二要强化小企业主管体系建设。国家层面要专门成立中小企业发展的部级领导机构，省政府应改变中小企业局现有的隶属关系，把中小企业局从经信委独立出来，成为省政府的直属机构。考虑到中小企业更多地在市县级，市县更要加强中小企业主管机构的建设。三要积极争取成为国家中小企业改革综合配套实验区。浙江是中小企业大省，是最有条件开展这一改革探索的省份。要从体制创新、政策创新、政府管理和服务创新、企业技术和管理创新等方面进行综合改革，先行先试，探索中小企业转型升级的客观规律，为我国中小企业转变发展方式提供实践经验和改革思路。

（二）着力构建专门针对小企业的要素保障机制

小企业天生的弱性决定了其获取生产要素能力相对比较差，所以支持小企业发展必须要实行重点的要素保障。一要加大金融创新力度。浙江省尤其要把“打造全国性中小企业金融服务中心”作为重要战略工作来抓。一方面要大力培育地方金融机构，如区域商业银行、村镇银行、担保公司、小额贷款公司；另一方面，要设立专门针对中小企业的政策性银行，负责为小企业发放贷款和提供信用担保等，逐步建立起财政专项资金—政策性银行—区域性商业银行—小贷及担保类非银行金融机构—行业商会互助基金等多层次的融资体系，来对等解决小企业融资需求问题。二要建立健全小企业的用地保障制度。在每年新增土地指标中安排一部分用于成长性好的小企业，对于新规划的产业集聚区、开发区，要明确划定一定比例的土地用于建设小企业园区，或适合小企业发展的标准厂房，解决小企业发展空间问题。要改革土地出让和评价制度，推广“亩产论英雄”的做法，提高土地集约利用度。三要着力解决用工问题。在构建和谐劳动关系中，既要适当引导企业逐年提高工资水平和福利待遇，改善劳动环境，又要加强员工职业道德教育，提高员工的忠诚度。在贯彻《劳动合同法》中，对小企业要适当提高执法灵活性。有关部门要联合企业加快建立劳动用工信用档案，并在企业用工环节加以推行，优化企业用工环境。

（三）着力构建能够惠及小企业的公共服务平台

公共服务平台在解决共性需求、畅通信息渠道、改善经营管理、实现创新发展等方面发挥着重要的支撑作用，对于小企业而言，公共服务平台的建设显得尤为迫切。一要构建小企业技术服务平台。整合高等院校、科技院所、产业技术创新战略联盟、大型骨干企业及各类科技服务中介机构等科技资源，为小企业提供行业关键技术、核心技术支持。引导社会公共科技资源向小型企业开放共享，降低小企业技术检测、产品鉴定等收费标准，帮助小企业提高产品科技含量和附加值。二要构建小企业人才公共服务平台。政府要把小企业主纳入培训计划，对科技含量高的企业要派技术专员对口服务，对小企业引进的高科技人才，应给予国家及省“千人计划”的同等待遇，加大职业教育的建设力度，为小企业培育更多的实用型人才。三要构建小企业法律服务平台。小企业往往由于缺乏专业的法律人才，在出现各种商业纠纷时不知所措，成立小企业法律服务中心帮助小企业进行维权。四要加快建设完善、共享的小企业统计体系，改变目前的涉及小企业的统计数据部门化、分散化局面。按照新的企业划分标准，建立科学的小企业统计监测体系，为领导决策、科研机构提供快捷客观的基础性公共数据平台。

（四）着力构建大企业龙头带动、小企业互联互助的运行机制

加强产业政策尤其是产业组织政策的研究和制定，有效引导小企业融入产业链。一要引导大企业发挥龙头带动作用。从未来市场发展格局来看，除了少数小企业能够独立做大以外，更多的是在为大企业提供配套协作中做强做精，这就要鼓励和引导大企业在融资、标准、技术、市场开发等方面对小企业开放。政府对大型企业的政策性奖励要把其对小企业的带动力作为一个重要参考指标。二要鼓励和引导小企业建立各种互助的合作组织。参考日本的“协同组合”模式，结合浙江省特点，引导小企业开展在国内外市场开拓、技术创新、公共信息平台和公共生产设备等方面建立多种形式的合作机制，对同行业企业可以建设各种形式的互助基金，进而提高小企业组织化程度和抗风险能力。三要加快形成有利于企业兼并重组的政策制度。对大企业兼并小企业，或小企业之间的重组，在资产评估、税收特别是土地增值税等方面要对小企业适当倾斜，鼓励兼并重组计划实施。

（五）着力构建行业协会商会等促进小企业发展的社会化服务体系

要创新社会管理思路，深化行政体制改革，通过政府转变职能，形成从上到下、从政府到民间的小企业社会化服务体系，构建“政府扶持协会商会、

协会商会服务小企业”的运行机制。一要加快推进商会立法工作。尽快制定适合现行体制的《商会法》和有关专门法规，充分发挥商会、行业协会等自律性组织的作用，真正赋予其为小企业提供法律、政策、咨询、财务、金融、技术、管理和市场信息等服务职能，使行业协会商会运作制度化、规范化。二要按照《加强和改进新形势下工商联工作的意见》（中发〔2010〕16号）的精神，强化和落实工商联经济职能，积极吸收工商联参加促进中小企业发展工作的领导机构或协调机制，将扶持发展小企业纳入工商联的工作体系，充分发挥工商联在行业协会商会改革发展中的积极作用，把加强行业协会商会建设作为做好服务小企业的重要平台和抓手。三要重视小企业出资人的思想政治工作。小企业出资人作为非公经济人士中的重要力量，加强对这一群体的团结、教育和培养，对“促进两个健康”至关重要，各级党委、政府在涉及非公经济人士的政治安排、社会安排、荣誉安排方面，要适当考虑一定比例政治素质高、社会责任感强、企业成长性好的小企业出资人，做到政策上支持，政治上关心，真正推动小企业健康发展、小企业出资人健康成长。

附件

浙江省小企业问卷调查结果汇总表

为进一步了解浙江小企业发展经营状况，掌握小企业发展的最新经营数据和信息，我会在全省范围开展问卷调查工作，本次调查共回收有效问卷490份，现将有关统计结果汇总如下：

第一部分：企业基本情况

1.注册时间

从调查样本看，浙江省约2/3小企业在2000年以后注册成立的。

时间段	1990年以前	1991—2000年	2000年以后
百分比(%)	4.0	30.7	65.3

2.注册类型

约九成受访企业是有限责任公司，个私企业占7.45%，股份公司占6.65%，外资企业占1.33%。

企业类型	有限公司	股份公司	个私企业	外资企业
百分比(%)	84.57	6.65	7.45	1.33

3.行业分布

绝大多数小企业集中在第二产业，占所有受访企业的85.7%，大约11.1%从事第三产业，从事第一产业的只有3.2%。

产 业	第一产业	第二产业	第三产业
百分比(%)	3.2	85.7	11.1

4.注册资本(5000万元以下的企业分布情况)

约六成受访小企业注册资本在500万以下，注册资本500万—1000万和1000万元以上的小企业各约占20%。

注册资金(元)	100万以下	100万—499万	500万—999万	1000万—4999万
百分比(%)	23.54	36.72	21.60	18.14

第二部分：企业主要出资人基本情况

从受访对象性别结构看，男企业主占绝对优势，接近九成。

从年龄结构看，总体结构合理。但40岁以下的创业者只有两成多，说明年轻人创业热情还不够，还有约5%的60岁以上的企业主还在企业一线，这说明浙江省小企业接班问题也比较迫切。

年龄段	30岁以下	31—40岁	41—50岁	51—60岁	60岁以上
百分比(%)	0.85	21.87	49.47	23.14	4.67

从文化程度看，受访企业主大专以上和以下文化程度大约各占一半，研究生只占2.83%，说明浙江省小企业主文化程度偏低。

文化程度	大专以下	专、本科	研究生
百分比(%)	48.05	49.12	2.83

第三部分:企业生产经营情况

总体来看，去年受访小企业经营状况良好。2010年资产总额、所有者权益、销售额、税后净利润、进出口额等指标都比2009年增长20%以上，只有固定投资比重较低，约增长10%。值得注意的是，小企业向境外投资和引进外资额均为零，说明小企业被动纳入国际产业分工，主动国际化的能力和动力很弱。

项　　目	2009年平均数	2010年平均数
资产总额(万元)	2437.99	3317.48
所有者权益(万元)	1128.04	1375.32
销售额(万元)	1962.36	2456.83
税后净利润(万元)	109.24	157.09
固定资产投资(万元)	523.60	576.61
出口额(万美元)	197.61	249.97
进口额(万美元)	19.49	24.07
向境外投资(万美元)	0	0
引进国外资金(万美元)	0	0

第四部分:企业负担情况

受访企业涉税种类有所增加，税收负担相应增加。涉费种类增加了，但各种行政事业性收费负担减轻了。

项　　目	2009年平均数	2010年平均数
纳税额(万元)	85.2	103.0
涉税种类(项)	7.6	8.0
其中:企业所得税(万元)	22.1	29.3
营业税(万元)	24.9	26.6
增值税(万元)	38.2	47.1
缴纳各项行政事业性收费总额(万元)	86.3	67.9
涉及费用的种类(项)	7.0	10.5

第五部分:企业资金情况

受访企业反映,各级政府财政补贴力度较大,2010年财政补贴比2009年增长70%多。贷款总额2010年约比2009年增长1/4,其中国有银行增长最快,股份银行和小贷公司增长较慢。直接融资为零,说明小企业在吸引风险投资、集合债等方面还没有突破。

项　　目	2009年平均数	2010年平均数
财政补贴额(万元)	37.51	64.72
贷款总额(万元)	633.74	790.65
其中:国有银行贷款余额(万元)	306.83	408.95
股份制银行贷款余额(万元)	150.56	174.88
城商行和信用社贷款余额(万元)	147.59	173.70
小贷公司和村镇银行贷款(万元)	4.45	4.08
私人借贷(万元)	24.31	29.04
直接融资额(万元)	0	0
其中:股权融资额(万元)	0	0
集合债券等债权融资额(万元)	0	0

第六部分:技术创新情况

总体来看,小企业对技术创新工作比较重视。研发费用、高科技企业比例、拥有研发中心的比例、专利技术平均数、专业技术职称人员平均数都有提高,其中研发费用增长30%以上。

项　　目		2009年平均数	2010年平均数
通过高科技企业认定的企业比例(%)		5.5	6.12
拥有技术研发中心的企业比例(%)		14.29	16.12
研发费用(万元)		96.06	131.70
平均拥有专利、商标、版权、专有技术(项)		4.75	5.70
通过哪些质量体系认证?	通过ISO质量认证的企业比例(%)	79.25	76.16
	通过其他质量认证的企业比例(%)	10.06	14.53
	没有通过质量认证的企业比例(%)	10.69	9.30
获得专业技术职称的员工平均数(技术人才)		9.87	11.64
大学生员工平均数		13.55	16.53
管理人员(管理人才)平均数		11.68	14.14

第七部分:企业治理结构

受访企业还是比较重视企业组织建设的。约六成小企业有董事会,五成以上小企业有工会,有职工代表大会和党组织的各占三成。

企业中有无下列组织	有该组织的企业平均比例
董事会(%)	60.74
监事会(%)	39.67
工会(%)	56.03
职工代表大会(%)	31.90
党组织(%)	31.90

第八部分:履行社会责任情况

总体来看,受访小企业履行社会责任情况较好。受访企业中,2009年和2010年员工个人劳动合同签约率都在95%以上,社会保险参加率在55%以上。2010年公益事业平均捐款额比2009年增长2.91万元,增长率达44%。

项　　目	2009年平均数	2010年平均数
企业员工人数(人)	87.47	95.81
签订个人劳动合同人数(人)	84.25	91.98
签订集体劳动合同人数(人)	91.13	105.30
支付工资、奖金数(万元)	182.24	207.19
参加社会保险人数(人)	49.34	56.01
缴纳社会保险费用(万元)	18.18	21.91
支付职工培训费用(万元)	8.43	32.02
扶贫、救灾、环保、慈善等公益事业捐款额(万元)	6.60	9.51
违规罚款额(万元)	1.20	1.39

课题组成员:汤为平　邓国安　周冠鑫　朱迁进　景柏春

执笔人:朱迁进　景柏春

【点评】

这篇调研报告以小企业作为调查对象，角度独特，是工商联工作重心下移的具体体现。报告从工业企业角度来介绍现状、发现问题、分析原因、提出建议，为党委政府和社会各界认识和研究工业小企业提供了基础材料和素材，对改善小企业发展环境起到推动作用。

浙江省省委书记赵洪祝、省长吕祖善、省政协主席乔传秀、副省长毛光烈分别作了批示。

该报告收录在《政策瞭望》2011 年第 6 期。

关于国务院“非公经济36条”和省政府“非公经济32条”贯彻落实情况的调查问卷分析及相关建议*

浙江省工商业联合会

（2010年6月）

为考察国务院“非公经济36条”出台5年、省政府“非公经济32条”颁布4年以来在浙江省贯彻落实情况，了解浙江省非公经济人士对非公经济政策的评价，剖析阻碍非公经济政策落实的原因，近期我会开展了专项问卷调查。本次调查共发放问卷1000余份，回收有效问卷795份，调查对象主要集中在省、市两级工商联执常委企业。现将调查问卷统计分析结果及有关建议报告如下。

一、问卷分析

（一）对非公经济政策的总体认识及效果评价

超过九成调查对象认为国务院“非公经济36条”对于完善市场经济体制有意义，八成以上对我国非公经济发展充满信心。从与我会今年1月份执常委企业家问卷调查结果比较来看，虽然非公企业对国务院“非公经济36条”执行情况不满意率较高（达21.4%），但调查对象对“非公经济36条”的政策本身意义以及非公经济的发展前景还是抱有相当信心的。

表1　浙江私营企业主对国务院“非公经济36条”政策意义的评价

国务院“非公经济36条”对完善市场经济体制的意义	占比(%)
有重大战略意义	54.8
有意义	39.9
一般	5.1
无意义	0.2

---

* 本文获得2010年度浙江省政府发展研究成果三等奖。

表 2　浙江私营企业主对非公经济发展前景的判断

对我国非公经济发展前景信心如何	占比(%)
非常有信心	37.9
有信心	50.6
一般	10.5
没有信心	1.0

阻碍国务院和省政府非公经济政策贯彻落实的问题主要体现在三个方面:一是现有法律法规和政策不配套;二是非公有制企业自身素质有待提高;三是与部门和地方利益有冲突导致执行不力。

表 3　浙江私营企业主认为阻碍非公经济政策落实的原因

贯彻落实国务院和省政府非公经济政策的障碍(多选)	占比(%)
现有法律法规和政策不配套	52.7
非公有制企业自身素质有待提高	46.9
与部门或地方利益有冲突导致执行不力	45.2
社会上对非公经济发展的观念存在误区	41.5
国企垄断势力的影响	39.4
其他	0.4

对非公企业经济活动影响较大的具体政策是税收政策、信贷政策和宏观调控。我会对这一问题分别于 2002 年、2006 年、2010 年进行系列跟踪调查。从三次调查结果来看,税收政策一直是影响最大的政策,但所占比例在逐年减小,而信贷政策和宏观调控对企业经济活动的影响占比却逐年扩大。说明企业已逐步适应税收政策的刚性。但这些年来,信贷政策和宏观调控政策多变使非公企业无所适从。

表 4　2002—2010 年浙江私营企业主认为影响非公企业发展的政策评价

对非公企业经济活动影响较大的政策(多选)	2002 年		2006 年		2010 年	
	百分比	排序	百分比	排序	百分比	排序
税收政策	35.8	1	29.5	1	26.9	1
信贷政策	21.6	2	21.2	3	26.1	2
宏观调控	11.3	3	24.2	2	25.8	3

对进一步贯彻落实“非公经济36条”，调查对象认为首要的任务是需要制定配套的实施细则。说明配套政策不完善，缺乏明确的、可操作性的细则，是政策难以落地的最主要原因。

表5 促进国务院“非公经济36条”落实的工作举措

进一步贯彻落实“非公经济36条”，政府应进行哪些方面工作(多选)	占比(%)
制定配套的实施细则	70.3
在全社会广泛宣传“非公经济36条”精神	48.4
为适应新的经济发展形势，对国务院“非公经济36条”进行修改完善	47.8
对“非公经济36条”的执行情况进行监督和检查	41.8

(二)关于市场准入

六成以上的调查对象认为“玻璃门”现象非常严重或比较严重。只有5.8%的认为基本没有“玻璃门”现象，说明行业准入问题还没有得到很好解决。

表6 进入垄断行业的难度

非公企业进入垄断行业和领域遭遇“玻璃门”现象是否严重	占比(%)
非常严重	14.1
比较严重	49.8
一般	21.0
基本没有	5.8
不清楚	9.3

总体来看，不准备进入垄断行业的调查对象接近一半，无法进入的比例约占三成，已经进入的不到一成。同2006年调查结果相比，不可能进入垄断行业的非公企业比例降低了，准备进入垄断行业的比例有所上升，已经进入垄断行业的比例基本保持不变。说明随着企业经济实力的壮大，非公企业进军垄断行业的实力和期望在增加，但垄断行业改革的进程却徘徊不前。分行业看，电力、电信、民航、石油、国防科技工业仍然成为非公企业进入门槛较高的行业；相比而言，这些年来，已进入公用事业及基础设施行业和金融服务业的比例上升了，其中进入金融服务业的非公企业主要集中在非银行服务业领域。说明后几个行业对民间资本开放度在提高。

表 7　2006—2010 年进入垄断行业的比率

领域＼状况	不可能进入(%)		准备进入(%)		已进入(%)	
	2006 年	2010 年	2006 年	2010 年	2006 年	2010 年
电力、电信、民航、石油等	82.7	81.6	6.1	10.3	11.2	8.1
公用事业及基础设施	83.6	72.2	7.5	18.6	8.9	9.2
社会事业	77.1	64.3	12.5	25.5	10.4	10.2
金融服务	75.7	72.1	14.6	14.4	9.7	13.6
国防科技工业	88.6	85.7	7.2	11.1	4.2	3.1
总体情况	81.5	75.2	9.6	16.0	8.9	8.8

阻碍非公企业进入垄断行业的三个主要原因是：一是非公企业自身条件不成熟；二是国家有关部委没有明确的配套政策；三是市场准入的政策与现行法律法规相抵触。

表 8　垄断行业进不去的原因分析

阻碍非公企业进入垄断行业的原因(多选)	占比(%)
非公企业自身体条件不成熟	48.8
国家有关部委没有明确的配套政策	33.2
市场准入的政策与现行的法律法规相抵触	24.3
地方有关部门不支持	14.7
不清楚	1.5

（三）关于财税金融政策

在财税金融政策方面，调查对象最希望政府加大财税支持和信贷支持力度。目前，非公企业融资状况仍不容乐观，2/3 的调查对象认为融资仍有困难。

表 9　浙江非公企业最需要的金融政策

非公企业最需要“非公经济 36 条”中哪些财税金融支持政策(多选)	占比(%)
加大财税支持力度	67.5
加大信贷支持力度	65.5
拓宽直接融资渠道	33.6
建立健全信用担保体系	33.2
开展金融服务创新	30.3

表 10 浙江非公企业的融资现状

目前非公企业的融资状况	占比(%)
很困难	7.0
困难	16.2
有些困难	43.3
不困难	33.5

如果政府允许民间资本兴办银行,调查对象普遍反映金融市场风险较高,但进入银行业的意愿较强烈。想进入和观望的大约各占四成,这也反映出民间资本进入银行业还比较谨慎。

表 11 浙江非公企业主对私营银行风险的认识

如果政府允许民间资本兴办银行,您认为金融市场风险如何	占比(%)
风险很大	9.7
有一定风险	78.0
没有风险	8.4
不清楚	3.9

表 12 浙江非公人士对兴办私营银行的态度

如果政府允许民间资本为主兴办银行,您如何决策	占比(%)
会入股	38.7
不入股	14.2
看一看再说	42.6
不清楚	4.5

调查对象对直接融资方式较为保守。已经上市、进入上市辅导期和准备上市的约占三成,不想上市和没有考虑过的约占 2/3。这说明浙江省非公企业对证券市场的认识还不够,这既有企业自身条件的限制,也有上市程序繁琐、成本过高的担忧。

表 13 浙江对非公企业直接融资状况

非公企业在证券市场上的情况如何	占比(%)
已经上市	3.1
进入上市辅导期	5.7
准备上市	23.1
不想上市	28.6
没有考虑过	36.5
不清楚	3.0

(四)关于社会服务

调查对象最需要的三项社会服务项目是科技创新服务、培训服务和拓展市场。特别是科技创新服务，企业最为渴求。这一方面反映出浙江省非公企业科技创新能力不足的现状；另一方面也反映了在当前调整产业结构、转变经济发展方式的关键时期，非公企业希望得到政府有关部门科技服务的强烈意愿。

表 14　浙江非公人士最期盼的社会服务项目

您最需要“非公经济 36 条”中的哪些社会服务项目(多选)	占比(%)
科技创新服务	62.8
企业经营者和员工培训	44.8
帮助企业拓展市场	41.9
融资服务	38.1
创业服务	27.5
企业信用制度建设	23.3
社会中介服务	16.5

八成以上的调查对象已经参加各类行业协(商)会。这说明行业协(商)会对企业的吸引力较强，行业组织的职能和作用也逐步得到体现和发挥。非公企业最希望行业协(商)会代表本行业企业的共同利益、维护合法权益；其次是帮助企业与政府有关方面加强沟通；再次是加强行业自律。

表 15　浙江非公人士希望行业协会具备的职能

您希望行业协(商)会做哪些事情(多选)	占比(%)
代表本行业企业的共同利益，维护合法权益	72.7
帮助企业与政府有关方面加强沟通	70.1
协调同行业企业的经营行为，加强行业自律	56.1
提供信息、咨询、教育培训等服务	55.2
政策解读和举办经济论坛	31.2
组织国内外投资考察	24.8

调查对象认为浙江省行业协会、商会的改革和发展比较滞后。当前制约行业组织健康发展和正常发挥作用的因素主要是：政府职能转变不到位，

限制了行业组织发展的活力，行业组织官办色彩浓厚，难以代表行业利益。这说明浙江省行业协会、商会同政府有关职能部门脱钩还不彻底，缺乏独立性和公信力。

表 16　制约行业组织发展作用的因素

当前制约行业组织健康发展和正常发挥作用的因素（多选）	占比（%）
政府职能转变不到位，限制了行业组织发展的活力	58.7
行业组织官办色彩浓厚，难以代表行业的利益	46.4
没有建立对行业组织的评估机制和优胜劣汰的退出机制	36.4
行业组织内部治理结构不健全	21.2

（五）关于权益保护

七成以上调查对象对自己的生存环境表示满意。同 2006 年相比，满意度提高了 22.9%；另外，不满意度也略有上升。影响企业家生存环境的主要因素有社会缺乏对财富创造者的尊重和理解、公众中存在不信任和仇视心理、企业家自身修养不够。

表 17　浙江非公人士对生存环境的评价

您对民营企业家的生存环境是否满意	2006 年（%）	2010 年（%）
满意	52.4	75.3
不满意	11.6	12.1
说不清	36.0	12.6

表 18　影响非公人士生存环境的因素

当前影响民营企业家生存环境的主要因素（多选）	占比（%）
社会缺乏对财富创造者的尊重和理解	55.3
公众中存在或多或少的不信任和仇视心理	45.2
民营企业家自身修养不够	41.6
保护私人财产的法律制度不完善	38.7
政府部门的歧视性做法和政策规定	18.2

对保护工作的要求，排在前三位的分别是保护合法权益的执行、制定权益保护的法律法规和建立市场经济的规范。同 2006 年调查结果相比，前两位要求的排序互换，表明非公经济人士更加关注合法权益保护的执行。

表 19　2006—2010 年浙江非公人士对保护工作的要求

对保护工作的要求	2006 年		2010 年	
	百分比(%)	排序	百分比(%)	排序
保护合法权益的执行	26.6	2	28.2	1
制定权益保护的法律法规	27.1	1	25.4	2
建立市场经济的规范	25.1	3	24.8	3
经济上一视同仁	13.4	4	14.8	4
保护企业家及亲属的人身安全	7.8	5	6.8	5

(六)关于政府监管

调查对象认为,政府部门对非公企业的监管方式应以市场手段为主。在减轻企业负担方面,希望政府继续深化审批制度改革,进一步清理现有行政执法部门和事业单位收费,逐年减少和取消行政收费。这说明,近年来政府加大企业减负工作方向是正确的,但非公企业期望能有更大的改革力度。

表 20　浙江非公人士对政府管理方式的评价

政府部门对非公企业的监管方式	占比(%)
市场手段为主	41.2
依据法律法规监管为主	31.1
行政手段为主	27.7

表 21　浙江非公人士对政府工作的评价

政府在规范收费行为、减轻企业负担方面的举措(多选)	占比(%)
深化审批制度改革,减轻企业负担	72.2
进一步清理现有行政执法部门和事业单位收费	55.8
政府部门在逐年减少和取消行政收费	45.5
政府监察部门严查乱收费、乱罚款及各种摊派行为	36.2
行政执法部门和事业单位严格执行收费公示制度和收支两条线制度	35.7

(七)关于发展战略和前景

九成以上的调查对象认为自己的企业今后 3—5 年将稳定发展和较快发展。但同 2006 年调查结果相比,特别是经历了国际金融危机之后,稳定发展成为大部分企业的战略选择,占比显著提高。反之,追求发展速度,选择较快发展的企业明显减少。勉强维持和可能无法维持的企业比例均有所上升，可能无法维持的企业比例甚至超过2002年。这说明部分非公企业仍然没有摆脱国际金融危机的影响，对当前复杂的国际国内经济形势还没有找到很好的应对措施。

表22　2002—2010年浙江非公人士对今后发展前景判断

非公经济人士对自己企业今后3—5年发展前景的判断	2002年(%)	2006年(%)	2010年(%)
稳定发展	45.9	46.8	70.4
较快发展	44.9	49.6	21.5
勉强维持	6.4	3.3	4.9
可能无法维持	2.8	0.3	3.1

从上述问卷分析结果来看，大部分调查对象对未来非公经济发展前景依然看好，对自己的生存环境表示满意。但即便如此，我们从调查统计结果中不难看出，国务院和省政府非公经济政策贯彻执行情况尚不理想，原因何在，归纳起来，主要集中在三个方面：一是市场准入问题还没有很好解决。当前，垄断行业和领域的“玻璃门”现象仍然严重。表面上看准入的大门已打开，但实际上某些垄断行业和企业往往利用现有的市场地位，以资本实力、技术水平、从业资历等各种理由抬高行业准入门槛，限制和阻碍新进入者。民间资本集中在传统竞争性领域打转转，非公经济结构没有根本改变，增长方式不能根本转变，与行业准入问题没有很好解决有一定关联。二是缺乏配套实施细则。国务院“非公经济36条”对于完善市场经济体制意义重大，调查问卷统计数据印证了这一判断。“良法难以执行”，问题到底出在哪里？这主要是缺乏相配套、可操作的实施细则，导致好政策难见成效。三是非公企业自身素质有待提高。接近一半的调查对象认为阻碍非公经济政策贯彻落实的主观因素是自身综合素质不高。这是一个不容回避的现状，也是非公人士清醒的自我判断。浙江省非公经济发展模式粗放，科技创新不足，抗风险能力较弱，其遭遇的行业准入、融资、技术、人才瓶颈，难以同大的政策和大的产业规划相对接，恰恰是非公经济自身发展过程中需要加以提高并努力跨越的坎。

二、相关建议

最近，《国务院关于鼓励与引导民间投资健康发展的若干意见》(以下简称“新36条”)已经出台,社会各界迅速掀起一股大讨论,其中不乏对“新36条”能否真正落实的担心。在国务院“非公经济36条”颁布5周年之后,我们来盘点非公经济政策贯彻落实的情况,分析政策效果不理想的主要原因,剖析政策难以落实的主要阻碍,对深入贯彻国务院“非公经济36条”和省政府“非公经济32条”,对当前扩大民间投资、调整经济结构、促进非公企业转变发展方式,具有十分重要的意义。结合调查问卷分析和有关调研情况,建议如下:

(一)制订细则,狠抓执行,确保政策产生实效

国务院“非公经济36条”是针对非公有制经济的,旨在全面促进非公经济发展;国务院“新36条”则是针对民间投资的,范围较窄,旨在调动民间投资的积极性。显然,这两个政策文件都是毫不动摇发展非公有制经济的纲领性文件,具有政策连续性。我们建议,一要对省政府“非公经济32条”贯彻落实情况进行全面督查。对市场准入、财税金融政策、社会服务、权益保护、政府监管等政策逐条进行比照检查,并全面清理不利于非公经济发展、与省政府“非公经济32条”文件精神相违背的各部门自行制定的文件,各有关职能部门要按照非公经济政策的要求,依据各自职责,抓紧制定配套措施和实施细则,确保省政府“非公经济32条”落实到位。二要按照“新36条”(国发〔2010〕13号)文件精神,结合浙江省实际,抓紧制定出台浙江省《关于鼓励和引导民间投资健康发展的若干意见》。为避免国务院“非公经济36条”文件执行不力的问题,建议这次出台的民间投资文件中应明确相关条款的责任部门,并责成相关部门拿出切实可行的配套文件。三是在涉及非公经济政策的制定和督查过程中,要充分听取并吸收商会和非公经济人士的意见,使政策意图更加符合浙江省非公经济发展现状,体现非公企业及非公经济人士的意愿。

(二)深化改革,破除垄断,大力发展混合所有制经济

国务院“新36条”是放松垄断行业管制,促进民间投资的重大战略举措。可以看出党中央、国务院发展非公经济的政策没有变,甚至有所加强。我们建议,一要尽快改革和清理制约民间资本准入的政策文件,取消各项不合理的附加条件和限制性要求,对浙江省权限范围内的市场准入限制要坚决破除,对属国家层面的政策和执行障碍,积极向中央及国务院建议加以解决。二要率先启动新一轮国有企业改革,加快国有企业非主业资产的剥离重组,强化国企的社会功能。对部分省属及各级地方政府所属的竞争性行

业的国有企业，要鼓励浙江省非公企业通过参股、控股、资产收购等多种方式参与改制重组，打破所有制界限，实现不同资本间的重组和融合，大力发展混合所有制经济，推动各种所有制经济平等竞争、共同发展，走出一条非公经济转型突围的现实发展路径。

（三）加强引导，改进服务，提高非公企业自身素质

调查显示，贯彻落实国务院和省政府非公经济政策的障碍之一是非公有制企业素质有待提高。在当前调整经济结构、转变发展方式的背景下，一要大力推进非公经济人士素质提升工程。支持各级工商联发挥“促进非公经济人士健康成长”的重要作用。重点开展企业经营管理的最新知识、宏观经济形势和宏观经济政策以及国际投资和贸易方面的知识等培训。通过培训，全面提升他们的综合素质，增强战略管理能力、经营决策能力、市场运作能力和开拓创新能力。同时，要重视“民企二代”的培训。有调查表明，未来5—10年是浙江省非公企业交接班的关键时期，为使临近“退役”的第一代民营企业家们顺利完成企业传承，党委、政府应把加强非公经济代表人士后备队伍建设工作摆上重要议事日程，制订“民企二代”培训计划，关心其政治成长，帮助他们实现由“富二代”向“创二代”的华丽转身。二要引导浙江省非公企业加快推进股权社会化改革。强化企业内部管理，完善法人治理结构，实现投资主体多元化，加快建立现代企业制度，使伴随改革开放成长起来的家族企业实现自我发展、自我完善、自我提升。三要优化舆论环境。进一步加强对优秀民营企业和民营企业家的正面报道，大力宣扬社会主义优秀建设者的先进事迹，依法保护好投资者的权益，在全社会营造“创业光荣”的良好氛围。

（四）改善金融服务，拓宽融资渠道，缓解非公企业融资难问题

一要加大对非公企业间接融资的支持力度。进一步推进投融资体制改革，优化金融资源配置，加大对非公企业的资金支持力度，特别是增加小企业的贷款比例。二要支持非公企业积极上市融资。按照程序公开选定一批有上市潜力的企业，宣传上市的有关政策和程序，选派专业人员帮助企业核算上市融资成本，消除企业的思想顾虑，鼓励和支持有条件的企业上市融资。三要深化金融体制改革。要大力发展与中小企业相匹配的中小金融机构，放宽对金融机构的股比限制，支持民间资本参与商业银行的增资扩股。要创新金融服务，建立适应非公企业发展需求的中小资本市场，满足非公企业发展过程中的资金需求，实现浙江省金融创新走在全国前列的目标。

（五）转变政府职能，大力培育和发展经济类行业商会等社会中介组织

行业商会等社会中介组织的发展是市场经济体制发育完善的重要标志之一。目前，由于政府职能转变不到位、一业一会的限制条款等原因导致行业商会等经济类社会中介组织发展滞后。我们建议，一要进一步深化行政管理体制改革。加快政府职能转变，深化政府机构改革，加强依法行政和制度建设；创造良好发展环境，提供优质服务，维护社会公平正义；减少审批环节，精简审批事项，清理和规范涉企收费，减轻企业负担，建立规范有序、公开透明、便民高效的经济管理模式。二要按照"服务型"政府的要求，不断提高服务水平。推进产学研一体化，提高企业科技创新能力，深入开展科技特派员进驻非公企业活动，举办民营企业大型招聘会，为非公企业发展提供科技和人才支持；加大法律服务力度，举办法律专题讲座，开展法律咨询服务，提高企业法律意识和危机管理能力，支持广大非公企业维护合法权益；通过补贴方式支持行业商会赴省外境外参展，优先将非公企业特别是中小企业产品纳入政府采购项目，引导非公企业积极参与扩大内需项目等多种方式帮助非公企业拓展市场。三要积极培育和发展经济类行业商会等社会中介组织。按照行业协会商会改革和发展的有关文件精神，促使官办行业协会商会与相关政府职能部门彻底脱钩，还原行业协会商会的民间色彩，把政府不该管、不便管的事交给行业协会商会等民间组织和社会团体，保持行业协会商会的独立性和公信力，指导和规范行业健康发展。

课题组成员：周冠鑫　景柏春　张成　李燕娜　黄还春

执笔人：景柏春

【点评】

这篇调研报告以国务院和省政府非公经济政策效果评估为主题，最大亮点是定量分析与定性分析相结合，提出了市场准入、缺乏配套细则、企业自身素质等三大原因导致政策成效不明显的核心观点。

全力扶持渡难关，深化改革促发展

浙江省工商业联合会

（2012 年 5 月）

按照省委、省政府关于在全省开展“进村入企”大走访活动的要求，省工商联专门就小微企业“保生存、谋发展”这一主题开展了省、市、县工商联三级联动调研，深入基层和企业了解当前发展情况，还重点就光伏产业发展情况、小微企业融资情况和小微企业税费负担情况进行调研。现将调研情况报告如下：

一、小微企业发展现状

截至 2012 年 1 月末，浙江省小微企业 56.9 万家，占企业总数的 97%，其中小型和微型企业分别 13.6 万和 43.3 万家。小型企业中六成以上为二产企业，微型企业中半数为三产企业。小微企业共吸纳就业 1178.5 万人，占所有企业的 55.5%。2011 年，浙江省规模以上工业小企业增加值、出口交货值和利润总额分别为 4372、4163 和 1082 亿元，比上年分别增长 11.4%、16.0%和 11.2%，增速比 2010 年回落 8.6%、15.8%和 52.7%；固定投资 995.63 亿元，比上年增长 11.98%；技改科研投入 180.90 亿元，比上年增长 31.16%；库存 2687.68 亿元，比上年增长 21.87%。

从行业来看，行业盈利能力普遍减弱，37 个大类行业中，29 个行业利润增幅较去年同期回落，利润总量过百亿元的 11 个行业中，利润增幅与去年同期相比十降一升。

小型企业的企业家信心指数和企业景气指数明显回落，去年四季度分别为 107.8 和 111.9，已经接近 100 的景气临界点，创 2009 年二季度以来的新低。从去年下半年以来，受国际国内复杂经济形势的影响、经济体制机制的制约，以及企业自身发展的局限，小微企业用工难、投资难、融资难、创新难、盈利难、库存增加等问题十分突出。我们汇总统计了近 200 份省委、省政府“进村入企”大走访活动调查问卷表(企业),当前企业反映最突出的5个问题中,成本上升过快占60.37%,资金短缺占47.56%,用工短缺占42.07%,土地制约占34.15%,市场需求不足占19.51%。而且不少企业困难不断加深,处于濒临破产的边缘,甚至一些地区还出现企业老板跑路的现象。当前小微企业困难不亚于2008年国际金融危机最严重时期的水平。

二、小微企业发展困难的深层次原因剖析

调研中企业反映普遍遭遇资金荒、员工荒、订单荒、高税负、高成本、高风险等问题,而且困难程度前所未有。在这些困难的表象背后,有没有新增的、更深层次的原因?通过调研,深入思考,我们分析原因如下:

(一)小微企业过高的融资成本挤压了实体经济的利润,也使经济发展蕴藏着巨大的风险

据在温州的一项调查显示,中小企业能够从银行等主流金融机构贷款的比例仅10%左右,80%以上依靠民间借贷生存。企业反映,去年银行融资年利息综合成本达到12%~15%。这说明我们的小微企业一方面在正规金融体制内受到银行高成本的利息盘剥;另一方面,更多的小微企业在饱受银行的“白眼”后不得不纷纷转向民间借贷,民间借贷年利息成本大约在20%~40%之间,甚至更高,民间借贷比银行的利率更高、逼债的方式更邪门、融资的风险也更高。小微企业微薄的利润怎能支付得起如此高昂的利息成本?据调查,因为民间借贷而倒闭的小微企业不在少数。这种“靠正规金融渠道不行、不靠正规金融也不行”的扭曲的金融制度安排,使得众多借款企业沦为银行的“打工者”、受着民间高利贷的困扰,过高的融资成本抽走了企业有限的利润,打压了小微企业发展的信心。民间借贷几乎渗透到各行各业,在全社会蔓延,凸显的正是中国金融体制改革的紧迫性。通过金融制度改革使民间借贷从“地下”无序增长转向“地上”理性发展,实现实体经济与金融体制的良性互动,让金融回归为实体经济服务的功能,已刻不容缓!

(二)税费负担过重压缩企业利润,也压制了浙江创业创新的精神

税费负担是当前小微企业反映最多的问题。据去年浙江省工商联一次专项调研,感到税负明显加重的企业占23.3%,认为有所加重的企业占50%,基本一样的占16.7%,即九成企业认为税费负担没有减轻,七成以上企业认为税费负担加重。调查结果说明,一方面,目前小微企业的税费负担

总体上还很重；另一方面，尽管各级政府出台了很多为小微企业减轻负担的政策，但实际效果却不尽如人意。2010 年我会曾就税费负担与企业投资的关系进行调查，数据显示促进民间投资的政策中减轻企业税费负担、推进垄断行业改革和发展中小金融机构分别占 63%、62%和 45%，说明为企业减负是保持企业投资动力的首选。我们认为，在传统行业过度竞争、微利生存的情况下，要让民间创业创新的精神不死，投资动力不灭，继续实实在在地减轻小微企业的税费负担，已刻不容缓！

(三)行业规划欠缺导致企业盲目投资，也引发了产能过剩的危机

市场经济是自由经济，但是无论在西方还是国内，政府调控和行业引导仍是服务经济的必要手段。然而，我们在调研中发现，部分行业的困难与行业规划欠缺、政府引导不到位有关。有企业反映，一般小微企业没有战略发展部门，光靠企业老板一人把舵有时难免出错。因此，除了加快提升企业主自身素质以外，应该充分发挥行业商会、工商登记、经贸服务部门引导行业发展的功能，使企业在投资前能够对市场饱和度、市场发展前景、产业政策、行业预警等信息有充分的了解，让投资主体自由选择，避免盲目投资和重复建设。据一家从事光伏产业的企业主反映，浙江省光伏产业目前产能过剩、低水平重复建设的背后，一个重要的推手就是地方政府的 GDP 冲动，因为光伏产业投资额大，又符合国家产业政策，审批门槛低，地方政府引导企业过度投资光伏产业，这个原材料依赖国外、终端市场在国外“两头在外”的产业，在欧美经济出现衰退局面后，出现产能过剩、相互压价、效益锐减、亏损扩大等问题，最终导致这个朝阳行业的早衰。如果政府负责产业政策、工商登记的有关部门以及行业商会在行业准入、行业预警、信息披露等环节进行把关，引导企业理性投资，也许光伏产业的困难不至于此。

(四)行业垄断导致小微企业生存空间狭小，也降低了企业家投资发展的信心

毋庸置疑，垄断问题是我国经济发展中的突出问题之一，也是近年来民营企业家反映最多的问题之一。在当前外需市场萎缩的情况下，启动内需已摆上各级政府的议事日程，这也是我国经济结构调整和经济转型的重要内容。石油、航空、金融、电力、电信、铁路等领域的垄断，存在产品价格偏高、服务质量不高、经济效益偏低等问题。据台湾浙商联谊会一位经常赴台参加经贸活动的企业主反映，台湾打越洋电话只需 0.2 元/分钟，大陆的越洋电话高达 2 元/分钟，他表示当前高物价很大程度是垄断惹的祸。

我国还处于经济转型阶段，由于这些行业与政府和金融系统有着天然的联系，因此成为国家经济扶持政策最先惠及的行业和领域。这些垄断行业的强化，使得以民间投资为主体的民营企业投资领域受限，出现传统行业产能过剩、恶性竞争的局面，以致民营企业发展信心不足，这是当前经济领域的最为突出的矛盾之一。

（五）企业发展外部环境趋紧，增加了企业发展的负担和压力

应该说，各级政府在关注民生、服务企业方面做了大量的工作，但是企业反映有些领域还不尽如人意，甚至增加企业发展的隐性压力。一是用工环境问题。用工难的背后实际上与民工子女就学难、医疗保障难、住房保障难、户籍限制等企业发展的外部环境有很大的关系。有企业反映，为了解决职工子女就学问题不得不同当地教育部门搞好关系，从而增加精力投入和隐性开支；年轻人对假日安排、休闲娱乐、精神满足方面要求较高，但小微企业多分散在城郊和乡村，配套建设还比较落后，生活不方便，年轻人因此频繁跳槽。还有企业反映，经常遇到不讲诚信、肆意跳槽的员工，甚至连招呼都不打，然而他们受《劳动合同法》保护，老板不得不按期支付其应得报酬，企业的培训成本就打了“水漂”。二是社会舆论环境问题。社会上对办企业理解存在偏差，“仇富”心理倾向比较明显。社会上对创业失败的宽容和理解不够，也使部分人对创业心存恐惧。有些媒体对企业的正面形象宣传不够，相反，负面新闻则被无限放大，对小微企业有些问题缺乏客观公正地宣传。三是行政执法环境问题。有些政府主管的行业协会，往往将企业年检同协会会费捆绑在一起，强制交费入会，之后基本不开展行业活动，这种协会实际上成了变相收费的由头。还有一些政府经济综合管理部门抓住行政审批环节，把企业当做“唐僧肉”，时不时想着咬上一口。有的部门行政执法自由裁量权过大，给权力寻租留下空间。四是商贸流通环境问题，产品在流通环节的成本高得离谱。有企业做了初步统计，义乌到上海的距离同美国华盛顿到纽约的距离差不多，但相应的物流成本国内要高出30%以上。有些进入大型超市、商场的企业产品，要按照“潜规则”承担高额进场费，一方面增加了企业成本，另一方面也推动了物价上涨。这些外部环境的制约无形中增加企业的经营成本和压力。

三、解决小微企业发展困境的对策建议

当前小微企业面临的困难前所未有，既有国际国内宏观经济形势的影

响，也有我国改革开放进入深水期后设计什么样改革路径的困惑。小微企业量大面广，是实体经济的主体，是国民经济发展的生力军，是吸纳就业的主渠道，是创业创新的重要源泉，是大企业和企业家成长的摇篮。如果我们任其自生自灭，不积极帮扶脱困，将有大批小微企业倒闭破产，使得大量产业工人无法就业，财政收入大大缩减，实体经济的萎缩、消亡将影响社会的稳定，关系国家的长远发展。

为此，我们提出两条建议：一是全力扶持渡难关。通过政策宣传、减轻负担、改善服务、优化发展环境等措施，有针对性地解决企业当前发展存在的困难，这是当务之急。二是深化改革促发展。在国有企业、税收体制、金融体制、行业商会等方面继续深化改革，从根本上改革制约经济发展的体制机制，为企业发展创造一个良好的经营环境。

（一）全力扶持渡难关

皮之不存，毛将焉附。只有全社会同心同德、合心合力帮助企业生存下来，才能为增加就业、提高收入、丰富产品等民生工程提供载体，也为进一步发展积蓄力量。

1. 积极宣传政策，提振企业发展信心

当前，国际、国内经济形势尚不确定，中国也不可能独善其身。“良言一句三冬暖。”在小微企业遭遇前所未有的困难的情况下，各级政府要把中央政府坚决推进改革、支持企业发展的政策和精神，通过多种方式传达给企业，提振企业发展信心。要总结好地方政府服务小微企业的措施，总结好社会中介服务机构服务小微企业发展的经验，树立小微企业自身转型发展的先进典型。特别是各级党委政府要把扶持小微企业发展摆上重要议事日程，媒体要加大小微企业坚守实体经济的舆论引导力度，集中社会多方力量、凝聚社会多方智慧，千方百计帮助企业保生存、渡难关。

2. 提高服务水平，注重政策实际成效

近年来，各级政府出台支持小微企业发展的措施不可谓不多，但是政策效果却不尽如人意，政策不能落实其中一个重要方面是我们政府服务能力和水平的问题。通过改进政府服务，让优惠政策发挥最好的政策效果。我们建议，一是梳理已出台的支持小微企业发展的政策。通过政策汇编、专题培训、网上公开、媒体宣传等多种手段将已经出台的优惠政策送达企业，让企业有优惠政策知情权。二是对已出台政策的实施情况进行摸底检查，狠抓落实。有的企业反映，小微企业很难享受到优惠政策，既有制度设计的缺陷,也与政府服务倾向于大企业有关。要深入基层,摸清情况,把为小微企业提供有针对性、高效率的服务,让小微企业有政策服务受益权。三是畅通小微企业反映问题的渠道。政策贯彻落实好不好,企业最有发言权。要开辟企业反映政策贯彻落实情况的通道,让企业的呼声和要求及时传达到政府部门,使信息反映渠道成为企业与政府政策对话的窗口,让小微企业有反映问题优先权,从而促进政策落实。

3. 减轻企业负担,帮助企业渡过危机

减轻企业负担是最为直接的帮扶措施。一要积极推进行政审批改革,切实减轻企业负担。要科学设置相关涉企机构,整合部门监管职能,减少审批环节、规范审批程序。大力推进办事大厅、网上审批、并联审批、审批服务代办制等便民服务方式。要切实清理、压减行政审批事项,加大放权力度,逐步向社会组织和下级政府放权。二要严格规范各类涉企检查、培训和评比活动。鼓励行政联合执法检查,坚决杜绝多层次、多部门的多头检查和重复检查。严厉禁止以收费为目的、加重企业负担的各类评比达标表彰行为;涉企收费培训必须向有关业务主管部门申报并经批准后方可实施,收费需经物价和业务主管部门核定标准方可收取。三要减少行政事业性收费。继续取消、暂停或降低涉企收费标准,并逐步实现审批事项"零收费"制度。降低消防、电力、人防、质量技术监督、气象等部门涉企收费标准,坚决取缔银行在给企业贷款时以财务顾问费等名义向企业收取的中间业务费。

4. 优化外部环境,促进小微企业发展

优化企业发展的外部环境,有利于企业集中精力搞好经营。一要创造良好的社会舆论环境。多从正面宣传企业在经济发展、财政税收、安排就业方面的突出贡献,树立民营企业家的财富也是社会财富的财富观,新闻媒体要树立正确的舆论导向,营造全社会支持企业发展的良好氛围。二要坚决打击一些扰乱市场经营秩序的行为。清理整顿大型商场收取进场费的做法,降低企业流通成本。清理高速公路收费项目和标准,降低企业物流成本。清理银行金融机构,降低企业融资成本。打击各种非法囤积资源行为,降低原材料成本。三要完善市场法制环境。市场经济说到底是法制经济。对一些市场失信、企业违法行为毫无疑问要依法查处。但是在小微企业普遍困难时期,执法的力度、广度要适当把握。特别是有关法律界定上模糊地带,更要妥善处理,营造一个帮助小微企业规范发展的法制环境。

（二）深化改革促发展

当前经济出现困难，实际上是市场发出了要求改革的信号。要下大决心、花大力气不断深化改革，以促进企业健康发展。

1. 加快国企改革，拓展民间资本的发展空间

垄断是市场经济改革的拦路虎。垄断不破，资源价格体系理不顺；垄断不破，市场发展空间无形中被分割；垄断不破，导致利益固化和分配不平。国有企业的垄断分自然垄断和行政垄断。当前尤其要率先深化行政垄断的国有企业改革。一要抓紧出台“民间投资 36 条”的实施细则，使这项调整经济结构、推进国企改革、扩大民间投资领域的好政策能够落地生根，不要再成为一个好看、却吃不到的“画饼式”政策。二要继续深化金融、电信、石油、电力、铁路、航空等垄断行业改革，进一步降低民间资本准入门槛，鼓励民资参与垄断行业生产经营，严格审查并清理垄断部门自行设置的市场准入壁垒。三要完善国有资本有进有退合理流动机制，按照“有所为有所不为”的原则，划定国有企业的经营边界，强化国企的社会功能，并为民间资本腾出发展空间。鼓励民间资本通过参股、控股、资产收购等多种方式参与国有企业改制重组，构建国企与民企共生共荣、互利双赢的企业生态。

2. 加快税制改革，减轻小微企业的税费负担

税负繁重，在经济不景气时，更加剧了小微企业的生存压力。当前小微企业困难，其核心在于利润微薄，而减轻税负是保护民间投资积极性最为直接的措施。要加快推进结构性减税改革，从制度上、从根本上来减轻小微企业的负担，为企业发展营造一个相对宽松的税收环境。比如，小微企业税收起征点能否从 2 万元提高到 10 万元甚至更高一些，并不设优惠期限，放水养鱼，让利于民，给小微企业良好的政策预期，增强企业发展的信心。对涉及小微企业的行政性收费项目，能否一律取消或减半收取。另外，国家正在筹划以资源税、环境税改革推动微观主体节能降耗，加快转变经济发展方式，在宏观经济形势不利、企业普遍面临困难时期，能否暂缓。

3. 改革金融体制，解决小微企业的融资难题

在浙江省，小微企业融资困难与民间资金充裕现象并存，这种企业缺钱、民间不差钱的“怪相”导致民间借贷行为愈演愈烈。这实际是民间在金融垄断语境下要求推进金融改革的先兆。今年“两会”上更有人大代表、政协委员直接呼吁成立民营银行解决社会资金投资渠道、缓解小微企业融资难的提案议案。看来，推进金融改革已经刻不容缓。我们建议，一要进一步

放开金融市场，降低金融行业准入门槛，改变国有银行、地方商业银行垄断资金市场的局面，支持民间资本参与商业银行的增资扩股，地方政府股份应逐步退出，真正实现地方金融机构民营化。二要提高国有银行以及城市商业银行等金融机构对民营企业的信贷支持力度，特别是增加小微企业的贷款比例，满足发展资金需求。三要大力发展与民营中小企业相匹配的中小金融机构，大力发展村镇银行、社区银行、小额贷款公司、担保公司、典当行等金融机构，增加其数量和资本规模。允许经营规范、效益良好、综合实力较强的小额贷款公司转制为村镇银行，允许民营企业发起设立村镇银行。四要加快面向中小企业的信用担保体系建设，依法设立商业性、互助性和政策性等形式的信用担保机构，建立多层次的贷款担保制度，建立健全信用担保体系。五是尽快出台《放贷人条例》，借鉴香港发展金融市场的经验，并将浙江列入试点，为浙江省面广量大的民间资本、地下钱庄转化为产业资本提供合法渠道。

4.赋予商会职能，助推小微企业发展

行业商会是社会中介组织，具有了解企业情况、熟悉行业政策等优势，商会作用发挥得好，有助于解决一些政府不便直接插手的问题。我们建议，要按照市场化原则，大力发展行业商会等社会中介组织，发挥其行业自律、自我服务、行业规划、政策咨询、维护市场经济秩序等方面的作用。按照《国务院办公厅关于加快推进行业协会商会改革和发展的若干意见》(国办发〔2007〕36号)文件精神，抓紧落实行业协会同政府相关部门的脱钩工作，还原行业商会的民间色彩，把政府不该管、不便管的事交给行业商会等民间组织和社会团体。同时，要按照转变政府职能、经济体制改革的要求，赋予行业商会一定的职能，让“业内人管业内事”，助推小微企业发展。

附件一：关于扶持、挽救光伏产业的建议

附件二：关于小微企业融资难、融资贵的情况反映

附件三：关于小微企业税费负担重的情况反映

附件一

关于扶持、挽救光伏产业的建议

一、浙江光伏产业发展现状

截至2011年年底，浙江光伏企业数量已达370余家，其中2011年新增63家，光伏组件产能为8GW，为国内第二大光伏产业区。370余家企业中，生产辅材的企业170余家。

去年以来，浙江省光伏产业经历了国际市场政策变化、需求萎缩、组件压港、库存骤增、组件降价、展会冷清、业绩下滑、上游降价、减产停产、行业亏损面扩大等一系列冲击。多晶硅、硅片、电池片、组件价格分别较以往下跌约45%、52%、53%和42%，出口额剧减。

二、目前浙江省光伏产业面临的困难

(一)国内市场应用不足

据统计，目前全国太阳能光伏发电总装机只有百万千瓦左右，仅占我国近10亿千瓦发电装机总量的千分之一，对于太阳能光伏发电来说，只能算刚刚起步，真正的发展高峰远没有到来。有企业反映，国内市场化应用程度不高，除了目前发电成本比较高外，与电力系统的垄断导致光伏发电企业难以并网操作有很大关系。

(二)企业自身盲目发展

据浙江省太阳能行业协会介绍，浙江省光伏企业从2005年的30多家发展到目前的370多家，80%为中小企业。浙江省光伏企业总产能达8GW，在全国50 GW中居第二位，而国外市场需求只有28 GW，低水平重复建设导致产能过剩。

(三)产品严重依赖外需且市场过于单一

去年，浙江省光伏企业出口额占全行业销售的90%。本轮“光伏热”的市场主要集中在欧洲，而且欧洲国家的装机规模根本无法同国内相提并论，因此市场容量有限。由于市场容量有限而且市场过于单一，2011年欧洲经济出现问题后，欧洲各国在光电建设上投资迅速下降，使得晶硅制造业已经形成的庞大产能立即出现闲置，产品开始积压，资金链断裂，一些后进入的企业和实力较小的企业难以为继，濒临破产。

（四）缺乏光伏产业的核心技术

目前，浙江省光伏产业的困境与在晶硅制造技术上缺乏核心竞争力有关。不仅小企业缺乏核心技术，行业龙头企业也受制于国外企业的技术垄断。目前，大部分晶硅制造企业缺乏最核心的晶硅提炼技术，硅锭几乎全部依赖美国进口，因此众多企业实际上仅仅属于来料加工型，仅赚取一点微薄的加工费 。

三、几点建议

各级政府要加大扶持力度，帮助光伏行业度过“严冬”。具体建议如下：

（一）加大财政补贴力度，引导企业加快核心技术研发

技术决定命运。要从振兴民族工业的高度来重视和支持光伏产业核心技术的研究开发。通过财政税收金融等经济手段鼓励大型光伏企业研究开发核心技术，提高组件的发电效率，并在行业内推广应用，减少对国外要素市场的依赖，提高产品附加值。

（二）引导行业整合重组，实现资源优化配置

据统计，2010 年全国前十位龙头企业占全国产能 33%，2011 年占 66%，预计今年将达到 80%。光伏企业生产相对集中是一个趋势。我们建议，出台光伏产业重组扶持政策，通过市场手段淘汰一批小型企业，利用龙头企业的品牌、资金和技术优势，联合中小企业组建集团控股公司，以大带小、抱团取暖，提高经济效益，力保浙江省太阳能光伏产业度过危机。

（三）加强税收优惠力度，推进光伏产业国内市场应用进程

解决目前光伏产业问题的重要手段之一是加快国内市场化应用的步伐。一是要结合我国人均资源不足的实际，大力宣传使用太阳能发电的优势。二是通过财政、税收、金融等经济杠杆吸引更多的光伏发电投资者投身光伏发电行业，促进研发创新和产品创新，进而推动光伏发电成本大幅下降，尽快达到光伏发电上网等价点，增强我国能源的独立性和对自然环境的保护。降低光伏发电成本。如参照风力发电的增值税政策，在光伏发电行业也实行销售电力实现的增值税即征即退 50%的政策，扩大光伏发电终端应用市场。三是在建项目设计规划中，规定地区新建项目采取光伏发电达到一定比例。同时，对出口企业采取补贴形式，支持继续发展外需市场。

附件二

关于小微企业融资难、融资贵的情况反映

省统计局公布的数据显示，2011 年小型企业利息净支出 374 亿元，占规模以上工业企业的 45.2%，相当于同期银行贷款余额的 6.7%，远高于大中型企业的 5.2%；小型企业利息净支出增长 47.2%，远高于大中型企业 32%的增速。与此同时，小型企业融资景气指数已处于不景气区间，去年四个季度分别为 92、92.7、91.2 和 89.5，与 2008 年国际金融危机影响最严重时期水平基本相当，规模以下工业企业资金紧张的企业比重达 38%。调研走访中，小微企业反映最为集中的一个问题是融资难、融资贵。

一、银行贷款乱象

小微企业为何“谈银色变”，从银行贷款乱象中可窥见一斑。

(一)银行贷款乱象一：附加收费名目繁多

一位企业老板反映，目前从银行贷款十分难，即使能够贷到，成本也接近央行规定的极限，其中合同上写明的利率并不高，许多是口头提出来的，目前银行收取的额外费用有账户管理费、融资咨询费、顾问费等四五种之多。目前银行对担保贷款收取的年利率通常在基准利率上上浮 50%至 100%，但这一高利率并不体现在贷款合同上，而是以贷款融资顾问费的方式一次性收取。

(二)银行贷款乱象二：扣留部分贷款

有企业反映，除了以各种名目多收费外，银行还会在放款时，以保证金、结算资金等名义，扣除部分贷款作为存款，使得企业实际能够拿到手的贷款大幅缩水，而贷款者却需为所有贷款支付利息和附加成本。

(三)银行贷款乱象三：搭售各种理财产品

有企业反映，银行的乱收费还体现在附带销售各种产品上，如向银行贷款时，有的被要求买了一个密码器，有的被要求买保险。对此，企业满腹怨言，却有苦难言，借贷成本是贷款基准利率的两倍以上，但是却无法申诉，因为以后融资还得靠银行，如果闹僵了，银行不和自己合作了，那自己也就是自寻死路。

(四)银行贷款乱象四:企业常常伺机抽贷

要求贷款企业互保、规避银行风险,是银行业公开的秘密,只要银行知晓某家企业经营出现问题,还不起贷款,本来没有问题、但为其担保的企业也会被银行抽贷,影响企业正常经营。

银行业的高额利润既不是因为管理效率高,也不是因为其创新能力强,主要来源于过高的存贷利息差以及名目繁多的各类收费。银行金融业凭借行业的垄断,利用全民的储蓄资源,给实体企业发放过高融资成本的贷款,是推高企业生产成本和物价的祸根之一,这是当前经济发展困难的重要原因。

二、案例及点评

某建筑租赁企业 A:该企业向银行贷款 100 万元,第一项融资成本是基准贷款利率上浮 15%后,也就是利率约 7.5%的贷款利息;第二项融资成本来自于银行的回存回报,银行要求企业 100%回存,即贷多少存多少,贷款企业迫不得已只能买存款指标,但必须支付贷款总额 4%的利息差(通常做法是银行推荐有存款能力的客户给贷款企业,有存款指标的企业要求得到 7.5%左右的回报,7.5%左右的回报相当于基准贷款利率上浮 15%后的融资成本,扣除银行基准存款利率 3.5%,另外 4%的存贷差由购买存款指标的贷款企业承担);第三项成本来自银行的保证金规定,按照规定银行,收取贷款总额 20%的保证金,也就是说贷款企业最终只能拿到 80 万元的现金加上 20 万元的保证金,而这 20%的保证金也就是 20 万元贷款也需要贷款企业付给银行利率约 7.5%的贷款利息,但只能得到 3.5%的基准存款利息,这 20 万元要承担 4%的存贷差,即相当于贷款 100 万元的企业变相增加了 0.8%的融资成本。因此总体来讲,该企业实际承担的融资成本是 7.5%+4%+0.8%=12.3%。

银行基准贷款利率是 6.56%,但是贷款企业 A 的实际贷款利率为 12.3%,几乎翻番,说到底靠的还是银行的垄断经营。浙江省一些传统制造企业毛利率在 10%左右,也就是说如果是借钱扩大生产,事实上可能不会赚钱反而亏本。试想如果资金市场充分竞争的话,需要贷款的企业按照银行程序和规定利率借款,就不会出现拉回存款、上浮利率、扣留保证金的情况,将会大大降低企业的融资成本,提高企业盈利水平,也会相应降低物价水平,有益于抑制通货膨胀。

附件三

关于小微企业税费负担重的情况反映

小微企业税负过重已是不争的事实,甚至有企业喊出"税负这么重,我们都快活不下去了"的声音。尽管从去年下半年开始,国家出台了一系列支持小型微型企业发展的减轻税费负担的政策,赢得企业界一片叫好,但是小微企业实际感受到的政策效果却非常有限,普遍反映"雷声大雨点小"。调研发现,税费负担重是小微企业利润微薄、生存困难、转型不力的一个重要原因。

一、税负项目繁多

目前我国共有19个税种。不同企业所涉及的税种和税率根据其所在行业、经营范围、经营方式和规模等的不同而有所不同。

附表1　有关税收项目和税率

序号	税收项目	税率
1	企业所得税	法定税率25%,小微企业20%
2	增值税	一般纳税人17%,小规模纳税人3%(但不能抵扣进项税)
3	服务业营业税	5%
4	建筑业营业税	3%
5	印花税	供应、预购、采购合同万分之三,财产租赁万分之十
6	土地使用税	1.5~35元/平方米
7	房产税	房产原值的0.84%
8	关税	按商品类别征收

附表2　有关收费项目和费率或金额

序号	行政事业性收费的项目	费率或金额
1	养老保险	工资总额的15%
2	医疗保险	工资总额的6%
3	工伤保险	工资总额的1%
4	失业保险	工资总额的2%
5	生育保险	工资总额的0.3%

续表

序号	行政事业性收费的项目	费率或金额
6	残疾人保障金	工资总额的0.5%
7	城市建设维护费附加	增值税的7%
8	教育费附加	增值税的3%
9	地方教育费附加	增值税的2%
10	水利建设专项资金(水利基金)	销售收入的1.2‰(1‰)
11	文化事业建设费	3%
12	各协会费(个体协会、家纺协会、妇联等)	每年约800元、1000元、3000元、3500元不等
13	工会经费	工资总额的0.3%或0.8%或1000元/年
14	营业执照年检费	1000元/年
15	工商年检e照通服务费	100元
16	暂住证	30元/人
17	金税开票系统资格证费	360元
18	数字证书费	500元
19	环保收费等	

二、几个案例及点评

(一)某制丝企业A

属国内缫丝行业一流企业，经营管理都在同行前列，产品质量国际顶级，唯一为爱马仕提供精品丝，产品价格要比同行业高出4万~6万元/吨，2011年的税负情况是：

税负率=(国税+地税)/销售收入=6.18%；人均纳税=纳税金额/全体员工数=1.6万元；人均创造税后企业利润=税后企业利润/全体员工数=0.03万元。

附表3 2011年制丝企业A上缴税费情况表

	项目	金额(万元)	备注
收入	应税销售收入	10500	
税费	增值税	582.02	(销售收入－非增值项目金额)×17%
	城建税	29.10	上缴增值税×5%
	印花税	4.34	营业收入×80%×(3/10000)
	土地使用税	31.92	4元/平方米
	房产税	8.02	固定资产(房产)原值×70%×1.2%
	教育费附加	29.10	上缴增值税×5%
	水利基金	18.06	营业收入×(1/1000)
	企业所得税	0	所得税忽略不计
	工会经费	2.8	工资总额×2%,按要求未足额上缴
	实际总税负额	705.36	
	企业总体税负	6.7%	税费总额/销售收入×100%
利润	净利润	15.6	

(二)某织造企业B

属传统丝绸织造企业,设备中上水平,有梭无梭各占50%。经营管理都在同行前列,产品质量中上。2011年的税负情况是:

税负率=(国税+地税)/销售收入=2.88%

人均纳税=纳税金额/全体人员=1.03万元。

(三)无梭织造企业C

设备工艺一流先进,经营管理都在同行前列,产品质量优。2011年的税负情况是:

税负率=(国税+地税)/销售收入=2.54%

人均纳税=纳税金额/全体员工=0.86万元

综上分析,产业链越靠前的企业税负越高,劳动用工多的企业税负越高,越是需要技改的企业税负越高。

课题组成员:汤为平　黄正强　邓国安　周冠鑫　景柏春

执笔人:景柏春

【点评】

这篇调研报告准确地抓住了当前经济发展中的主要矛盾、承载民生问题的广大小微企业面临着前所未有的困难,提出当前要全力扶持小微企业渡过难关,长远看还要深化改革促进经济健康发展的建议。

浙江省省委书记赵洪祝、副省长龚正和毛光烈分别作了批示。

下 篇

绿叶红花

杭州市民营经济"三年倍增"计划绩效评估研究报告[*]

杭州市工商业联合会

（2007 年 11 月）

2001—2006 年，杭州市委、市政府先后制定实施了关于民营经济发展的两轮"三年倍增"计划，一是 2001—2003 年的第一轮计划，二是 2004—2006 年的第二轮计划，两轮"三年倍增"计划实施效果如何，尤其是 2004—2006 的"三年倍增"计划是否实现了预期目标？计划执行取得了哪些主要成绩，还存在哪些主要问题？对杭州的社会经济产生了怎样的影响？对今后的政策制定具有怎样的借鉴作用？……为此，我会对杭州市民营经济"三年倍增"计划执行情况进行系统评估，现将调研情况报告如下：

一、"三年倍增"计划执行效果明显

从"三年倍增"计划执行效果看，在"三年倍增"计划实施过程中，各级党委、政府充分发挥政府主导力，制定了一系列促进民营经济发展的政策措施，保证了"三年倍增"计划目标的实现，使杭州非公经济实力、民企 500 强数量、非公经济规模等指标位居全国、全省前列，成为浙江省民营经济第一大市。

（一）民营经济发展环境日益优化

1. 发挥政府主导作用，为民营经济发展营造良好舆论氛围

2001—2006 年，市委、市政府先后三次召开全市民营经济大会，制订和实施了两轮民营经济"三年培增"计划，大力推进民营企业"二次创业"，坚持抓大不放小，一手抓"顶天立地"的大企业、大集团，一手抓"铺天盖地"的小企业，特别是科技型、成长型中小企业。先后制定出台了一系列"含金量"很高的扶持政策。大力宣传党委政府鼓励、支持和引导个体私营等非公有制经济发展的法律法规与方针政策，努力营造民营经济发展的良好氛围。同时，市委、市政府十分关心民营企业家，先后两次开展"优秀社会主义事业建

* 本文获得 2007 年度杭州市党政系统优秀调研成果一等奖。

设者"评选活动，表彰鼓励了一批优秀民营企业家，还多次组织"优秀社会主义事业建设者"赴各县(市、区)进行巡回演讲。

2.完善政策，把鼓励、支持、引导民营经济发展的各项措施落到实处

2002年以来，市委、市政府相继制定出台了《关于进一步促进个体私营经济发展的若干意见》、《关于进一步鼓励支持和引导个体私营等非公有制经济发展的实施意见》等鼓励、支持、引导民营经济发展的政策措施，放宽准入领域。同时，坚持一视同仁原则，陆续出台了鼓励民营资本投资现代服务业和高新技术产业、鼓励非公资本参与市政公用事业建设、改善中小民营企业融资环境等相关配套措施，使民营经济发展环境更加优越、政策更加优惠、举措更加有力。

(二)民营经济呈现良好发展态势

"三年倍增"目标基本实现(见表1)。2007年上半年以来，杭州民营经济克服诸多不利因素影响，继续保持了持续健康发展的良好势头，突出表现在推动杭州实现从国有经济大市向民营经济大市的历史性跨越，实现"三个第一"，杭州真正成为浙江省民营经济第一大市。

表1　浙江省2006年城市经济发展水平和民营经济发展状况比较

地区	地区生产总值		人均生产总值	全社会固定资产投资总额		财政总收入		个体工商户占全省比重(%)	私营企业占全省比重(%)
	绝对值(亿元)	排位	(元/人)	绝对值(亿元)	排位	绝对值(亿元)	排位		
全省	15713.90		31874	7500.03		2314.04		100.0	100.0
杭州	3441.51	1	51878	1460.74	2	624.49	1	15.7	23.7
宁波	2874.44	2	51460	1502.77	1	561.17	2	13.9	20.5
温州	1837.50	3	24390	645.55	5	241.09	3	14.5	11.3
台州	1463.31	5	26026	623.74	6	175.69	5	12.0	9.1
金华	1234.70	7	27108	506.95	7	150.67	7	12.1	8.8
绍兴	1677.63	4	38540	765.75	4	184.73	4	10.2	8.7
嘉兴	1346.65	6	40206	800.21	3	165.11	6	7.2	8.4
湖州	761.02	8	29527	479.75	8	91.77	8	5.8	3.3
衢州	387.40	9	15740	273.41	9	38.42	10	2.9	2.0
丽水	355.37	10	14104	222.17	10	43.20	9	3.6	2.2
舟山	335.20	11	34682	218.99	11	37.20	11	2.1	2.0

1. 民营经济实力位居全省第一

以2006年统计数据为基础，对省内11个市的经济发展水平和民营经济发展状况进行比较来看，个体工商户数，杭州占全省总量的15.7%，高于宁波的13.9%和温州的14.5%；私营企业数，杭州占全省的23.7%，高于宁波的20.5%和温州的11.3%；杭州个体工商户和私营企业户均注册资金都位于全省首位（见表1）。

2. 500强民企数量位居全国第一

杭州市入选全国民营企业500强数量逐年增加（见表2），超过山东省、上海市，位居全国省会城市、副省级城市和全省各市第一（见表3、表4）。

表2　杭州市历年进入“全国500强”的民营企业数

年度	2002	2003	2004	2005	2006
企业数	43	53	53	59	65
占全国比例	8.4%	10.6%	10.6%	11.8%	13.0%
占全省比例	22.87%	28.96%	28.96%	29.06%	32.02%

表3　2006年度“全国民企500强”在各省、自治区、直辖市分布情况

序号	地区	“全国500强”企业数	序号	地区	“全国500强”企业数
1	浙江省	203 （其中杭州：65）	14	广东省	7
2	江苏省	112	15	黑龙江省	5
3	山东省	33	16	北京市	3
4	上海市	24	17	陕西省	3
5	辽宁省	19	18	重庆市	3
6	湖北省	12	19	江西省	3
7	天津市	11	20	云南省	3
8	河南省	10	21	河北省	2
9	四川省	9	22	吉林省	2
10	山西省	9	23	海南省	1
11	湖南省	9	24	新疆维吾尔自治区	1
12	安徽省	8	25	甘肃省	1
13	内蒙古自治区	7		合计	500

表 4　2004—2006 年省内部分市进入全国民营企业 500 强户数比较

地区	进入 500 强户数		
	2004 年	2005 年	2006 年
浙江省	183	203	203
杭州	53	59	65
绍兴	35	51	45
温州	27	29	29
宁波	23	22	20
台州	19	17	15

3. 民营经济规模和经济发展贡献度不断提升

2000—2006 年，以个体私营经济为主体的民营经济得到长足发展，民营经济在全市经济总量中的比重已经超过 50%。同时民营经济对财政、区域经济带动、社会共同富裕、缓解就业压力、解决"三农"问题的贡献都在不断加大。

表 5　2001—2006 年民营经济完成 GDP 情况

年份	全市生产总值(GDP)(亿元)	非公有经济增加值(亿元)	占全市生产总值比重(%)	其中个体私营经济增加值(亿元)	占全市生产总值比重(%)
2006	3441.51	2295.49	66.7	1624.39	47.2
2005	2942.65	1850.93	62.9	1312.42	44.6
2004	2543.18	1379.31	54.2	1146.97	45.1
2003	2099.77	1060.38	50.5	947.00	45.1
2002	1781.83	846.37	47.5	748.37	42.0
2001	1568.01	666.40	42.5	551.94	35.2

表 6　2006 年杭州市"全国民企 500 强"纳税、利润、出口和提供就业情况

全国民企 500 强	纳税总额(万元)	税后净利润(万元)	出口总额(万美元)	员工人数(人)
2005 年度合计	728293	598147	182273	233287
2006 年度合计	1137964	1112311	195189	287611
合计净增	409671	514164	12916	54324
2005 年度户均	12344	10138	5207	3954
2006 年度户均	17507	17112	5137	4425
户均净增	5163	6974	—70	471

二、"三年倍增"计划执行效率较高

从"三年倍增"计划执行效率看，杭州民营经济固定资产投资额以60%的增幅，取得了工业销售产值、商品销售总额、税收、新产品产值、省级及以上著名商标和名牌产品等指标的倍增，走出了一条独具特色的成功之路，形成了有别于"苏南模式"、"温州模式"的"杭州模式"。

(一)民营经济"杭州模式"的特点

1.企业与政府"双轮驱动"

杭州民营经济的发展，既不同于温州自下而上发展、政府开始基本以"无为"管理的方式，也不同于苏南的"政府推动"模式，而是坚持企业和政府"双轮驱动"。企业是主体，政府是牵引；企业是内因，政府是外因。政府的外驱力与企业的内冲动有机结合，实现"两力合一"、"双轮驱动"，形成了以政府强有力推动、企业超常规创业、市场基础性配置为一体的创业发展模式。

2.集"知"本家与"资"本家于一体

杭州民营经济发展，不同于"苏南模式"与"温州模式"，主要区别在于企业家及创业环境上。温州很大一部分企业家出身于农民，是"资"本家；苏州很大一部分企业家是知识分子出身，服务于外资、合资企业，是职业经理，是"知"本家。杭州民营企业家分两个层面，20世纪90年代以前和温州相近，是农民出身的"资"本家；20世纪90年代以后很多知识分子成为集知识与资本于一体、"知"本家与"资"本家一身的新型企业家，UT斯达康、浙大中控、阿里巴巴、信雅达等企业创始人都是新型企业家的典型代表。并且20世纪90年代前的"资"本家随着在实践中不断探索与学习也日趋"知本化"，"资"与"知"进一步的融合。知识型创业成为民营经济"杭州模式"的基本特色。

3.民资加外资，形成"杭州模式"的"以民引外、民外合璧"特色

温州民营企业发展模式处于一种发射的状态，是走出温州的"温州模式"，他们在"走出去"中不断发展、不断壮大；而苏州的民营企业青睐于与外资的嫁接，更多的是"引进来"，在"引进来"中蓬勃发展、茁壮成长。而杭州民营经济发展把两者有机结合起来，形成了"杭州模式"的"以民引外、民外合璧"特色，这是杭州对外开放与内生创新的重要体现。通过企业与跨国公司合资、合作、"嫁接"改造，更加有效地利用国际、国内"两个市场"、"两种资源"，使企业向现代化、集团化方向发展。

4.“杭州模式”根植于“和谐创业”

民营经济“杭州模式”的产生是建立在杭州以“和谐创业”为核心的杭州创业模式基础上。“和谐创业”包含了“精致和谐、大气开放”的城市人文精神和生活品质，“杭州模式”来源于“和谐创业”，根植于“和谐创业”，充分展示“和谐创业”，这是民营经济“杭州模式”独有的特质。

5.“杭州模式”显现“总部经济”雏形

杭州是浙江的省会，与温州、苏州相比具有独特的、无可比拟的政策、环境、人才、文化优势。“大都市＋省会”的“叠加优势”是最为现实的竞争优势之一。在外地企业不断涌入杭州投资创业的同时，一大批民营企业纷纷将总部迁入杭州。目前总部在杭的外地企业已突破90家，杭州总部经济雏形显现。总部经济的发展不仅给杭州带来了大量税源，而且对杭州的产业发展和技术创新发挥了巨大的推动作用，在一定程度上提高了杭州的知名度，为促进杭州经济发展起到了较好的推动作用。

(二)“三年倍增”成就杭州民营经济发展的和谐统一

1.政府主导力、企业主体力、市场配置力的和谐统一

2000年以来依靠政府强有力的推动和主导，充分发挥政府“有形之手”和市场“无形之手”的作用，加强对民营经济规划指导、政策引导、资金扶持和环境优化，激活全社会广大创业者的活力和动力，形成了以政府强有力推动、以企业超常规创业、以市场基础性配置为一体的创业发展模式。

2.企业经济效益和社会效益的和谐统一

杭州民营企业在经济实力明显增强，企业规模不断壮大，利润和税收贡献逐年增加，显著提升杭州经济综合竞争力的同时，对社会的贡献也日益加大。

3.对外开放与内生创新的和谐统一

近年来，市委、市政府积极推动“以民引外、民外合璧”，推进民营企业“二次创业”，并提出建设“创新型城市”，民营经济对外开放与内生创新良性互动。2006年全市批准“以民引外”增资项目345个，总投资22.3亿美元，合同外资12.56亿美元。在“引进来”、“走出去”的过程中，涌现出一大批对外开放与内生创新结合的典型，如“传化花王”、“西子奥的斯”等。从内生创新来看，杭州民营经济创新能力较强，2006年年底全市共有科技型企业7870余家，90%以上是民营企业；共有市级以上技术研发中心260家，其中省级企业研发中心92家，市级企业(行业)研发中心168家，行业技术研发

中心累计达12家，90%以上是民营企业创办的。全市100家民营大集团中有57家建立了技术中心，从认定级别看，有35家技术中心达到了省级以上，其中有9家为国家级。广大民营企业家以科技创新、文化创新、观念创新等为突破，已形成相当规模的新型企业群体和创业领军人物。

4.“铺天盖地”与“顶天立地”的和谐统一

杭州进入全国民企500强的数量已连续五年居全省第一，培育了一批拥有自主知识产权的核心产品、具有较强竞争力和综合实力的“顶天立地”的大企业大集团，全市达到“双五亿”的民企大集团2006年首次达到100家，比上年新增5家，占全市“双五亿”企业集团(135家)的74.1%，平均资产规模为28.91亿元，比上年增加3.78亿元。从单个集团规模看，到2006年资产规模超百亿的有7家，50至100亿元的有8家，分别比上年多3家和1家。在“顶天立地”的大企业大集团快速发展的背景下，一大批科技型、成长型中小企业不断涌现，成为杭州民营经济发展的“基石”。“铺天盖地”与“顶天立地”的有机结合、相互促进，成就了杭州民营经济的崛起。

表7　2002—2006年杭州个私企业数量及进入全国民企500强企业情况

	2002年	2003年	2004年	2005年	2006年
入围门槛(营收总额/亿元)	4.00	6.08	9.72	13.36	18.27
同比增长(%)	37.93	47.57	59.87	37.45	36.75
入围企业数(家)	43	53	53	59	65
全省占比(%)	22.87	28.96	28.96	29.06	32.02
私营企业数(万户)	5.64	6.87	7.95	8.86	10.06
个体工商户数(万户)	19.12	20.41	23.96	26.64	28.42

5.高新技术产业发展与传统产业改造提升的和谐统一

在打造“天堂硅谷”、“长三角先进制造业中心”、“长三角创新创业中心”目标的指引下，以“两港五区”建设为载体，杭州民营经济发展注重用信息化提升改造传统产业，涌现出一大批不同于温州等地的产业格局。杭州既有像温州拥有的传统块状经济，如桐庐分水的制笔，萧山的纺织化纤、羽绒服装，也有与温州截然不同的新型块状经济，如天堂软件、动漫产业。杭州软件产业、集成电路产业的发展，成为杭州高科技产业的新型板块，杭州成为全国软件上市公司最多的城市，被授予“国家电子信息产业基地”。从上规模民营企业对传统产业的提升和改造来看，信息化程度应用不断提高。调查显示，截至2006年年底，全市100家民营大集团已有78家成立了信息化建设机构，有77家建立了商业网站，有60家建立了虚拟专用网；企业信息化管理系统应用到财务管理的有88家，应用到办公自动化的有81家，有10家民营大集团通过电子商务取得的营业收入已达全部营业收入的20%以上。自动化、信息化的运用，使传统产业提升和改造水平有了显著变化。丝绸女装、包装印刷、工艺美术等具有传统优势的都市型工业，已借科技创意之力加快发展。高新技术产业的快速发展，成为杭州民营经济发展最大的特色和优势，更成为科学发展观指导下的民营经济发展的趋势和方向。

（三）民营经济“杭州模式”的形成，依赖于杭州经济、社会、人文基础，同时两者相辅相成，民营经济的发展又必将促进整个经济社会的发展

1.具有坚实的经济基础

杭州作为浙江的省会，经济总量在全国省会城市中排名第二，副省级城市中排名第三，民营经济已占全市经济总量的52.5%，杭州经济实力的提升为民营经济的发展提供了强有力的资金、技术、智力、经验等方面支持，要素优势决定杭州发展民营经济比“甬台温”更具潜力。

2.具有创业创新的人文精神

发展民营经济，突破传统的思维定势和文化积淀非常关键。市委、市政府提出杭州要构建“精致和谐、大气开放”的新人文精神，并把它提升到“立市之魂，文化之本，文明核心”的高度，对杭州市人文精神的重塑起到了非常重要的作用。

3.具有积极的创业心态

据对杭宁两市创业情况调查分析，有67.4%的市民对在杭州创业充满信心，认为杭州人创业精神一般或较强的人高达88.6%，认同比率是全国最高的，仅有7.3%的人认为较差；杭州人的创业意愿也很强，对创业者普遍理解支持，甚至47.2%的市民认为走创业之路学历并不重要。如今，“人人都是创业主体，人人都是创业环境”的观念已深入人心，传统的贪图安逸的消极心态已经被“走天下、闯市场”的创新精神所取代，杭州已成为民营企业创业的一方沃土。

4.具有优良的创业环境

近5年中，杭州获得联合国人居奖、国际花园城市、国际环保模范城市、

全国绿化模范城市、中国最具幸福感城市、中国最具安全感的城市等荣誉，连续3年被世界银行评为“中国城市总体投资环境最佳城市”第一名，连续3年被《福布斯》杂志评为“中国大陆最佳商业城市”第一名。这些荣誉的取得，客观地反映了杭州良好的商业氛围和创业环境，也吸引了国内一流的人才，从而创造了一流的业绩。

三、“三年倍增”计划执行效应较高

从“三年倍增”计划执行效应看，推动了民营经济从量的扩张向质的提高转变、在质的提高的基础上实现量的新扩张，实现了民营经济做大做强的目标，全面提升了杭州民营经济的综合竞争力，民营经济发展呈现出新的趋势，由此带来杭州在经济、社会、文化、思想等方面的深刻变化并产生深远影响。

（一）拓宽领域发展

实行“非禁即入”和“平等待遇”，民营资本进入社会事业、基础设施等领域的积极性空前高涨。在教育领域，截至2006年年底，全市民办的学校中：高校4所，普通中学54所，小学39所，职业中学8所。在医疗卫生领域，截至2006年年底，全市共有民营医疗机构1004家，占医疗机构总数的45.72%；其中民营医院44家，占民营医疗机构总数的4.38%。在文化体育领域，民营资本以股份制、合作制、个体私营等多种形式参与兴办除新闻媒体业以外的文化产业。截止2006年年底，全市有85家民营企业经营动漫、动画、网络游戏。在基础设施领域，杭州地铁、杭千高速公路、杭州绕城高速公路、石大公路等重大设施都有民营企业参与。

（二）机制转型发展

杭州民营企业正从以个人、家族企业为主向股权多元化的公司制发展。2006年全市共有私营企业10.07万户，其中有限公司8.1万户，投资企业1.83万户，合作企业1237户，分别占私营企业总户数的80.4%、18.17%和1.23%。产权清晰、权责明确的有限责任公司已成为民营经济发展的主要组织形式。大量的家族企业聘请职业经理人参与企业经营和管理，相当部分的民营企业设立了党组织和工会，对完善和规范企业法人治理结构起到了有力的促进作用。

表 8　2001—2006 年杭州私营企业组织结构变化情况

年份	有限责任公司(户)	占比(%)	独资企业(户)	占比(%)	合伙企业(户)	占比(%)
2006	81078	80.6	18270	18.2	1237	1.2
2005	69366	78.3	17978	20.3	1266	1.4
2004	59600	76.6	17000	21.9	1222	1.6
2003	49900	72.6	17200	25.1	1567	2.3
2002	39886	70.8	15130	26.8	1349	2.4
2001	29000		3383			

说明:2001 年部分数据缺失。

(三)资本推动发展

资本市场“杭州板块”异军突起,随着阿里巴巴在香港的成功上市,全市已有 44 家民营企业上市,占全市上市公司总数的 77.2%。以“新利软件”、“网新兰德”、“中程科技”、“士兰微电子”等为代表的民营科技企业形成全国独一无二的软件上市企业“杭州板块”,杭州成为全国 IT 上市企业最密集的城市。华立集团成功收购重庆川仪、ST 恒泰等,通过一系列的买壳运作,不仅在国内资本市场站住了脚,而且还把触角延伸到了国外资本市场,顺利完成由传统企业向高科技企业的转变。

(四)结构优化发展

虽然制造业依然是民营企业的密布领域,但随着产业结构的调整,涌现出诸如电子服务、生物工程、物流配送、非学历教育培训等新兴现代服务行业。在 2006 年度杭州“全国民企 500 强”上榜企业中,既有恒逸集团、华立集团等老牌制造业企业,也涌现出新湖控股、红楼集团、和平工贸等一批新军(共有 17 家企业属于现代服务业)。以批发零售业、房地产业、租赁和商贸服务业等为主导的现代服务业成为杭州民营经济发展新的“增长极”。

(五)科技主导发展

在全市 916 家省级高新技术企业中,95%是民营高科技企业。2006 年,全市参加 500 强调研的 261 家上规模民营企业中,有 71 家被认定为高新技术企业,占 27.2%,领军企业如 UT 斯达康、阿里巴巴、恒生电子、信雅达等。

(六)自主创新发展

民营科技企业自主创新意识不断增强。据有关调查表明,2006 年,全市民营科技企业科技活动经费支出达到86.73亿元，其中R&D经费支出达到65.78亿元，分别占全省比重的30.67%和45.84%。恒逸、华立、吉利、传化、富通等均在境内外设立了研发机构，在国内建立了博士后工作站。中控科技、信雅达、大华技术等企业的研发费用与销售额之比均超过10%，恒生电子超过20%，达到或超过国际10%的标准。2006年全市参加500强调研的261家上规模民营企业的技术创新能力也比较强，其中有76家企业拥有自主知识产权，占29.1%；在83家拥有自主专利技术的企业中，共获得专利2080项。企业对参与各项质量认证表现出积极的态度，其中参与ISO9000、ISO14000和OHSAS18000认证的，分别占76%、35.3%和13.3%。杭州民营企业正在向技术专利化、专利标准化、标准国际化的方向稳步迈进。

（七）品牌引领发展

杭州民营企业创品牌意识进一步增强。目前，全市拥有中国名牌产品52个（居全国省会城市之首），浙江名牌201个，国家免检产品45个。民营企业获得省级以上著名商标106个，名牌产品105个，占全市比重分别为40%和45%。万向集团公司生产的钱潮QC牌万向节是全省唯一获2007年中国世界名牌产品（全国2007年仅3个，目前共10个），实现了杭州中国世界名牌产品零的突破。

（八）总部集聚发展

截至2006年年底，在杭的总部集团共91家，其中2003—2006年共吸引70家总部集团到杭落户，吸引注册资本108亿元。以在杭注册的集团及集团名义投资的公司达1477家，实际利用外资22.5亿美元，世界500强在杭投资的企业87家。全国500强企业在杭总部或分支机构100余家。2007年北京社科院中国总部经济研究中心公布总部经济发展能力排名，杭州在全国35个主要城市中名列第六，在总部经济发展能力第二能级城市中排名靠前。

四、进一步完善民营经济发展的政策措施

（一）民营经济发展面临新形势

杭州民营经济发展既处于政策扶持的黄金期，也处于国际、国内市场竞争的挑战期，更处于发展壮大的转型期。杭州民企能否在挑战中脱颖而出，关键在于能否率先成功转型，加快在企业制度、产业发展、经营模式、发展方

式等方面的重大转变，尤其需要加快完成“六个转型”，包括从主要依靠先发性的机制优势向主要依靠制度创新、科技创新和管理创新，从“制造”向“创造”转型；从主要集中在传统制造业和商贸业向全面进入高技术高附加值先进制造业和现代服务业，尤其是生产性服务业拓展转型；从主要依靠国内资源和国内市场的内生型向充分利用国际国内两种资源、两个市场的开放转型；从现有的块状经济、小规模经营逐步向更高层次的集群化、规模经济转型；从比较粗放的经营方式向更加注重信用、质量和生态的经营方式转型；从政府单纯“出政策”向积极“造环境”转型。

（二）当前民营经济发展面临的外部困难和问题

主要包括发展空间日趋紧张、市场准入领域尚需解决“玻璃门”或“弹簧门”现象、资金问题困扰中小型企业发展、市场中介服务体系建设相对不足、企业核心竞争力还需进一步增强、自主创新能力需进一步提高等问题。

（三）政策措施建议

实现把杭州打造成长三角民营经济发展的先行区，民营总部的集聚区，长三角最具活力的增长级之一的目标，需要进一步巩固和完善鼓励、支持和引导民营经济发展的政策措施。

1.强化、固化促进民营经济发展的成功经验和做法

政府主导力、企业主体力、市场配置力的“三力合一”，在前两轮“三年倍增”计划的实施过程中探索、积累的许多成功经验和做法，应该制度化、规范化，形成长效机制。

2.努力拓展企业发展空间

要加快江东、临江、钱江、余杭等开发区建设，拓展企业发展空间，缓解土地等要素制约，为杭州打造民营经济总部提供必要保障。

3.进一步放宽民营资本市场准入领域

进一步贯彻落实《国务院关于鼓励支持和引导个体私营等非公有制经济发展的若干意见》和省、市有关放宽民营资本市场准入的政策精神，进一步鼓励和引导民营资本进入市政基础设施、公用事业、文化传媒业、金融保险业和潜在优势产业。

4.进一步加大金融服务力度

加快金融产品、金融工具和金融服务创新，建立解决中小企业融资难问题的长效机制，建立健全发展民营经济的金融财税支持体系。加快建立市级产业投资基金和风险投资引导基金。

5.加快市场服务体系建设

完善与民营经济发展相配套的社会化服务体系。加快行业协会的改革，充分发挥行业协会、商会在发展民营经济中的协调服务、参谋咨询、桥梁纽带和自律管理等作用。

6.鼓励和扶持民营企业加强自主创新

树立创新是推进民营企业“二次创业”根本动力的理念，落实相关政策，大力推进民营企业制度和技术创新，增强民营企业的核心竞争力。

7.鼓励民营企业实施品牌发展战略

鼓励民营企业实施品牌发展战略，培育一批驰（著）名商标产品，形成一批具有较强品牌营销能力、拥有自主知识产权、具有较强创新能力、产品知名度和美誉度较高的民营经济品牌群，成为全国性民营企业品牌大市。

课题组成员：庄哲卿　刘志义　陈文华　赵炜　周美勤

执笔人：陈文华

【点评】

该报告有数据分析、有定性阐述，最大的亮点是总结了杭州民营经济的五个特点，即“杭州模式”，提出了促进民营经济发展的政策建议，是一篇不错的关于地方民营经济政策绩效评估调研报告。

关于《杭州市成长型中小企业五年(2008—2012)培育计划(瞪羚计划)》实施情况的调研报告*

杭州市工商业联合会、杭州市政协经济和科技委员会

(2009年10月)

2008年4月,杭州市正式出台了《杭州市成长型中小企业五年(2008—2012)培育计划(瞪羚计划)》(以下简称"瞪羚计划"),重点扶持培育成长型中小企业。目标是通过5年努力,至2012年,重点培育和发展500家成长性好、竞争力强、技术优势明显,具有较强自主创新能力和发展潜力的成长型中小工业企业,进一步夯实工业经济的增长基础,加快提升和优化产业结构,促进杭州市经济社会的又好又快发展。

"瞪羚计划"实施一年多来,国际、国内的经济环境和浙江省及杭州市的经济形势都发生了深刻变化,为使"瞪羚计划"与时俱进,更加贴近当前杭州市的经济发展要求,我们通过走访、问卷、座谈、分析等方法,对"瞪羚计划"实施情况进行了调研。

一、"瞪羚计划"实施一年来的成效评估

杭州市有7.5万家工业企业,其中95%是中小企业。中小企业的生长和发展状况,决定杭州经济的健康程度和增长速度。面向中小企业的"瞪羚计划"实施以来的一年多时间,恰逢国内外宏观经济从减速到萎缩、由剧烈震荡到逐渐企稳复苏的复杂形势,"瞪羚计划"得到了一次难得的检验机会。综合分析,主要成效体现在以下几方面:

(一)提升了杭州经济知名度

杭州推出"瞪羚计划",受到了各界广泛关注,成为国际金融危机形势下国内谈及中小企业话题的典型案例。在互联网上的谷歌搜索输入"杭州+

---

* 该文获得2009年度杭州市党政系统优秀调研成果优秀奖。

瞪羚计划”，显示网页4800篇。通过各类媒体传播、市政府和各类经济组织会议推介，杭州“抓大不放小”、“既抓顶天立地，又抓铺天盖地”，重视中小企业发展已经名声在外，极大地提高了杭州商业环境的美誉度。今年尽管受国内外投资降温影响，杭州招商引资工作仍然保持良好的增长势头，继续走在浙江省的前列。2009年1—6月份全市共引进内资项目2632个；协议资金701.26亿元，完成全年任务的58.17%，比去年同期增长13.25%；到位资金301.64亿元，完成全年任务的58%，比去年同期增长13.78%。今年9月在杭州召开的APEC中小企业峰会，将进一步形成关注中小企业成长的杭州品牌效应。

（二）优化了杭州的创业环境

旨在扶持中小企业的“瞪羚计划”一经推出，就对众多的潜在创业人群起到了良好的导向作用，加之杭州市打造“充分就业城市”和“国家创业型城市”等相关政策的叠加效应，新创业企业数量大幅增加。网商、海归创业、外地来杭创业等群体创业热情高涨。以大学生创业为例，2008年全年申请创业资助的大学生创业企业数是73个，而2009年仅一季度，大学生申请的创业企业就达到了90家，其中符合条件的81家，超过了去年全年的总和。自2008年6月第一个大学生创业园成立以来，到今年9月，杭州的大学生创业园数量已经达到7家。创业带动就业的“杭州模式”正越走越宽。今年3月14日举行的全国创建创业型城市工作座谈会上，杭州成为首批82个国家级创建创业型城市之一。

（三）增强了杭州企业家信心

在去年国际金融危机形势下，杭州企业景气指数和企业家信心指数也均呈下降趋势，但相较于国内其他城市，杭州企业“两个指数”下降幅度为较小城市之一。“瞪羚计划”与其他政策一起，成为杭州市政府为在杭企业砌起的一堵“挡风墙”。中小企业争当“瞪羚”的创业热情、发展热情逆势高涨。据2008年年底统计的数字显示，全市已经建成单体规模1000平方米以上的孵化器37家，在孵企业1689家，累计毕业孵化企业396家。这一数字在今年被不断刷新：今年7月，位于杭州经济技术开发区的杭州市高科技企业孵化器一期项目实现招商满员，吸引51家企业入驻，预计全年园区入孵企业生产总值将达到7000万元，为开发区产业升级和产业转型输出一批优秀成长型企业。因为还有很多企业排队等候“入孵”，今年5月，又启动建设总建筑面积达13.6万平方米的高科技企业孵化器二期工程。这些都为“瞪羚计划”集蓄强大的候选企业集群。统计显示，今年7月杭州市企业家信心指数回升至132.9，企业景气指数回升至141.1，双双回归“较为景气”区间。

（四）助推了中小企业发展

“瞪羚计划”推出后，被数量庞大的中小企业视为绝对“利好消息”，相当多的中小企业把入选“瞪羚计划”、成为“瞪羚企业”列为企业近期或中期发展目标。“瞪羚计划”中的扶持政策，也让入选的中小企业直接受惠，“杭州市最具成长性中小企业”成为企业的一张“金名片”，成为企业拓市场、树形象、取得银行授信额度等方面的“通行证”。2008年对最具成长性的90家企业进行了每家10万元的奖励，增加技改资助额度，提高技改项目的资助比例，起到了良好的示范效应；注重中小企业信用担保体系建设，改善了中小企业融资环境；发放工业债权基金两期共计3.5亿元，有效缓解了融资难的问题；想方设法促进中小企业技术创新工作，积极开展“386”电子商务进企业上网工程，帮助中小企业拓展市场，开展人才培训，提升企业综合素质等工作也卓有成效。

二、当前中小企业生长环境变化及对“瞪羚计划”的新期待

“瞪羚计划”实施一年来，充分展现了对杭州市中小企业强大的扶持作用，但随着中小企业生长环境的变化，“瞪羚计划”在某些方面也显现出不能满足企业需要的地方，广大中小企业对“瞪羚计划”的充实完善也还有很多期待，综合来看，主要体现在以下几个方面：

（一）要继续抓销售市场的开拓

中小企业在这次国际金融危机冲击中受到的最大影响就是市场萎缩，导致产品销路不畅。杭州中小企业外贸依存度高，受到的影响更大。在积极引导企业开拓新的国际市场的同时，应充分发掘和足够重视国内市场，可继续举办类似“杭州名特优新产品北京展销会、星光大卖场”等虽然手段传统、但卓有成效的商贸活动。调研中，一些企业希望政府采购时在质量同等的条件下，优先考虑杭企产品，用足杭企产品在价格、服务和维护方面的优势，让杭州企业产品首先在当地“香起来”，扩大杭企产品内销渠道。要加大宣传，使“中小企业百事通114服务热线”与“中小企业96345服务热线”、市经委中小企业服务中心的“服务企业直通车”网站家喻户晓，充分发挥作用。同时，对出台的政策逐条进行梳理，逐条落到实处，逐条发挥作用。

（二）要努力抓融资瓶颈的突破

“瞪羚计划”对中小企业的培育，主要体现在资金扶持上，去年的国际金融危机形势下，中小企业的资金瓶颈尤为明显。很多中小企业无抵押物品，无规模优势，无资本实力，在发展期遭遇了前所未有的困难。今年上半年我国金融机构共发放贷款总额 7.37 万亿元，其中大型企业占贷款总额的约 47%，中等规模企业占贷款总额的约 44%，数量众多的小企业贷款仅占贷款总额的 8.5%。“瞪羚计划”中，解决杭州市中小企业融资问题主要从“加大资助与奖励、改善融资环境”两个方面规定了 9 条政策，设立创投引导基金、组建科技银行、组建信用再担保联盟等工作都是走在全国前列的，多次组织银企对接活动也收到了非常好的效果。但《计划》在有些方面规定比较模糊，如“一定资金、部分经费”等，有些与当前的经济形势契合还不够紧密，还有些措施是针对暂时的困难，缺少前瞻性和稳定性。组建“科技银行”、发行“中小企业集合债”、推行网络信贷联保等富有成效的工作当时尚未纳入《计划》之中；建立中小企业贷款风险补偿基金、组建再担保联盟、开拓网上融资平台等新政策需要大力推进；国家商务部中小企业国际市场开拓资金、专项补贴资金、出口信贷担保贴息，科技局专利奖励资金等潜在渠道也可挖掘；通过练好企业内功吸引“风投、创投机构”也不失为一条可行渠道；近期国家批准“创业板”上市的政策，也为发展型的中小企业融资带来一条新路。所以，在破解中小企业融资难方面，《计划》中的相关内容还需要根据形势变化和企业需要进行修订。

（三）要持续抓企业创新的扶持

客观上讲，杭州市科技创新工作已走在国内城市前列，截至 2008 年年底，全市中小企业设立的技术中心 247 家，占全市企业技术中心总数的 62.8%。全市 400 家市级以上企业设立的企业（行业）研发中心中，有相当部分为中小企业创立。但与先进城市和地区相比，仍然还有不小差距。如 2008 年，杭州市仅有 7 家企业进入全国“创新百强”。“瞪羚企业”的特点就是长于创新，失去了这一点，就失去了生存的优势，“块头不大，跑得快，跳得高”的特点就体现不出来。这次金融危机更加体现出科技创新对企业生存发展的重要性。要依据杭州创新指数，加强对“瞪羚企业”的引导，特别是要引导企业善于进行“人才抄底”，大力引进各类人才带技术、带项目、带产品进企业，走捷径转型；帮助企业推进产学研结合，加大技改资助，积极筹建公共研发平台，扩大科技企业孵化器面积；鼓励企业申报各类专利，加大品牌创建力度，使“瞪羚企业”特点更明显。

（四）要大力抓电子商务的推进

杭州市电子商务发展已走在全国的前列，拥有阿里巴巴、网盛生意宝等一批国际知名电子商务平台，“中国电子商务之都”初具规模。据统计，今年1—6月，全市信息服务业实现主营收入200.53亿元，同比增长5.51%。其中，电子商务服务收入22.92亿元，同比增长38.11%。电子商务在杭州市“保就业、拓市场、促转型”中发挥了重要的作用。推动“386”电子商务进企业工作，目前已经取得很大成绩，其中财政资助的助推作用明显。监测数据显示，今年上半年，杭州市已累计有12565家内贸企业、2200余家外贸企业开展电子商务应用。市经委、市财政局已下达了三批中小企业通过第三方电子商务企业开展电子商务应用资助项目2878项，财政资助资金累计达746.148万元。目前，第四批共759个申请项目审核工作已基本完成。同时，今年已对43家建立独立电子商务应用平台企业下达资助计划，财政资助1772余万元。与“386”电子商务相配套的宣传培训工程已经基本完成。要抓住这次危机对企业产生的“上课”效果，趁热打铁，对中小企业上网工程进行查漏补缺，深化服务，搞好跟踪监测，帮助企业切实提高信息化水平。同时，积极做好应用电子商务帮助企业促创业、拓市场、促转型升级工作。推进滨江、文三街区、仓前（淘宝城）、北部软件园、城西、下城、下沙（大学生网上创业园）等电子商务产业园建设，鼓励电子商务产业园申报认定市高新技术产业园。依托电子商务产业园建设，培育现代电子商务产业集群。

三、对完善“瞪羚计划”的建议

（一）建立动态修正机制

经济形势变化日新月异，正如俗语所说：“计划赶不上变化。”与时俱进地完善计划，使之符合杭州经济发展实际，对“瞪羚计划”这样时间跨度长达5年的计划来说，是保证其生命力的有效途径。杭州应对国际金融危机的实践证明，培育成长型中小企业，政府有很多工作可做，措施有很多可想，对策会随着形势变化而丰富。“瞪羚计划”中，规定了重点培育的中小企业名单，每年视情作适当调整，其余措施未预留调整空间。建议每年根据实施情况，对“瞪羚计划”予以修订完善，剔除不再符合实际的内容，借鉴各地扶持成长型企业的成功经验，充实创新成果，划分年度任务，提高培育目标，使“瞪羚计划”始终贴近形势，受到欢迎。

（二）调整政策扶持导向

调研中我们发现，入选的“瞪羚企业”对“瞪羚计划”中的改善发展环境和政策导向非常关注，而对有关资助与奖励的部分关注度明显不高。究其原因，主要是能入选“瞪羚”的企业都是发展很好的企业，这类企业“不差钱”，政府奖励的10万元、20万元对他们来说，只具有获得肯定的象征性意义。但这类企业对后期的发展环境和政府的政策导向非常敏感。因此，建议今后政府在制定扶持政策时，除了以现金奖励、充分发挥政府奖励“四两拨千斤”的典型培育作用外，更加注重企业的成长环境建设、发展平台建设，充分发挥政策引导功能。近期，国务院新推出了扶持中小企业的六大新举措，由国家发改委牵头制定的《关于进一步鼓励和促进民间投资的若干意见》，即“鼓励民间投资20条”已经上报国务院，浙江省发改委在全国率先起草了《关于进一步推动项目建设，确保投资有效增长的意见》。针对这些指导性文件，杭州可结合实际，推出具有杭州特色的可操作性扶持政策，使之尽快产生效益。

（三）充分集聚社会力量

培育中小企业，职能在政府，力量在社会。解决企业成长中遇到的融资难、创新难、破贸易壁垒难等问题，靠政府一家之力有所不能，也不应仅由政府来做。如阿里巴巴首创的“网络联保贷款、纯信用贷款”等具有电子商务特色的融资模式，今年预计能让中小企业从银行获得60亿元的贷款。前不久，市政府与阿里巴巴和银行三方各投入2000万元资金，充实阿里巴巴网络联保风险池，放大了网络联保放贷能力。建议在政府职能部门之间搞好横向联动的同时，加强与银行、科研院所、高校、风投等相关机构的合作，把社会上的力量引进来，共同为“瞪羚企业”的健康成长营造一个广阔天地。

（四）加强政府服务力度

杭州市中小企业数量占企业总数的95％，提供了全市近50％的税收和70％的就业。这一“小企业做大贡献”的现象在国内也较普遍。为加强政府监管和服务，国内如东莞、济南、郑州、兰州等地都设有专门的中小企业局，人员编制在30～40人。杭州市经委负责管理中小企业的中小企业处编制只有4人，要服务全市7万家左右的中小企业，力量明显不足。建议借鉴兄弟城市做法，在经委下设中小企业局，属二级局性质，增加人员编制，以利加强对中小企业的服务力度。

(五)增加进度督查功能

在坚持各区“一把手”亲自抓的同时,领导小组办公室要加强执行情况检查,立足日常跟踪管理。同时,建议引入社会监督力量,自我加压,推动政策落实的序时进度,使之最大、最好程度地发挥效益。

(六)加强典型宣传引导

要及时总结宣传“瞪羚计划”实施中的政府工作、企业发展、金融支持等方面的好典型、好经验、好做法,如将其纳入杭州市百强企业评选之中等。

课题组成员:王坚　刘志义　谢惠芬　张治毅　周美勤

执笔人:张治毅

【点评】

该报告选题角度独特,分析问题透彻,建议切实可行,最大特点是对政府的经济规划提出评估和建议,为理论界研究政策效果提供一个样本。

杭州市民营企业发展环境和对策初探*

杭州市工商业联合会

（2010 年 4 月）

第一章　引　言

一、调查背景及目的

1.1

《国务院关于鼓励支持和引导个体私营等非公有制经济发展的若干意见》（以下称为“非公经济 36 条”）已颁布 5 年。随后，2006 年年初，《浙江省人民政府关于鼓励支持和引导个体私营等非公经济发展的实施意见》终告出台，这份被人们称为“非公 32 条”的实施意见，成为国务院“非公经济 36 条”在浙江的深化贯彻办法。2009 年 10 月，《国务院关于进一步促进中小企业发展的若干意见》出台（以下称为“29 条”），成为中小企业抗击金融风险的利器。

1.2

杭州非公经济在过去的一年，经历了金融风暴的严重影响，其负面影响凸显，或多或少地造成企业生产经营困难，经济效益下滑，资金运作困难，产品滞销，企业发展的不确定因素增多等，这些影响都对非公有制经济的发展带来了较大制约。

1.3

促进非公企业的发展，主要依靠三点：政策好、人努力、市场旺。2010 年 3 月开始，市工商联以全国工商联和浙江省工商联相关问卷为基础，重点了解会员企业中对政策的贯彻落实情况以及自身经济状况。

---

* 本文获得 2010 年度杭州市党政系统优秀调研成果一等奖。

二、调查方法及对象

1.4

此项调研采用现场分发和由各区县市工商联及直属商会转发部分会员，由企业自行填写的方式。本会于2010年3月向300名会员企业发放全联问卷和省联问卷各150份。发出问卷，在指定期限共收回有效问卷分别为104份和102份（样本回收率分别为69.3%和68%）。

1.5

全联和省联的问卷针对的是同一个主题，针对的是同一个调查人群（即非公经济中的民营经济），但各有侧重，互有补充。

1.6

为了更具有针对性，本报告在分析时，引用了过往的部分企业调研结论和素材。需要强调的是，本次问卷不排除样本的差异性导致的结果的可靠性。

第二章　问卷结果

一、问卷回应企业的情况

2.1

回应全联问卷的企业共104家，其中制造业49家，服务业33家，房地产8家，金融业3家，矿业1家，其他10家，制造业和服务业企业共占78.8%。回应省联问卷的企业有102家，省联问卷中对企业状况没有提问。

2.2

本次问卷侧重于对相关问题的调查，对回应企业的情况（例如投资规模和方式、地区和行业分布、销售市场等），调查还缺少更多的数据。

二、对非公经济政策的认识和政策效果

2.3

有67.3%的企业认为，非公经济政策在改善非公有制经济发展环境方面感到有明显改善或者改善满意，而有32.7%的回应企业认为改善不明显或者没有改善（见图1）。

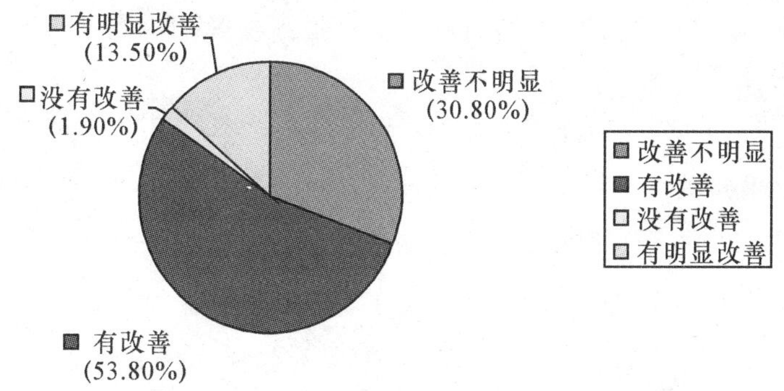

图 1　对非公经济发展环境的评价

在回答对非公有制经济的发展前景和信心时，92.7%的回应者表示非常有信心或者有信心(见图 2)。

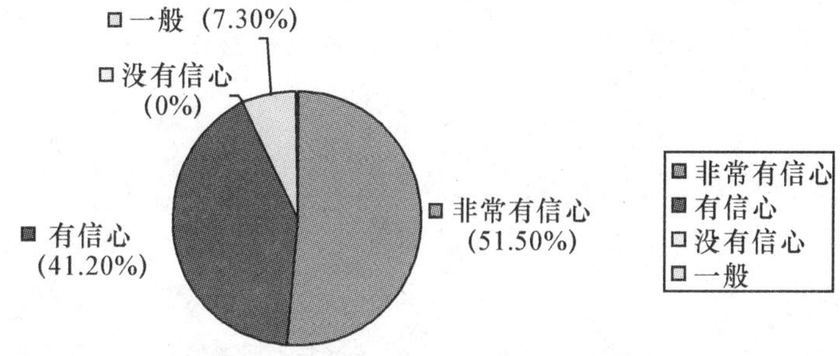

图 2　对非公经济发展前景的判断

2.4

国务院"非公经济 36 条"已经颁布 5 年，省、市也相继颁布了非公经济政策，在调查国务院有关部门落实政策情况的问题时，有 50%的回应企业认为满意，一般的占 44.2%，不满意的占 5.8%。

相对而言，认为地方政府贯彻落实情况满意的则大幅减少为 37.1%，一般的则占 58.1%，不满意的占 4.8%。

2.5

贯彻国务院"非公经济 36 条"和"29 条"以及省政府"32 条"中，影响政策效用的最重要因素和障碍前三位是非公企业自身素质提高、现有法律法规和政策不配套，以及与部门或地方利益有冲突。

2.6

在落实中小企业"29 条"中，影响政策落实效果的主要因素包括：缺乏可操作的配套实施细则(占 60.6%)；扶持中小企业风险较高，政府部门和金融机构存在顾虑(占 47.1%),以及中小企业对政策不了解、不能有效运用相关政策(占 34.6%)等。

2.7

好的政策关键是给企业带来福祉。在回应企业中,有 21.8% 的企业享受到了政策的优惠。而没有享受到优惠的企业占 49.9%,还有 28.3%的企业回答可能有或者不清楚。

2.8

鼓励非公经济发展的政策中,企业最受益的方面(前三位)包括:营造有利于中小企业发展的良好环境(占 79.8%);加大对中小企业的财税扶持力度(占 70.2%)和切实解决中小企业融资难问题(占 64.4%)。

三、企业发展环境

(一)市场准入政策

2.9

有 9.2%认为是完全公开,认为政策虽然公开,但条件苛刻程序繁琐的占 35.7%,还有 43.7%的回应者不了解政策,认为没有公开的占 11.4%。

2.10

在非公企业进入垄断行业和领域时,时常遇到"玻璃门"和"弹簧门"。有 63%认为非常严重或者严重,只有 27.9%认为一般或者基本没有。

2.11

非公企业在进入各类垄断行业时所遇到的困难程度各有不同,但基本都有半数以上的回应者不准备进入这些垄断行业。其中在电力、电信、民航、石油行业最多,有 71.2%的回应者不准备进入,相对来讲,国防科技工业最少,为 48.9%。如果我们设定"4"为"已进入","3"为"准备进入","2"为"不准备进入"和"1"为"无法进入",那么,加权评分最高的是非银行金融服务业和供水、供电、供气、交通、污水处理行业,最低的是国防科技工业和电力、电信、民航、石油行业(见表 1)。

表 1　非公企业进入垄断行业的情况

行　　业	占回应企业比例(%)				加权评分
	已进入	准备进入	不准备进入	无法进入	
电力、电信、民航、石油	*	*	71.2	21.2	1.64
供水、供电、供气、交通、污水处理	8.6	25.1	54.9	10.4	2.30
科技、教育、文化、卫生、体育	*	32.8	63.1	*	2.25
银行业	*	*	76.2	15.2	1.68
非银行金融服务业	32.1	*	52.9	*	2.34
国防科技工业	*	11.1	48.9	30.4	1.62

注:(1) * 表示没有回答;

(2)加权评分指综合"已进入"、"准备进入"、"不准备进入"和"无法进入"后的得分;

(3)"4"为"正进入","3"为"准备进入","2"为"不准备进入","1"为"无法进入"。

2.12

阻碍非公企业进入的最大原因中,最主要的政策因素是市场准入的政策与现行的法律法规相抵触(占 51.5%),甚至有 88.1%的企业认为自身企业的条件不成熟阻碍了这些企业进入垄断行业。

2.13

国务院"非公经济 36 条"中提出大力发展混合所有制经济,对此,回应企业的看法主要是:国家应该开始新一轮国有企业改制,鼓励非公资本参与改革(占 56.7%);非公资本参股国有、集体企业有困难(占 47.2%);国有资本凭借国有背景和经济实力侵入非公经济领域(占 33.4%)。

(二)财税金融政策

2.14

民营企业融资难一直是影响发展的一个主要困难和瓶颈。回应企业有 11.5%认为有较大缓解,有一定缓解的占 57.7%,没有缓解或者难以判断的占 30.8%(见图 3)。

企业创办初期的资金渠道主要是依靠民间借贷(占 50.1%)和原来劳动经营所得(占 49.8%)以及银行贷款(占 43.2%)。

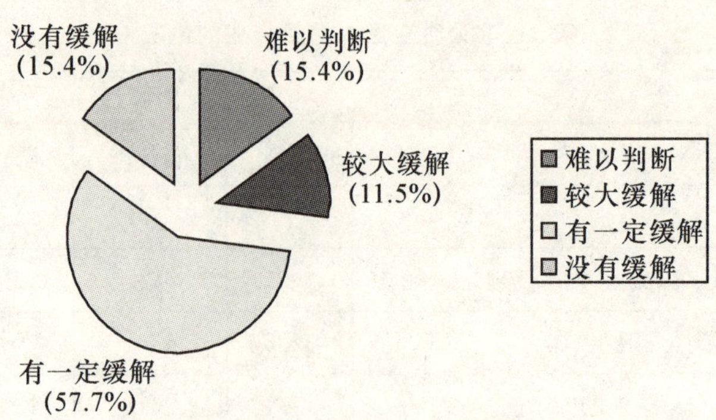

图 3　民营企业融资难情况

表 2　民营企业对金融服务工作的评价

项　　目	回应企业比例(%)			加权评分
	满意	一般	不满意	
在面向民企金融产品和服务创新方面	16.5	52.9	10.6	2.26
在银行中小企业信贷部门发挥作用方面	32.7	59.6	7.7	2.25
在资本市场、股权融资、创业投资等直接融资方面	26.0	63.5	10.5	2.15
在健全信用担保体系方面	24.0	62.5	13.5	2.10

注:"3"代表满意,"2"代表"一般","1"代表"不满意"。

2.15

在促进民间投资方面,回应企业认为以下措施将对鼓励民间投资有很大帮助。第一,加快垄断行业等的改革,消除体制束缚(占 69.2%)。第二,完善中小企业金融服务体系(占 59.6%)。第三,国有经济和非公经济平等竞争(占 57.7%)。

2.16

上市一直是非公企业融资和公司规范化运作的重要途径。有 54.1%的会员企业不想上市,没有想过的也占 33.3%。

2.17

在回答如果民间资本被允许主办银行,回应企业有 38.7 % 将入股,31.5%不入股,而有 29.8 % 认为看一看再说,抱着观望的态度。

(三)社会服务状况

2.18

在对非公经济社会服务方面,回应企业最需要的社会服务包括科技创新服务(占78.9%),创业服务(占49.1%)和企业开拓国内外市场(占30.8%)。

最需要得到的培训包括宏观经济形势和调控政策(占89.7%),企业经营管理知识(占65.4%)和国际投资和贸易知识(占55%)。

2.19

我们着重调研了工商联和行业组织的作用。

2.19.1

工商联在联系党和政府与非公企业之间具有重要的作用。回应企业认为,工商联在加强非公企业与政府的沟通(占80.7%),建立非公企业间交流沟通平台(占77.1%)和维护非公企业合法权益(占68.4)等社会服务方面的作用很大。

2.19.2

行业商会等中介组织的发展是市场经济体制发育完善的重要标志之一。当前有很多因素制约了行业组织的健康发展和正常作用的发挥。其中,行业组织官办色彩浓厚,政会不分,难以代表行业利益(占59.7%);政府职能转变不到位、行业组织职能不健全(占57.4%);民政部门和业务主管部门双重管理体制和一些规定限制行业组织发展活力(占54.9%)为前三位的问题。

2.19.3

在所有回应企业中,都参加了行业商会或行业协会(占100%),它们希望行业组织发挥更大的作用,这些作用主要包括代表本行业企业的共同利益,维护合法权益(占87.1%);帮助企业与政府有关方面沟通(占74.9%);提供信息、咨询、教育培训等服务(占73.9%)。

(四)权益保护情况

2.20

回应企业中有69.3%对生存环境感到满意和基本满意,而不满意和说不清楚的共占30.7%。

2.21

影响非公企业人士生存环境的因素中,主要包括民营企业家自身修养不够(占66.2%);公众中存在或多或少的不信任和仇视心理(占58.7%);社会缺乏对财富创造者的尊重和理解(占53.7%)。

2.22

回应企业中，与消费者发生的商业纠纷最多，占 41.2%，其次是供应商，占 29.7%，而与供货单位和政府有关部门的纠纷较少。而通常的解决办法是尽量协商调解（占 72.5%）和通过司法途径（占 45.1%），很少采用向政府部门投诉或者通过私人关系解决的途径。

四、对经济形势的判断

2.23

回应企业对当前的经济形势总体判断是乐观的。有 21.2%认为“将会有较快的企稳回升”，认为已经开始复苏，但复苏的过程将很长的回应企业占 60.6%，而对“国际金融危机影响仍在，可能会有二次下滑”的风险，有 20.2%认同。

2.24

对于 2010 年实现利润，大多数回应企业认为“实现增长且增长率等于或者高于去年同期”（占 50%），而“较去年出现下滑”的只有 3.9%，46.1%的企业认为持平或者有增长，增幅下降。同时，有更多的企业认为在今年员工数量保持不变（占 52.9%）。

2.25

今年企业的投资策略是：积极地投资（占 50%），保持目前的经营规模（占 40.4%）和收缩经营防范风险（占 9.6%）。

五、企业转型升级和发展规划

2.26

在回答“如果您的企业现在的经营范围与开业时有了较大的转变，主要原因是什么”时，69.1%的回应企业认为是因为新行业有更好的市场需求，59.7%的企业认为是因为经过发展会有较强的经济实力。

2.27

中央提出今年是经济转型升级年，要更加注重推动经济发展方式的转变。企业在转型升级中更多的想要做的是：提高自身管理能力（占64.4%）；调整产品结构，提高自主创新能力（占 60.6%），以及企业产品供应链的延伸（占 48.1%）。

2.28

我国计划到2020年实现单位国内生产总值的二氧化碳排放量比2005年下降40%～50%。这一排放目标的制定，对企业的生产和经营有一定的影响。相对较多的企业认为有助于技术改造，实现产业升级，减少生产成本(占67.3%)。

第三章　分析与讨论

一、非公经济政策：重在落实

3.1

“非公经济36条”的重要意义，就在于给予非公经济以公平竞争的角色，还非公经济一个平等的市场主体地位，而绝不是给予非公经济以特殊政策。落实“非公经济36条”的重点应该是在配套法律体系的建设上，即清理和修订限制非公有制经济发展的法律法规和政策，消除体制性障碍，使民企享受同等待遇，实现公平竞争。从调研中我们不难发现，在落实“非公经济36条”等政策过程中，出现的主要问题是现有的法律法规和政策不配套，以及部门利益割据的问题。总体上讲，部门、地方政府落实“非公经济36条”措施推进尚不平衡，行业准入总体进展比较缓慢，特别是在金融税收和垄断行业准入政策总体缓慢，一些配套措施在执行中遭遇阻力，在某些领域和行业民营企业受到的排挤更加严重，国有化趋势明显，这些问题在调研中也有所反映。在国家和地方落实“非公经济36条”过程中，企业对此的满意程度有较大的差别，其中回答满意的有12.9%的差距，说明地方在执行“非公经济36条”中有更大的阻力。非公企业在进入各类垄断行业时遇到的困难程度不同，不准备进入垄断行业的非公企业比例还相当高，一般都有一半以上。其中按行业区分，最高加权评分的行业包括非银行性金融股服务业、供水供电供气交通污水处理行业和科技教育文化卫生体育行业(评分分别为2.34、2.30和2.25)，评分最低的是国防科技工业、电力电信民航石油和银行业(评分分别为1.62、1.64和1.68)。我们注意到，评分越高，说明越接近、能进入该行业；评分越低，说明越不能进入该行业。

二、企业发展环境:喜忧参半

3.2

由于非公企业特别是非公中小企业的特殊性,在获得市场资源、经营人才、技术支持以及市场信息等各方面都受到制约,而首当其冲的就是贷款融资难。我们注意到,在有 4.5%认为融资难有较大缓解的情况下,仍然有 15.4%的企业认为没有缓解,还有 15.4%的企业认为难以判断。非公企业融资难对于中小民营企业来讲,不是商业银行贷款的首选客户,同时还会遇到手续繁琐、条件苛刻、减少贷款额等诸如此类的情况。特别是对于受到金融危机冲击而面临困难的中小企业来讲,由于民营企业自身缺少抵押物、自有资金少、资产负债率偏高、贷款风险大等原因,商业银行的放贷更为谨慎,压缩贷款存量。有些民营企业由于中长期信贷不足,只能通过流动资金贷款的展期或续贷来作为长期项目的投资,财务风险和经营风险很大,造成银行不愿意贷款给中小民营企业。

3.3

政府投资的形成取决于经济增长的水平和一定时期的宏观经济政策,而民间投资相对更加活跃,取决因素也相对较多,例如政策、体制、环境、市场和观念等。回应企业对于促进民间投资的政策选择中,首选加快垄断行业、金融体制、投资审批核准程序等方面的改革深度,消除民间投资在制度障碍、政策束缚和所有制观念上的歧视。主要的政策措施还包括完善中小企业金融服务体系和合理界定国有经济和非公经济的领域和范围,平等竞争、优势互补。

3.4

对于非公企业的历次调研中,社会服务体系建设、权益保护问题仍然是"非公经济 36 条"颁布以来影响民营企业发展的其中两个主要问题。从调研中我们了解到,非公企业最需要的社会服务项目是科技创新服务和创业服务。为中小企业提供职业培训、管理咨询、信用评价、创业辅导等服务的各类机构的建设正在不断加强,但体系的建设亟待进一步完善。中小企业财税政策、融资服务体系和技术服务体系、教育培训体系以及统计监测制度建设还有很长的路要走。权益保护涉及很多部门,外经贸、科技、乡镇企业、监察、工商行政、税务、质量技术监督、劳动、物价等部门都有可能对非公企业的权益保护形成有力的保护或者侵害。我们发现,与非公企业发生商业纠纷最多的是消费者而通常的解决办法是尽量协商调解，这说明非公企业对于纠纷还很难愿意通过司法途径解决，对于自身权益，更愿意走调解途径，对司法解决缺乏信心，也不愿意牵涉很多的精力和时间。

三、未来业务前景：否极泰来

3.5

有超过 81.8%的企业对当前的总体经济形势判断是乐观的，也打算增加投资（占 50%），而只有 22.2%的企业对经济形势感到不确定或者较为悲观。但是，有更多的企业在今年将用工策略保持不变（占 52.9%），这说明企业未来业务有望逐步走出危机谷底，但对将来的形势还保持一份清醒。

3.6

在今年这个最复杂的年头，影响经济运行的因素比较复杂，不可测、不确定的因素较多。对于非公企业来讲，要认识未来经济走势，决定企业发展策略，还是要从企业的外部经济环境和企业发展的支撑条件两方面着手。(1)当前企业发展的外部情况偏紧，内部调控政策松动。美国次贷危机结束但形势尚未完全明朗，宏观环境依然偏紧。国家对宏观调控政策进行了适当微调，重心偏向“保增长”，兼顾增长与抑制通胀之间的平衡，并加大对结构调整、中小企业、节能减排、自主创新等重点领域的支持。但出口前景和国外贸易保护主义的抬头，受人民币升值、外需下降、劳动力成本提高、原材料价格上涨等因素的影响，企业所从事的竞争性行业仍然困难很多。(2)从企业发展的支撑条件来讲，日趋向好。国家宏观政策的结构性调整总体上有利于非公企业的加快发展，继续保持较快增长的支撑条件比较充分：一是抓住投资政策有所松动的机会，加快推进在建项目，尽早开工建设一批符合国家产业政策、有市场前景的项目。二是杭州市作为长三角南翼经济中心城市，以“规划共绘、交通共联、市场共构、产业共兴、环境共建、社会共享”为重点，主动接轨、积极融入、错位竞争，杭州市的非公企业就拥有承接长三角产业转移的先天优势，将进一步提升杭州市参与产业转移与分工的竞争力。三是一批重大项目相继建成，特别是一批大的工业项目竣工投产以及技改扩产后工业生产后劲较足，非公企业配套生产的潜力巨大。

四、企业应对策略:转型升级

3.7

企业在应对危机时,已经普遍采取了不同的方式削减成本和维持市场占有。比如,争取供应商减价、重组和优化生产流程、加紧市场拓展、强化客户关系等。很多企业在危机时刻,进行重组、合并和策略联盟,以利用当前的机遇来固本培元。

3.8

从调研中我们不难发现,让非公企业从转型升级中尝到甜头是促使非公经济的主动产业转型的关键。在回答为什么企业近年来经营有较大转变的问题时,这些会员企业认为,有更多的市场需求和通过转型形成较强的企业实力是最大的原因。

3.9

要让企业主动转型升级,需要政府政策措施的外力推动。这些政策措施包括:鼓励技术创新(占90.7%)、金融服务政策(占88.9%)、税收政策(占68.7%)、扩大内需政策(占51%)和市场准入政策(占47.6%)。排在最后的是境外投资政策(占18.7%)、土地政策(占20.9%)和产品出口政策(占33.2%)。

五、工商联的作用:行业服务

3.10

由于各级工商联为促进非公有制企业发展发挥了不可代替作用,在长期联系和服务非公有制企业中,与非公有制经济人士建立了良好工作关系,比较了解非公有制企业的实际情况和需求。对工商联进一步发挥作用的建议上,回应企业普遍认为工商联应在"加强与政府的沟通"和"维护非公有制企业的合法权益"和"建立非公企业间交流沟通的平台"等方面进一步发挥政府管理非公有制企业的助手作用。

3.11

在行业组织的作用方面,制约行业组织发展的因素主要有:行业组织官办色彩浓厚,政会不分,难以代表行业利益;政府职能转变不到位,行业组织职能不健全;没有建立对行业组织的评估机制和退出机制。虽然回应企业都参加了行业组织,但这些行业组织发展的滞后给行业组织的健康发展带来很大的问题。企业大多期盼行业组织能代表本行业的共同利益（占 87.1%），代表企业与政府沟通（占 74.9%），以及提供各类信息和培训。

第四章　对策与建议

4.1　促进相关制度的快速形成

4.1.1

国家和省出台的一系列鼓励和支持非公经济发展的政策措施，对非公经济的发展确实起到了历史性的和实质性的作用，但同时，好的政策落实得慢，非公经济在金融、法制、舆论和市场准入等各方面仍面临着不为乐观的环境，非公经济的法制还有亟待解决的制度问题。

4.1.2

要积极推进国家强制性制度变迁。必须尽快制定和完善行业准入方面的配套措施，打破行业垄断、经济垄断和地方垄断、推进政策的公平化、公开化、规范化和程序化。

4.1.3

要加快观念意识的改变。政府和行业管理者应该由对国有经济的偏爱向各所有制公平竞争的意识转变，真正对非公经济的发展做到放心、放手、放胆。社会成员在对待非公经济时要由偏激向正常意识转变，不能在社会上引起仇富心理，使非公经济人士产生谨小慎微、不敢创业的不正常心理状态。

4.1.4

要加快实施机制的建设。离开了具体的实施办法，任何制度都会变成废纸。我们认为，必须对“非公经济 36 条”的实施出台时间表和行业落实进程表，发挥社会中介组织和舆论监督的力量，规范和加强行政立法和执法行为，在下一个 5 年内，完全发挥“非公经济 36 条”应有的政策效果。

4.2 创新非公企业的发展模式

4.2.1

从此次的问卷看，非公企业大多存在以下的特点：集中在传统行业，科技含量不高，盈利水平不高，而且生产经营集中在较为固定的区域，企业之间缺乏深入的合作关系，大都独立发展，与供应商和消费者一般也保持着不稳定的关系，发展一般靠再扩张。

4.2.2

虽然此次问卷中没有调研非公企业的管理者素质和受教育程度，但我们从其他的调研中发现，非公企业的盈利水平和管理者受教育程度没有直接的相关性，甚至在一定程度上还有负相关性。这个结论提示我们，目前激烈的和无序的竞争状态不利于非公企业雇佣高级管理人员，那种单纯依靠降低成本和简单模仿的生产方式，无法吸引和造就高层次人才。因此，当前需要尽快提高非公企业管理者的素质。

4.2.3

鼓励合作基础上的竞争，降低交易费用。国内外高成长性企业发展的经验告诉我们，注重中小企业之间的合作和协同，能带动产业升级，提高产品和服务的附加值。因此，在当前政策中，我们除了应该给予单个非公企业支持，要特别注重鼓励行业内的合作机制的建立，降低中小企业兼并重组的交易费用，鼓励中小企业重组联合，比如建立产业联盟、设立产业银行等。

4.2.4

推动非公企业专业化生产。由于非公企业很多是中小企业，甚至是小企业，在成长发展的初期和中期，要鼓励它们走专业化生产，不鼓励多元化发展。专业化生产才能培育核心竞争力。

4.2.5

坚持非公经济三维度发展即集群(大量的非公企业在一个地区、形成产业群)、聚类(同类或者上下游企业聚集在更小的区域，形成协同关系)和龙头(产业群中的终端企业)。我们在调研中不难发现，非公经济选择这三个发展途径，关键是廉洁高效的政府和良好的投资环境。政府在金融、税收、土地、行政效率和公平性等方面提供的良好投资环境，创造了非公企业产业集群的比较优势，并能最终引导产业的发展方向。

4.2.6

整合离散型的中小企业为同盟型。中小企业必须适应网络经济的新形势，研究虚拟经营模式在中小企业发展中的作用。绝大多数的中小企业属于制造业，企业之间产品供应链和客户链不完善，而且相互不关联。制造业企业的转型升级，必须靠两条腿走路，即技术创新和管理创新。其中在众多管理理念中，虚拟经营模式不失为一种在网络发展时代适合中小企业的模式。虚拟企业，即动态联盟，即在特定时期为满足特定的市场需求而形成的企业同盟，强调企业风险共担和利益共享。中小企业可以利用先进的信息交换技术，通过企业优势联盟，以更大的优势和更强的实力，在与国内外先进企业竞争的同时，首先解决企业生存问题，然后解决竞争和胜出问题。

4.2.7

鼓励企业家帮助非公企业发展。应该吸引能够向中小企业提供管理技能和创新技术的企业家来帮助杭州市的中小企业发展。例如，风险投资家通过风险投资在小企业初创期通过治理企业结构来帮助企业发展，小银行(而非大银行)更愿意向小企业贷款。

4.2.8

改善中小企业退出机制，降低企业市场进入和退出障碍，激发中小企业的活力。实践证明，风险投资对中小企业的发展起到了关键作用，推动了中小企业的蓬勃发展。对于中小企业的风险投资退出机制，可以是以企业并购和回购形式，也可以是IPO形式，而近年来并购退出在整个风险投资退出中所占的比重越来越大。在这些方面，我们还存在着较多的障碍。

课题组成员：黄智平　王杰　周美勤　陆金良

执笔人：黄智平

【点评】

该报告结构新颖，内容翔实，定量分析与定性分析相结合，其核心观点是非公经济发展的真正障碍在于现实利益格局难以打破。

2008 年度宁波市上规模民营企业调查报告*

宁波市工商业联合会

(2009 年 8 月)

此次调研入围企业的标准为 2008 年度营业收入总额在 3 亿元人民币(含)以上的民营企业,实际入围 196 家,对比 2007 年度的 168 家入围,增长 16.67%。

一、2008 年度上规模民营企业总体现状

从入围 2008 年度宁波市上规模民企调研的 196 家超 3 亿元年营收的企业数据来看,无论是入围数量、营业收入、资产总额、利润、纳税、创汇等关键经济指标总体上仍然保持了 2007 年度的较高水准,发展平稳、均衡协调,民营经济的基本面经受住了金融危机的考验。

(一)营业收入数据分析

在 196 家民企的有效数据中,营业收入户均 14.29 亿元,从表 1 看,与 2007 年户均 14.61 亿元略有下滑,但结合 2004、2005 和 2006 年数据,则表明宁波市规模民企的业务规模已经稳定在新的台阶。

表 1 近五年宁波市上规模民营企业户均营业收入额对比

年度	2004	2005	2006	2007	2008
户均营收额(亿元)	8.52	9.22	9.78	14.61	14.29

表 2 近四年营业收入排名前三位的宁波市上规模民营企业

年度	第一位(万元)	第二位(万元)	第三位(万元)
2005	1671666 雅戈尔集团	1116424 金田铜业	1071930 奥克斯集团
2006	2200495 金田铜业	1740452 雅戈尔集团	1083298 奥克斯集团
2007	3197041 金田投资控股	1840866 雅戈尔集团	1713152 奥克斯集团
2008	2549950 金田投资控股	2493649 雅戈尔集团	1640977 奥克斯集团

* 本文获得 2009 年度宁波市政府优秀调研报告奖。

表 3　2007 和 2008 年度宁波市上规模民企营业收入总额前 20 位对比

名次	企业名称	2008 年度营收总额(万元)	企业名称	2007 年度营收总额(万元)
1	金田投资控股	2549950	金田投资控股	3197041
2	雅戈尔集团	2493649	雅戈尔集团	1840866
3	奥克斯集团	1640977	奥克斯集团	1713152
4	广天日月集团	793646	乐金甬兴化工	752087
5	慈溪进出口股份	786716	龙元建设集团	711622
6	龙元建设集团	728714	神化化学品	659350
7	乐金甬兴化工	647796	广天日月集团	620308
8	利时投资集团	552376	海天塑机集团	547130
9	神化化学品	488921	利时投资集团	450191
10	宏润建设集团	481650	荣安集团	426854
11	慈溪市工业品批发市场	428263	宏润建设集团	405254
12	世纪华丰	421386	华翔集团	400374
13	华翔集团	418851	华力斯化学工业	393811
14	徐龙食品集团	415112	徐龙食品集团	384643
15	浙江吉利汽车	408775	申洲针织	365561
16	海天塑机集团	359050	华茂集团	318159
17	浙江广博集团	349645	中达建设集团	300221
18	太平鸟集团	325914	浙江造船	297287
19	宁波轿辰集团	283597	宁波轿辰集团	278429
20	百隆东方有限公司	282546	太平鸟集团	267922

从表 2 来看，金田、雅戈尔与奥克斯的前三强位置，在过去四年中并未发生变化，在全市范围内稳列前茅。而其中金田(资源型企业，主业为铜)首次出现约 64.7 亿元下跌，下降 20.24%，主要受经济危机影响，因原材料价格的剧烈变化因素导致；雅戈尔(国际化企业，主业为服装、投资)增长 65 亿元，增长 35.46%，主要得益于其投资与国际化战略的实施；奥克斯(电子品企业，主业为家电)基本持平，跌幅 4.21%，反映出宁波制造企业的抗风险能力。

从表 3 看，2008 年 20 强企业中有 6 家新上榜，有超过 1/4 的新面孔，说明危机背景下依然存在大量发展机遇，并被不少优秀企业抓住。而且2008年度营业收入总额前20名对比同排位的2007年度的前20名，除2家呈现下降，18家企业中大多数的营业收入总额均有幅度不等的增长，反映出宁波市民营经济总体向上的基本趋势。

（二）资产总额数据分析

196家规模民企的资产总额计2174.12亿元，户均11.09亿元，户均资产比2007年度基本持平，略有增长。而此前2006、2005年度的户均资产数据是负增长，规模民企资产增加的趋势已经确立，这可能要结合两点原因：一是对民间投资的刺激有效，产业升级方面投资有所增加；二要结合品牌战略和企业对内需的重视，企业加大了对品牌和渠道方面的投入。

表4　近五年宁波市上规模民营企业户均资产额对比

年度	2004	2005	2006	2007	2008
户均资产额（亿元）	7.3	7.14	6.73	11.02	11.09

表5　近四年资产总额排名前三位的宁波市上规模民营企业

年度	第一位（万元）	第二位（万元）	第三位（万元）
2005	1502531 雅戈尔集团	685541 金田铜业	570497 奥克斯集团
2006	1702921 雅戈尔集团	724633 奥克斯集团	570000 荣安集团
2007	3940866 雅戈尔集团	819222 奥克斯集团	795543 龙元建设集团
2008	3576290 雅戈尔集团	877210 龙元建设集团	778098 世纪华丰

表6　2007和2008年度宁波市上规模民营企业资产总额前20位

名次	企业名称	2008年度 资产总额（万元）	企业名称	2007年度 资产总额（万元）
1	雅戈尔集团	3576290	雅戈尔集团	3940866
2	龙元建设集团	877210	奥克斯集团	819222
3	世纪华丰	778098	龙元建设集团	795543
4	奥克斯集团	722308	海天塑机集团	638605
5	华翔集团	604243	荣安集团股份	602450
6	中华纸业	564766	华翔集团	551181

续表

名次	企业名称	2008 年度 资产总额(万元)	企业名称	2007 年度 资产总额(万元)
7	南苑控股	479380	金田投资控股	546770
8	广天日月集团	468868	宁波洛兹集团	405546
9	宏润建设集团	465249	宁波申洲针织	390392
10	浙江吉利汽车	442510	浙江造船	387353
11	利时投资集团	432603	广天日月集团	369611
12	海天塑机集团	429556	徐龙食品集团	365486
13	甬石旺泰船舶燃料	424420	利时投资集团	360658
14	徐龙食品集团	396519	乐金甬兴化工	358896
15	金轮集团	331204	宏润建设集团	282753
16	金田投资控股	312977	华茂集团股份	281230
17	浙江广博集团	287871	舜宇集团	223748
18	慈溪进出口股份	269859	宁波天安集团	199339
19	乐金甬兴化工	260712	宁波百隆纺织	176752
20	舜宇集团	212033	罗蒙集团	175144

结合表 5、表 6 来看，规模民企的资产变化比较大，无论是增长还是减少，动作不小。如第一名的雅戈尔集团 2008 年度资产减少约 36 亿元，幅度是 9.25%，与其 2007 年度 131.42%的增幅形成鲜明对比，主要原因是受金融危机影响，资产估值大幅缩小；而龙元建设资产增长约 8 亿，增加 10.27%。

资产前 20 强中，有 8 家新面孔，另外有一些企业资产总额低于 2007 年同等入围水平，然而总体水平是上升的，增增减减，变化不少，这同时也说明各企业在危机转型存在实质性动作，或扩大投资，或瘦身发展。

表 7　2008 年度宁波市上规模民营企业净资产总额分布(单位:万元)

净资产分布	≤5000	5000～10000	10000～20000	20000～50000	50000～100000	>100000
企业数(家)	49	29	47	37	17	17
比重(%)	25.00	14.80	23.98	18.88	8.67	8.67

表 8　2008 年度宁波市上规模民营企业固定资产总额分布(单位:万元)

固定资产分布	≤5000	5000～10000	10000～20000	20000～50000	50000～100000	＞100000
企业数(家)	54	42	40	39	8	13
比重(%)	27.55	21.43	20.41	19.90	4.08	6.63

196 家企业资产总额为 21741155 万元,净资产总额 7410529 亿元,净资产率 34.09%,净资产总额 2 亿元以下的企业比例为 63.78%;对比 2007 年净资产率的 35.19%和 2006 年的 33.79%,态势平稳。

净资产率稳定,一方面说明规模民企的财务运营更加稳健,但也说明总体上的资产结构组成存在缺陷,民企的财技有待提升。可能产生的问题是,财务的灵活度下降,可变现或能运用的"活性资产"比例下滑,这导致企业投入再生产、应急扩大规模和其他可变现资金不够充裕,将制约企业的资金套现、短期发展和经营策略调整;而这一数据始终保持在 35%左右的结构水平,或者说明了中小企业的融资环境依旧未得到显著改观。

本次调研中,2008 年度固定资产总额 5000 万元以上的企业有 142 家,占 72.45%,对比 2007 年的 64.88%和 2006 年的 64.25%,均明显提升。5000 万元以下的固定资产企业比例,各阶段企业数的分布情况是,1 亿元以下比例于 2007 年有下滑,1 亿元以上的企业数 100 家,51.02%的数据较 2007 年 85 家的 50.60%,小有增长。这说明尽管中小企业的基数仍然雄厚,但亿元资产开始初步成为民企规模效应的门槛,而宁波市民企跨越这一门槛的数量正在稳步增加。

(三)净利润分析

在 196 家规模民企的税后净利总额累计 1077614 万元,户均 5498 万元,对比 2007 年的户均 5610 万元,出现小幅度回落,但对比 2004、2005 和 2006 年,仍保持了一个较高水平。

表 9　近五年宁波市上规模民营企业户均净利润对比

年 度	2004	2005	2006	2007	2008
户均净利润(万元)	4480	4146	4594	5610	5498

表 10 近四年税后净利润排名前三位的宁波市上规模民营企业

年 度	第一位(万元)	第二位(万元)	第三位(万元)
2005	82056 雅戈尔集团	47739 金田铜业	36046 申洲针织
2006	139300 雅戈尔集团	71846 金田铜业	49592 海天塑机集团
2007	285773 雅戈尔集团	72464 海天塑机集团	48445 金田投资控股
2008	315225 雅戈尔集团	44901 浙江吉利汽车	41557 海天塑机集团

表 11 2007 和 2008 年度宁波市上规模民营企业税后净利前 20 位

名次	企业名称	2008 年税后净利润(万元)	企业名称	2007 年税后净利润(万元)
1	雅戈尔集团	315225	雅戈尔集团	285773
2	浙江吉利汽车	44901	海天塑机集团	72464
3	海天塑机集团	41557	金田投资控股	48445
4	百隆东方有限公司	39927	乐金甬兴化工	45205
5	奥克斯集团	35906	宁波申洲针织	40809
6	宏润建设集团	25588	奥克斯集团	35373
7	华翔集团	25226	荣安集团	29879
8	慈溪市工业品批发市场	21415	舜宇集团	27499
9	广天日月集团	21357	浙江造船	27056
10	利时投资集团	20562	宁波王龙集团	23000
11	罗蒙集团	20257	华翔集团	20935
12	宁波太平洋海运	18581	龙元建设集团	20107
13	徐龙食品集团	18512	华茂集团	19143
14	方太厨具	14626	徐龙食品集团	18419
15	浙江广博集团	14434	罗蒙集团	17321
16	宁波亨润聚合	14248	利时投资集团	17154
17	宁波狮丹努集团	14038	宁波百隆纺织	15910
18	世纪华丰控股	12112	宁波欣达集团	13832
19	宁波云环电子	11769	广天日月集团	13208
20	龙元建设集团	11164	宁波太平洋海运	11943

测算本次调研，规模民企的人均净利润为 2.55 万元(根据利润总额累计 1077614 万元与调研反馈的总员工数 423395 人对比所得)，比较 2007 年度的人均利润 3.26 万元，也呈现了明显减少。

通过净利润分析，我们清晰地看到，企业利润下降明显，除了表 10 和表 11中排列首位的雅戈尔集团利润增加，同排位的其余所有企业无一例外低于 2007 年入围水平，人均净利润一项也明显低于 2007 年，并且在调研中有 23 家企业出现了亏损(利润负数)。

这说明在税后净利润上，2008 年度规模民企呈现整体性、普遍性的下降。浅析原因，不难理解：一是国家宏观经济形势严峻、大环境低迷，作为重要组成部分的民营经济，集体下滑不可避免；二是外贸依存度较高的宁波民营经济受到全球金融海啸的全局影响，在客户减少、商品压价、无序竞争、订单锐减和汇率波动等诸多因素包围下，举步维艰，利润缩水。

但从表 9 至表 11 又可以看到另一方面，虽然各项利润数据均呈现不同程度下降，但对比 2004、2005、2006 年的数据，依旧处在较高水平；比较 2007 年的数据，也只是小幅下跌。这反映出在当前紧张的经济大背景下，尽管受到阶段性的挫折，宁波市的民营企业依然能鼓舞斗志、满怀自信、积极应对，努力实施转型升级和自主创新，将整体的经营发展水平尽力维持在一个较高层面。

(四)缴税数据分析

2008 年度宁波市上规模民企缴税户均 5436.44 万元，对比 2007 年户均 5606.51 万元，也略有下降。但对比 2004、2005 和 2006 连续三年的滞缓后，还是稳定在与 2007 年近似水平。无论从户均数据还是重点纳税企业数据看，都表现了宁波市规模民企在缴税自愿性和纳税贡献度上已成为全市税收的重要力量。

表 12　近五年宁波市上规模民营企业户均纳税额对比

年 度	2004	2005	2006	2007	2008
户均纳税额(万元)	3423.17	3352.14	2984.24	5606.51	5436.44

表 13　近四年纳税排名前三位的宁波市上规模民营企业

年 度	第一位(万元)	第二位(万元)	第三位(万元)
2005	36989 雅戈尔集团	30362 荣安集团	30340 龙元建设
2006	53719 雅戈尔集团	49592 奥克斯集团	31407 金田铜业集团
2007	161285 雅戈尔集团	94651 乐金甬兴化工	73376 神化化学品
2008	150285 雅戈尔集团	103597 金田投资控股	61605 神化化学品

表 14　2008 年度宁波市上规模民营企业缴税分布(单位:万元)

纳税分布	≤500	500～1000	1000～2000	2000～5000	>5000
企业数(家)	39	25	46	47	39
比重(%)	19.90	12.75	23.47	23.98	19.90

表 15　2007 和 2008 年度宁波市上规模民营企业纳税前 20 位

名次	企业名称	2008 年 缴税额(万元)	企业名称	2007 年 缴税额(万元)
1	雅戈尔集团	150285	雅戈尔集团	161285
2	金田投资控股	103597	乐金甬兴化工	94651
3	神化化学品	61605	神化化学品	73376
4	浙江振邦化纤	37717	金田投资控股	58357
5	浙江吉利汽车	35957	荣安集团	35898
6	龙元建设集团	33738	龙元建设集团	30157
7	广天日月集团	33496	奥克斯集团	28977
8	奥克斯集团	33237	广天日月集团	24961
9	浙华重型钢管	28856	海天塑机集团	23308
10	宏润建设集团	28853	利时投资集团	18104
11	华翔集团	22299	宏润建设集团	17143
12	海天塑机集团	21534	申洲针织	16888
13	世纪华丰控股	21532	中达建设集团	12618
14	利时投资集团	19427	罗蒙集团	12615

续表

名次	企业名称	2008年 缴税额(万元)	企业名称	2007年 缴税额(万元)
15	乐金甬兴化工	14035	华翔集团	11797
16	方太厨具	13348	宁波云环电子	10100
17	帅康集团	10860	帅康集团	9808
18	宁波云环电子	10056	方太厨具	9422
19	培罗成集团	10015	奉化南海药化	9258
20	舜宇集团	9691	舜宇集团	9138

综合表12、13和15来看，宁波市规模民企整体缴纳税额对比2007年基本持平，户均纳税比2007年小幅下降，但前20位企业中，除去排位第1、3、4位的三家企业低于2007年同等排位水平，其余同排位的17家企业纳税均高于2007年同排位水平，单个企业的纳税额大多数呈现增长。对比2004至2006年的纳税数据，2008年度规模民企的纳税大规模增长，户均增幅达82.17%(对比较高的2006年数据)，和2007年户均纳税处于同一水平，综合营收数据对照，可见税负较重。

从表14看，2008年规模民企纳税1000万元以上的132家，占入围数67.35%，对比2007年的108家占64.29%，说明了纳税千万以上的民企在数量和规模上已逐步巩固并扩大，再结合户均纳税微减的现象，总体而言，宁波市规模民企的纳税有增有减，比较符合经济发展规律。当然也有少部分缴税额下滑的企业，其营收与利润本年度维稳，从一个侧面也说明了政府税费政策的局部松动，抑或是此类企业对国家税费政策的了解和运用，促进了企业税负额的下降。

(五)出口创汇能力分析

本次调研中有135家企业填报了出口创汇数据，总额为889687万美元，户均出口额6590.27万美元，对比2007年的户均6850.92万美元，下降了3.80%。出口千万美元以上的111家，占有效调研样本的82.22%。

与过往的2004至2006年相比，2008年度的户均出口值增长了2000多万美元，虽然由于全球金融危机的严重影响低于2007年度的户均值，但宁波市规模民企的出口额还是处在了很高的整体水平；且对比2007年114家企业填报出口额和2006年105家企业填报，调研中拥有进出口业务的企业数量增加明显，反映本区域外向型经济在近两年内获得的迅速发展。

表 16　近五年宁波市上规模民营企业户均出口创汇对比

年 度	2004	2005	2006	2007	2008
户均出口额(万美元)	3592.04	4347.51	4458.41	6850.92	6590.27

表 17　2008 年度宁波市上规模民营企业出口创汇分布(单位:万美元)

出口创汇分布	≤500	500～1000	1000～2000	2000～5000	>5000
企业数(家)	14	10	18	49	44
比重(%)	10.37	7.41	13.33	36.30	32.59

表 18　近四年出口额排名前三位的宁波市上规模民营企业

年 度	第一位(万美元)	第二位(万美元)	第三位(万美元)
2005	79466 雅戈尔集团	56557 维科控股集团	50482 百隆纺织
2006	80444 雅戈尔集团	45461 明光投资控股	35251 申洲针织
2007	86473 雅戈尔集团	83607 百隆纺织	47000 王龙集团
2008	95300 慈溪市进出口	77125 雅戈尔集团	33738 龙元建设集团

由表 16 来看,结合 2007 年度调研数据,我们发现宁波市规模民企的出口产值分布变化不大,但对比 2005 和 2006 年度数据则呈现集约化、规模化的发展趋势。如 2006 年度出口值 5000 万美金以上的企业比例为14.98%,2007 年这一数值为 35.09%,上升一倍多,2008 年为 32.59%;而出口值为 1000 至 2000 万美金区间以及 500 万美金以下区间的企业比例,合计上升了 5 个多百分点,其他区间变化不大。这说明在基数扩大的情况下,规模民企的出口能力仍普遍提升,尤其是最具代表性的——出口 1000 万美元以上的企业群块,还是得到了稳定与壮大。

表 19　2007 和 2008 年度宁波市上规模民营企业出口额前 20 位

名次	企业名称	2008 年出口创汇额(万美元)	企业名称	2007 年出口创汇额(万美元)
1	慈溪进出口股份	95300	雅戈尔集团	86473
2	雅戈尔集团	77125	宁波百隆纺织	83607
3	龙元建设集团	33738	宁波王龙集团	47000
4	奥克斯集团	28735	申洲针织	42155
5	利时投资集团	27524	杰友升电气	21000
6	余姚环球经贸	24028	浙江造船	20470
7	浙江卓力电器	19004	余姚环球经贸	16613
8	宁波狮丹努集团	17345	宁波云环电子	16191
9	太平鸟集团	15365	海天塑机集团	15777
10	宁波云环电子	14997	金田投资控股	13587
11	浙江恒威集团	14586	布利杰集团	13252
12	浙江广博集团	14103	华茂集团	13146
13	金田投资控股	13927	舜宇集团	12908
14	浙江吉利汽车	13800	龙元建设集团	12857
15	宁波晶圆贸易	13150	贝发集团	12851
16	宁波宏利集团	13108	利时投资集团	12751
17	舜宇集团	12557	徐龙食品集团	12000
18	百隆东方	12436	宁波亿泰控股	11465
19	宁波亿泰控股	12075	帅康集团	11278
20	宁波中华纸业	11530	宁波晶圆贸易	10000

从表 19 看，和 2007 年调研的出口 20 强中有 9 家新入榜企业类似，2008 年出口调研中也有 10 家企业为新入榜，除去个别企业未参与 2008 年度调研的原因，这些数据或者说明了两点：

一是外贸市场的剧烈变动、出口形势变化莫测，如各种贸易壁垒的出现、汇率变动的激烈，给企业出口带来很大的不确定因素，各企业应对和把握机会的不同，导致最终的成绩体现非常大的差异性。

二是尽管外贸形势变化较大，但前 20 强出口企业中除去排位第 2、3、4、9 位企业低于 2007 年同排位水平，其余 16 家企业的出口额均高于 2007

年水平，而出口户均值与2007年基本相近，大幅高于2004至2006年。调研表明，虽遭遇严峻的外贸形势，但全市规模民企的整体出口水平主要依赖众多中小企业的成长，“东方不亮西方亮”，中小企业仍然是最主要的外贸力量，并不断涌现、后劲十足。

二、2008年度上规模民营企业发展分析

根据2008年全球金融大环境和国家宏观经济背景，以及宁波市规模民企所关注的热点难点方面，本次调研分别选取了企业用工、投融资、创新、品牌化和全球化等方面的系列指标，以此考察本市规模民企经营管理上的发展状态，以求展现出宁波市民企发展的内在因素与某些趋势。

总体而言，无论是全局性的金融危机影响，还是民营企业家的自醒自救，宁波市规模民企在经营管理上的进步开始显现，企业治理结构朝着现代组织的规范化方向发展，在劳资关系、生产组织、市场拓展、自主创新、品牌建设和国际化战略等方面，有不少值得关注的探索。

为更清晰地反映急剧变化中的民企发展，本章调研报告，侧重于对变化数据的捕捉和描述。

(一)运营管理分析

参与运营管理调研的193家规模民企中，企业的发起人以自然人为主，其次是法人、中外合资和乡镇企业改制，另外还有少量国有企业改制和城市集体企业改制，反映了宁波市民企产权的基本特征。这也成为影响其运营管理特质的最重要因素，因为产权私有化的集中，容易灵活决策，较少受外界干扰，但也易造成决策权过于集中的家族制弊病，不利于企业发展。

表20　2008年宁波市上规模民营企业发起人类型情况

企业发起人类型	企业数(家)	占调研企业比重(%)
自然人发起	70	36.27
法人发起	48	24.87
中外合资	43	22.28
国有企业改制	7	3.63
乡镇企业改制	22	11.40
城市集体企业改制	3	1.55

表 21　2008 年度宁波市上规模民营企业决策权情况

企业治理结构	企业数(家)	占调研企业比重(%)
股东大会	68	35.23
董事会	80	41.45
董事长	38	19.69
总裁(CEO)	7	3.63

从表 20、21 来看,尽管私有化与产权集中程度高的企业占比例较高,但这并不妨碍治理结构的优化,比如有 41.45%的企业重大决策权在董事会,有 35.23%的民营企业重大决策权在股东大会,两者相加占到 76.68%,而决策权集中在董事长或 CEO 的企业比例,只占 23.32%。

随着金融危机的冲击和市场竞争的加剧,宁波市规模民企日益意识到管理水平提高的重要性,向现代企业管理制度转变的意愿正在增强。调研中的大多数企业,建立了股东大会、董事会,规定企业重要事务的决策权由董事会、股东大会集体讨论并作出判断和决策。这种趋势,值得肯定。

(二)投融资分析

在填报投融资调研的 193 家企业中,12 家企业为上市公司(包括上市/控股/相对控股上市企业),占调研企业的 6.22%,包括 10 家国内上市公司,2 家海外上市公司。这一比例,对比 2007 年调研所得的 9.4%,低了近 3 个百分点,但结合 2008 年资本市场停滞的情况就不难理解。

表 22　2008 年度宁波市上规模民营企业上市情况

企业上市融资	企业数(家)	占调研企业比重(%)	控股上市公司数(家)
国内	10	5.18	10
海外	2	1.04	4
总计	12	6.22	14

表 23　2008 年度宁波市上规模民营企业的上市意向

企业上市意向	上市意向企业数(家)	占调研企业比重(%)
内地	69	35.75
国外	11	5.70
香港	7	3.63
总计	87	45.08

据表 23,有 87 家民企表达了上市意愿,占被调研企业的 45.08%,这一

数据对比2007年的101家和67.79%，也降低不少。这说明企业对资本市场信心在下滑。

通过表22、23并结合2007年的数据，投融资调研既直观地反映出严峻经济形势下，民企对于企业扩张、上市融资的重新规划和谨慎观望，也折射出现有金融生态环境下，企业的资金渴求愿望依然存在，等待合适时机重新定位。

(三)企业用工变化分析

196家宁波市规模民企员工总数为423395人，户均2160人，对比2007年的户均1720人和2004、2005、2006年户均人数，呈现连续增长。这说明在保增长保就业方面，民企担负起了最主要的作用。

表24　近五年宁波市上规模民营企业户均员工人数对比

年度	2004	2005	2006	2007	2008
户均员工人数(人)	1958	2081	1607	1720	2160

表25　2007和2008年度宁波市上规模民营企业用工人数前20位

名次	企业名称	2008年 用工人数(人)	企业名称	2007年 用工人数(人)
1	龙元建设集团	59000	申洲针织	35000
2	雅戈尔集团	57318	中达建设集团	33017
3	世纪华丰控股	24967	雅戈尔集团	23881
4	宏润建设集团	17675	舜宇集团	9000
5	奥克斯集团	12500	龙元建设集团	6800
6	舜宇集团	7995	金田投资控股	6366
7	浙江卓力电器	6931	宁波屹东电子	5407
8	金田投资控股	5964	方太厨具	5393
9	宁波牡牛纸业	5935	浙江建安实业	5300
10	宁波明达针织	5933	得力集团	4800
11	宁波云环电子	5810	华翔集团	4500
12	宁波方太厨具	5500	罗蒙集团	4309
13	浙江广博集团	5400	利时投资集团	4193
14	利时投资集团	4826	浙江华联商厦	4100
15	华翔集团	4600	奉化爱伊美	4000
16	罗蒙集团	4584	宁波云环电子	3600
17	浙江华联商厦	4400	浙东建材集团	3119
18	得力集团	4341	太平鸟集团	3050
19	宁波凯波集团	4136	宁波洛兹集团	3017
20	金轮集团	3961	浙江巨鹰集团	3000

从表25看，排名前20位企业的用工人数大多超过2007年的同排位用工数，结合表24的户均人数对比，2008年宁波市规模民企的用工呈明显递增。

从金融危机角度而言，年初不少中小企业倒闭和许多企业实施裁员，员工人数理应减少，但在统计中却呈现增加，主要有三点原因：

一是紧张经济形势下，许多“体质弱小”、产品结构单一、运营不规范、风险抵御能力差的中小企业纷纷关闭，反而为少数“体质强劲”、品牌卓越、经营多元、运营完善的大型企业腾出空间，参与历年上规模调研的企业正是这些产值超过3亿元人民币的杭州市规模民企，对比裁员激烈和流动频繁甚至倒闭的中小企业，受制于经济危机的影响相对较小；这些存活的大型民企不但在金融风暴中屹立不倒，反而做强做大、扩大规模，获得比原先良莠不齐的市场环境下更大的经营空间。

二是金融危机盛行的2008年上半年企业裁员现象严重，但到了下半年和2009年上半年，经济开始回暖，许多熬过危机的民企开始调整产业、重张生产、开拓市场，这使得企业的用工需求再度回升，而2008年度上规模调研是出自2009年4月的填报数据。

三是由宁波市的产业特色所决定，如雅戈尔集团、罗蒙集团、申洲针织、明达针织等服装针织大类的企业，龙元建设、世纪华丰控股、宏润建设等建筑施工类企业，奥克斯集团、舜宇集团、云环电子、凯波集团等电子电器加工企业，以及造纸、文具、金属等行业均为用工需求旺盛的劳动密集型产业，客观上也造成规模民企的用工量始终维持在一个较高基数。

本次调研发现，对比往年，规模民企在高端人才方面的需求仍然急缺，虽有缓解，但仍是制约其转型发展的主要因素。因而，除积极引进外部人才，注重培训和技能挖潜来提升员工职能素质，也成为多数民企的选择。人才结构性的矛盾，今后相当一段时期，仍将是宁波企业面临的主要困难。

（四）技术创新分析

193份技术创新调研的数据显示，宁波市规模民企的自主创新意识走强，技术创新能力不断提升，并逐渐成为更多民企的核心竞争力和长远发展动力。

表 26　2008 年度宁波市上规模民营企业技术创新情况

技术创新情况	企业数(家)	占调研企业比重(%)
高新技术企业	57	29.53
获得专利企业	98	50.78
拥有自主知识产权	95	49.22
政府科技资金支持	66	34.20
获得政府奖项(国家级/省级)	4/34	2.07/17.62

表 27　2008 年度宁波市上规模民营企业获取关键技术、进行自主创新的方式

关键技术	自主开发研制	联合开发	模仿	引进技术	引进技术人才	并购企业	企业合资
企业数(家)	114	24	6	43	51	3	3
比重(%)	59.07	12.44	3.11	22.28	26.42	1.55	1.55

据表 26、27 来看,近三成的 2008 年度规模民企成为高新技术企业,超过一半的企业获得了各项专利;约五成企业拥有自主知识产权,超过三成的企业得到过政府的科技扶持资金,有近两成企业的科技创新成果达到国家或省级水平。

而创新的力量,六成来自企业自身;引进人才、技术和联合开发等现代主要创新手段上,成为继自主研发外最主要的三种技术获取方式,对比往年的调研反馈,变化不大。

上述数据反映了四点:

一是宁波市规模民企已成为创新的主要力量,能积极投身自主创新,并将其作为企业生存和发展的长久动力。

二是宁波市规模民企已拥有了自己的创新技术和力量,能够完成一些市场上需要的创新项目,并取得令人赞赏的成绩。

三是本区域创新环境较佳,政府对民企创新提供了实质性的扶持,包括资金与政策层面,有利于鼓励民企加大创新力度。

四是横向纵向的联合开发、并购、合资等现代合作方式,并未被宁波民企广泛利用,尽管这些方式在获取新技术、实现新创新上更便捷、快速,更见成效,但不妨碍其成为未来可用的潜在方式。

(五)品牌战略与国际化战略实施分析

品牌战略与国际化战略,在 2008 年度被调研的 193 家规模民企中,受

到了比往年更多的关注。实施品牌战略与“走出去”，才能适应经济全球化潮流，这已经成为宁波市民企的共识。而规模企业因为其不断增强的实力，对品牌战略和国际化给予了更多的期待。

表 28　2008 年度宁波市上规模民营企业获得国家驰名商标和名牌产品

品牌创建情况	中国驰名商标（个）	占调研企业比重（%）	中国名牌产品（个）	占调研企业比重（%）
2008 年度	67	34.72	34	17.62
2007 年度	54	36.24	22	14.77
2006 年度	31	16.32	24	12.63

表 29　2008 年度宁波市上规模民营企业在海外已开展的经营方式

海外经营方式	企业数（家）	占调研企业比重（%）
建立生产企业	11	5.70
建立销售公司	38	19.69
开展工程承包	6	3.11
设研究开发机构	8	4.15
从事资源开发	3	1.55

表 30　2008 年度宁波市上规模民营企业已在海外投资的主要方式

海外投资主要方式	企业数（家）	占调研企业比重（%）
独资新建	19	9.84
合资新建	16	8.29
兼并企业	1	0.52

从表 28 可以看出，有 17%的规模企业获得中国名牌，三成的企业获中国驰名商标，这印证了宁波“品牌之都”称号，对比 2006 年和 2007 年的调研数据，中国驰名商标和中国名牌都有增加，且两者总比例上升。原因有二：

一是宁波市各级政府推进品牌战略的工作卓有成效，比如各区县都有相应的扶持和激励措施，多数还设有专项的奖励资金。

二是民企在市场竞争中，感受到了品牌的力量，对品牌建设给予了更多的投入，重视自主品牌，比如品牌科（部）、新闻中心、品牌专员等相关部门和岗位的设置，较其他区域更为普遍。

表 29、30 可以看出，越来越多的企业已经在“走出去”，而形式仍然多以

建立销售公司或分支机构这类较稳健的延伸方式为主，工程承包和海外建厂刚刚起步。同时，宁波市的上规模民企已在海外投资的主要方式为独资新建企业和与当地合资新建企业，只有1家企业通过兼并方式实现，在这一轮“抄底”潮中，宁波企业的表现相当谨慎。

三、2008年度上规模民营企业发展意向与意见反馈

2008年作为进入21世纪宁波市经济发展最困难的一年，民营企业肩负着抢抓机遇、逆势发展、攻坚克难的艰巨任务。虽身处逆境，规模民企依然能坚定信心、理清思路，从经营方向和市场拓展等方面寻求突破，实现转型升级。在未来的发展选择上，突围与转型将成为民企谋求生存和发展的必由出路。结合这一层面，本次调研还重点对规模民企的发展意向，如“走出去”战略的路径选择与思考，对营商环境的集中看法，对现状改变的期望等方面予以归纳，以反映宁波市规模民企的真实意图和利益诉求，探求与社会各界的良性互动措施。

(一)“走出去”意向与障碍分析

参加此项调研的193家规模民企，从数据上显示宁波市民企在海外营销策略上注重规划，并且极为谨慎，既希望能快速开拓海外市场，以能尽快完成国际化进程，又希望控制住风险。当前现状却是，民企强烈的“走出去”意愿，受制于如人才短缺、环境欠佳等诸多困难，加之甬商务实稳健的经商作风，使得“走出去”的规模与意愿并不匹配，尽管“走出去”的数量与质量均呈强劲上升势头，但可挖掘的潜力依然巨大。

表31　2008年度宁波市上规模民营企业拟向海外的拓展类型

海外拓展选择	企业数(家)	占调研企业比重(%)
设立办事处	37	19.17
建工厂	19	9.84
建立销售网络	60	31.09
开展工程承包	9	4.66
设研究开发机构	21	10.88
从事资源开发	5	2.59
周边国家经贸合作	7	3.63

表 32　2008 年度宁波市上规模民营企业拟向海外拓展的主要方式

海外投资的主要方式	企业数(家)	占调研企业比重(%)
独资新建	26	13.47
合资新建	32	16.58
兼并企业	8	4.15

由表 31、32 来看,设研究开发机构意愿增加,是最大的变化。从 2007 年反馈的 13 家企业占调研标本 8.72%上升到 2008 年 21 家的10.88%,折射出宁波市规模民企对于借鉴和汲取国外先进技术、人才、创意等要素来提升企业发展的意愿,而其他路径,诸如口岸合作、外包工程与开发资源等方式较少企业愿意尝试。同时,新建机构是当前民企愿意采取的主要海外拓展方式,拟采用兼并方式的企业占极少数。

上述数据说明了三点:

一是宁波规模民企均有海外拓展的强烈意愿和计划,多数直接目的是为企业产品开辟新市场,且作风稳健,持有信心。

二是规模民企遵循着"做熟不做生"的原则,无论是铺设海外的网络节点,还是新建分支机构,都是为了将本土的产品服务与企业文化予以输出,并希望在海外业务上占据主导地位。

三是深层次的海外合作并未广泛进入宁波规模民企的日程,如市场资源以外的诸如海外的管理、科技、人才、信息、资金等资源整合,并没有多少民企敢于立即尝试。

表 33　2008 年度宁波市上规模民营企业海外拓展遇到的主要困难(内因方面)

自身海外发展困难	企业数(家)	占调研企业比重(%)
缺乏国际竞争力	23	11.92
缺少海外经营人才	60	31.09
缺乏商务信息和市场分析	33	24.83
不了解海外投资环境	29	17.10
经验不足	27	13.99
资金缺乏	11	5.70
缺乏对政策的理解和有效使用	20	10.36
缺乏自我保护和维权能力	16	8.29

综合而言，宁波市规模民企在海外拓展上的勇于尝试，其意愿与行为的大幅增强，主要限定在最为熟悉、最易掌控和最低成本的范围，如销货。出于对风险的谨慎，尽管海外资源的诱惑惊人，但民企在未看到解决障碍的相应环境改善之前，不会贸然行动。

民企对自身缺陷的清醒认识，是其不愿冒进的主要原因之一。如表 27 所示，超过三成的企业认为缺少海外经营人才是其不敢大胆进军海外市场的首要顾虑，商务信息和市场分析的匮乏、不了解海外投资环境、经验不足这几项因素紧随其后，而这几项因素其实也正是缺乏国际化人才所致。综合起来，则民企不敢大规模拓展海外，十之八九是受人才限制。认为缺乏国际竞争力而不愿进行海外开拓的，只有不到 12%；说明只要破除了人才瓶颈，海外拓展将会有爆发性增长。

表 34　2007 和 2008 年度宁波市上规模民营企业海外拓展遇到的主要困难(外因方面)

海外发展困难	2008 年度		2007 年度	
	企业数（家）	占调研企业比重(%)	企业数（家）	占调研企业比重(%)
外因一(国内因素)				
审批程序复杂	24	12.44	14	9.40
外汇管制严格	21	10.88	18	12.08
缺少针对企业外贸的中介服务	14	7.25	19	12.75
缺乏本国企业之间的有序协调，导致自我恶性竞争	26	13.47	28	18.79
外因二(国际因素)				
东道国贸易壁垒或政策多变	39	20.21	25	16.78
东道国出入境管制	11	5.70	8	5.37
东道国基础设施落后	5	2.59	1	0.67
东道国市场秩序较差	7	3.63	2	1.34
东道国贸易程序复杂	9	4.66	2	1.34
贸易摩擦	18	9.33	9	6.04
国际政治经济形势多变影响	40	20.73	28	18.79
国际贸易信息渠道不畅	14	7.25	11	7.38
其他原因	1	0.52	1	0.67

由表34来看，宁波市规模民企对环境的不信任，也是妨碍其进行海外拓展的主要原因，而且它们对国内环境与海外环境都给予了几乎同等的担忧。这说明在海外拓展进程中，民企需要应对内外夹击。这种巨大的挑战，显然制约了民企的国际化雄心。

先看国内因素，对比近两年，最令企业担忧的依旧是“本国企业之间缺乏有序协调，导致自我恶性竞争”；同时值得关注的是，“审批程序复杂”选项，从2007年14家占9.40%上升到2008年24家占12.44%，反映出规模民企对于政府审批环节的不满度显著上升，表明本区域政府在对内资环境普遍重视的同时，对企业的外向拓展未给予足够的支持和便利；希望地方政府能在未来真正帮助民企“两翼齐飞”，助其走出国门，而不仅将目光局限于地方利益。

另外，“外汇管制严格”和“缺少针对企业外贸的中介服务”两项因素，表明进入2008年以来，外汇管制已在松动且进程加速，未来的好转可预期，并且近年来宁波市政府对于企业境外投资的服务外包工作不断重视，使得专项性的中介机构和配套服务正逐渐起步。

由此可见，部分国内因素的解决，可能更需要依赖各级政府和工商联（商会）的共同努力，帮助民营企业建立和完善各类行业组织，增强协会的社会自治功能，并督促政策制定者与执行者，给予其更大的发展空间和实际效力。

再看国际因素，对比两年数据，最令企业顾虑的仍然是“国际政治经济形势多变影响”和“东道国各类贸易壁垒或政策多变”两个问题，且比2007年呈上升趋势，这两项问题归结到一点，主要是我国政治经济与社会民众等层面，与拓展目的国之间是否达成了互信、宽容、合作的稳定关系。特别是与主要市场国，如美国、日本、欧盟之间的良好平稳互动，是企业开展海外拓展所必需的环境因素。同时，除去其他几项基本持平的因素，“贸易摩擦”、“东道国贸易程序复杂”、“东道国市场秩序较差”、“东道国基础设施落后”等几项因素对比2007年均有所增长，表明2008年宁波民企对外贸易的国际市场环境确实不如2007年，整体性的恶化使得规模民企在海外市场拓展上遭遇了全方位的障碍，导致全市外经外贸形势严峻。

（二）企业评估的发展障碍分析

在制约企业发展的因素中，宁波市规模民企的切身感受是什么？近三年来有哪些变化和趋势？本次调研试图通过表35、表36来予以简要说明。

表 35　2008 年度宁波市上规模民营企业认为的发展障碍因素

影响企业发展因素	企业数(家)	占调研企业比重(%)
融资困难	56	29.02
政府沟通	9	4.66
执法环境	6	3.11
税费负担	84	43.52
地方保护	3	1.55
权益保护	2	1.04
舆论环境	4	2.07
能源紧张	17	8.81
原材料价格变动	86	44.56
市场开拓	46	23.83
社会服务不完善	7	3.63
企业管理	24	12.44
人力资源	29	15.03
治理结构	5	2.59
劳动关系	26	13.47
国际金融危机	115	59.59

注:调查标本为参与此项调研的 193 家规模民企。

表 36　近四年宁波市规模民营企业认为的前六位发展障碍

影响企业发展主要问题	第一位 比重(%)	第二位 比重(%)	第三位 比重(%)	第四位 比重(%)	第五位 比重(%)	第六位 比重(%)
2005	原材料涨价 60.48%	人力资源 43.55%	市场开拓 25.81%	税费负担 25.00%	融资困难 25.00%	能源紧张 19.35%
2006	原材料涨价 61.05%	税费负担 33.16%	企业管理 31.58%	人力资源 30.00%	市场开拓 27.37%	能源紧张 21.58%
2007	原材料涨价 86.58%	人力资源 46.98%	税费负担 43.62%	融资成本提高 37.58%	能源紧张 33.56%	融资困难 32.21%
2008	国际金融危机 59.59%	原材料价变 44.56%	税费负担 43.52%	融资困难 29.02%	市场开拓 23.83%	人力资源 15.03%

注:调查标本为参与此项调研的 193 家规模民企。

如表 35 所示,“政府沟通”、“执法环境”、“地方保护”、“权益保护”等政府层面的问题,被规模民企提及的比例几乎可以低至忽略,这表明政企关系在总体上是和谐的,各级政府对营商环境的工作,为宁波市规模民企所认可。另外如"舆论环境"、"社会服务不完善"等社会层面的问题，同样是规模民企所给予宽容的，这反映民企对社会商业氛围的大致认同。

结合表35、36来看，近年来规模民企意见最大最集中的，主要体现在原材料价格变动、税费负担与融资困难等，而2008年由于美国次贷危机所引发的国际金融海啸，进而导致我国经济大环境的全局性紧张因素，成为本次调研中规模民企公认的首要障碍。

分析下来，可以形成以下结论：

第一，爆发于2007年8月的美国大规模次贷危机，迅速波及全球及中国经济，形成的国际金融危机对国内民企的冲击是多方位的，更对许多中小企业造成毁灭性的震荡，规模民企尽管咬牙坚挺，但也苦于支撑。对于市场开放性较高和外贸依存度较大的宁波市民企，金融危机主要带来出口需求大幅减少、金融市场信心重创、商品进口成本提高、市场低迷萎缩等显著影响，这些因素偕同发难再加上行业间、产业内、企业间的连锁冲击效应，导致诸多民企一夜间"火烧连片"，相继倒跨。而国际金融危机所引发的其他连带影响，有几项已在下述困难中为企业所集中提及。

第二，原材料价格变动，作为2005至2007年连续三年被民企视为最大的发展障碍，这是因为前几年国内资源价格与国际价格形成倒挂，进而导致原材料持续涨价。加上资源行业的垄断以及资源企业的超常利润，资源涨价过程中，资源供应的价格与额度尚不能由市场决定，民企受到的待遇，或者并非国民待遇。

但在国际金融危机冲击下，却引发了原材料价跌过快。2008年及2009上半年原材料价格猛涨，下半年价格猛跌，原材料价格波动幅度过大带来连锁效应，产品价格严重下降，导致国内外生产要素成本过高，企业被迫负债经营，加之很多供货企业停产、破产，致使民企举步维艰、生产困难。原材料的剧烈波动，已使得规模民企对于生产成本和风险控制难以把握，更遑论处在各产业链底层的中小企业。

第三，税费负担，一直是宁波规模民企认为的巨大发展障碍。上缴的税费不断加重，近年来民企早有反映，在过去的连续几年中，规模民企由于被要求或已经承受了更多的员工支出，承接了更多的社会责任，承担了更多的市场风险，并面临转型升级压力，所以要求在税费上得到减免，以期顺利渡过难关或继续保持过去的利润结构，这两个问题并非宁波市规模民企独有。

第四，融资困难，有近三成的规模民企认同此障碍。由于民营企业的资金借贷存在贷款计划性差、贷款次数频繁、贷款数额零散、贷款分布面广和贷款风险性高等特征，使得专业金融机构在面对民企融资时不敢放贷，而民间借贷的不正规、高利率、高风险，使得诸多民企的生存发展难以为继，转型升级更是无从谈起。同时，本次调研还反馈出，企业投资资金来源仍以自有资金为主、银行借贷为辅，资本市场融资比重相对较低，筹资渠道单一化进程有加深趋势。

第五，市场开拓，这也是国际金融危机带来的又一直接影响，市场的局面低迷以及拓展乏力，从外来说，是世界对中国出口需求的减少；从内来说，是国内消费意愿和能力的减弱；从市场看，是无序竞争、缺乏协调的表现；从根本看，是产品服务缺少创新、经营发展缺乏规划的折射。而全球经济危机的到来，则加快和加剧了这一进程，使得市场开拓更加艰难、市场份额更为紧缩、市场前景更显黯淡。

最后一点，人力资源方面的"障碍"，此前几年都排在前三位，而2008年企业对人才紧缺的呼声明显降低，这非常值得警惕。在金融危机冲击下，企业用工不再成为紧缺问题可以理解；但是否意味着企业对用工需求到了某个拐点，对人才投资的意愿被迫停滞，则值得高度关注。

结语

2008年，宁波市上规模民营企业的主要经济指标比较2007年虽未明显上扬，但在经济危机大背景下，能处于稳定并对比前几年保持在较高水平，表现出很强的抗逆性。这不仅是宁波企业树立信心、振奋精神的必然结果，更归功于其主动持续的自主创新、技术研发及品牌战略。在转型升级与两创战略的坚定推行中，规模民企必将度过"寒冬"，逆势前行。

民营企业虽然总量增加，但增长速度和效益效率指标均有所下降，从宁波市代表性的纺织业及化学纤维制造业、房地产建筑业和电器、电子及电气机械业表现出如下特征：

纺织行业在原材料价格变动、出口需求下降、中欧纺织品配额取消等多重因素影响下，呈现营业收入增幅大、净利润增幅小的特点；房产建筑行业在宏观调控政策、资本市场等因素的影响下，营业收入和净利润额呈现一定下降，但净利率仍保持相应增长的特点；电器、电子及电气机械业在原材料成本上升，国外出口需求减少和国内市场消费下降但产出量被迫增加形势下，呈现营业收入增长、但净利润大幅下降的特点。

民企“走出去”步伐加大，但从现状到手段，整体上仍处初级阶段。此外，要破解制约民企国际化的困局，需要国内企业加强联合，主动参与商会和中介机构的建设，需要关注国际形势与国家外交政策，主动规避风险。

国际金融危机引发的诸多连锁反应，可以预计将在较长时间内持续影响民营经济和宁波民企，并愈加凸显；原材料价格变动、税费负担、融资困难和人力资源等问题，依然会对民企发展构成多重阻碍。

课题组成员：董伯云　刘余　严捷

执笔人：严捷

【点评】

该报告数据翔实，论证充分，分析到位，其核心观点是国际金融危机引发的诸多连锁反应，预计将在较长时间内持续影响民营经济和宁波民营企业。其为党委政府了解企业发展情况提供了第一手资料，为后续发展政策的调整提供有益的参考。

温州行业商会发展与管理研究报告*

温州市工商业联合会

（2006 年 10 月）

国外行业商会发育已经比较完善。由于政治、法律、社会制度和文化传统的差异，国外商会的发展现状和管理体制各有特点。根据其法律特征(legal characteristic)，大体可以分为大陆模式、英美模式和混合模式，形成了法德、英美、日韩等代表性的商会，以及与之相适应的行业商会发展与管理模式。从国内看，行业商会发展时间较短，发展环境也各有不同，但商会的作用已受到越来越广泛的重视。因此深入研究行业商会的发展与管理问题，特别是市场经济和行业商会发育发展相对比较早的温州地区的行业商会发展与管理问题，对于推动温州行业商会发展有着重要现实意义，对于国内其他地区也有着一定借鉴意义。

一、行业商会有力地促进了温州经济社会发展

改革开放后，温州行业商会在一大批民营企业家的带领下，立足服务，致力创新，在促进经济社会发展方面做了大量工作，发挥了独特作用。主要表现在以下几个方面：

（一）行业自律

在温州经济发展过程中，行业商会充分发挥中介组织作用，加强行业自律，有力地促进了相关行业的健康发展。一是质量自律。眼镜、服装、家具、打火机等商会积极引导和组织会员企业进行 ISO9000、ISO14000 认证和 CE 认证等，通过认证提高了行业质量水平。五金、打火机、灯具、皮革化工、橡胶等商会，与质监部门或相关科研院所合作，分别建立了或正在筹备建立质量检测中心，为会员企业提供质量检测服务，五金商会成立的浙江五

* 本文获得 2006 年度温州市党政系统优秀调研成果二等奖。

金锁具产品质量检验中心还通过了国家实验室认证。合成革商会制定的企业标准受到国家权威机构充分肯定，并参加了六类合成革产品国家标准的制定、修改工作。据不完全统计，目前由温州市电器、鞋革、鞋机、纺织等行业的50多家会员企业参与制定并实施的国家标准、行业标准以及地方标准已达50多项。一些商会还配合政府有关部门积极开展质量整治，如2006年中央电视台《焦点访谈》披露柳市某电气公司生产的产品存在严重质量问题后，市电气行业协会马上召开理事会议，研究电气行业加强自律问题，形成了行业自律决议，配合政府对电气产品质量进行全面自我整治。二是开展知识产权自律。为了克服仿冒杀价的行业顽疾，五金商会成立了锁具维权委员会，制定《锁具维权公约》，对新产品的"外观设计"、"结构设计"及"包装设计"进行维权认定，至今已维权300多件。烟具、灯具、鞋机等商会也通过开展新产品维权活动，加强了知识产权自律。三是开展环保自律。合成革商会配合政府下大力气治理行业污染，继在全行业推广DMF回收装置并取得良好的环保和经济效益后，又在全国率先建设合成革固废（残液）无害化处理中心。四是开展诚信自律。一些商会推行《行业服务公约》，引导会员企业向消费者提供优质服务，如眼镜商会组织推出了眼镜零售验光配镜承诺、服装商会推出了诚信经营五项承诺、食品商会开展了"放心食品"生产经营承诺活动，等等。为了减少企业"三角债"及逃废债务现象，一些商会还通过搜集赖债客户"黑名单"警示会员企业，以及动员同行企业互相帮助偿还债务等，加强了金融方面的诚信自律。合成革、服装等商会为了克服技术人员特别是核心技术人员在行业内企业之间频繁跳槽，泄露商业、技术机密现象，通过订立人才流动公约，共同约定对违背合同、恶意跳槽者在一定年限内不得聘用，维护了企业自身的权益。

（二）行业整合

温州行业商会在促进行业集聚，推动行业整合方面发挥了重要作用。一是申报了一批"国字号"的基地。近年来，行业商会以第一人称的姿态，积极参加争创区域品牌活动。通过商会的努力，温州先后获得了"中国鞋都"、"中国锁都"、"中国合成革之都"、"中国拉链之乡"、"中国眼镜生产基地"、"中国电器之都"、"中国泵阀之乡"等国家级的"名片"。二是催生了一批特色工业园区。为了促进行业集聚、提升行业层次，有关行业商会纷纷与政府合作建设特色工业园区。如温州家具商会在苍南县建设温州家具产业园区，目前首批企业已经入园；温州服装商会外贸服装分会计划分三期在平阳县建设10000亩的外贸服装生产基地；温州五金商会在瓯海区征地1000亩，建设“中国锁都”工业园区；灯具商会计划在平阳建设5000亩的温州灯具工业园区。三是制定或着手制定一批行业发展的规划计划。不少商会主动做好行业基础资料的调查、收集、整理、分析工作。如服装、电气、模具、家具等商会通过邀请专家调研、集中业界意见、与市领导共商行业发展战略等活动，一批行业发展规划得以形成，有的还以政府文件的形式公开发布，在相关行业的长远发展中起到了宏观指导的作用。

（三）应对入世

入世以后，温州因为自身产业特点及其他因素影响，成为国外对华设置贸易壁垒的重要涉案地区。2001年11月10日入世议定书正式生效至2005年8月，温州先后有眼镜、打火机、鞋类、低压电器等20多种产品，遭遇到来自美国、土耳其、阿根廷、巴西等国与欧盟的贸易壁垒案件32起，涉案金额3.74亿美元。温州企业应诉18起，其中胜诉11起。行业商会在这些应诉案件中，发挥了独特的“前台”作用。2002年，为了劝阻欧盟通过CR法规，温州市烟具协会会长李坚一行3人，与外经贸部有关官员一起到欧盟各成员国游说，这是中国民间商会第一次走出国门，应对国际贸易争端。在此之前的2001年12月27日，温州13家眼镜出口企业向土耳其政府递交了一份抗辩书，要求土耳其取消对中国眼镜的保障措施调查，并在2002年3月参加了由外经贸部组织的“应对土耳其反倾销保障措施政府代表团”，前往土耳其交涉。这两起事件，被媒体称之为“民间第一团”和“入世第一辩”，引起了国内外的广泛关注。它标志着中国民间商会在应对国际贸易争端时，已正式走上前台，并扮演重要角色。此后，2002年印度对我国出口的塑料镜片实行反倾销调查，眼镜商会积极发动三家涉案企业应诉，并聘请律师向印方提出产业无损害抗辩，争取市场经济地位；2004年的阿根廷对华眼镜反倾销案中，眼镜商会多次召开协调会，组织涉案企业应诉并取得完胜。

（四）拓展市场

占领市场是企业的根本目的，凭商会的集体力量去开拓市场，往往比单家企业闯市场更为有效。服装商会从1997年起，除了每年在本地举办展览会外，还积极组织会员企业“抱团”参加国内外博览会，叫响“穿在温州”，大大拓宽了温州服装的销售渠道。在商会的努力推动下，温州服装行业产值从商会成立之初（1994年）的几十亿元，猛增到2006年的402亿元。眼镜商会也毫不逊色，1994 年 1 月成立以来每年组团参加全国、国际眼镜展销会，温州眼镜的市场占有率不断提高，现已占国内市场 80%的份额，行业生产总值近几年来以 13%的速度递增，年产值达到 60 多亿元。家具商会通过举办温州国际家具展览会、浙派家具展以及组团外出参展等，打响了“好家具、温州造”的“牌子”，使温州一跃成为国内重要的家具产销基地。

（五）协调关系

作为市场主体的民营企业，因利益关系发生与管理部门、其他企业的矛盾是难以避免的，如果处理不当，或者得不到及时有效的协调，将对企业发展产生负面影响。因此帮助企业协调各种关系，成为温州行业商会的一项重要工作。首先是协调企业与政府管理部门的关系。如前几年一些眼镜生产企业因使用外方进口商授权的“CE”标志多次被有关部门查处，严重影响了产品出口，眼镜商会及时代表企业反映诉求、参与协调。商会一方面要求会员企业暂停使用外方授权的“CE”标志，另一方面多方联系认证机构，集体进行“CE”认证，有效化解了这场“风波”，保证了温州眼镜的正常出口。2005 年，橡胶商会部分会员企业因历史原因在没有取得生产许可证的情况下生产橡胶密封产品，受到有关部门查处，商会做了大量协调工作，最终取得有关部门的理解与支持，使事情得到妥善解决。许多行业商会会长、副会长还在“两会”上提出有利于促进行业发展的议案、建议、提案，有 63.1%的行业商会直接向政府有关部门提出过建议，收到了较好的效果。如市模具协会通过政协委员提出的“建立轻工模具创新园区的提案”被政府采纳，为会员企业缓解用地难问题创造了条件。其次是协调企业之间的关系。企业间因经济问题引发的纠纷时有发生，如瓯海瞿溪的牛皮市场，由于没有鉴定皮张质量的权威机构，导致企业发生经济纠纷时往往各执一词，有时连法院都难以明辨是非、合理判决。针对这一情况，瓯海皮革商会发挥商会中行家里手多的优势，成立了两个调解委员会，分别负责调解购销和生产环节中的经济纠纷，由“内行人管行内事”，几年来为会员企业调解纠纷 125 起，标的额达到 5000 多万元，其权威性不仅令业内人士和纠纷双方叹服，连法院也慕名聘请该商会两位副会长担任经济审判的陪审员。

（六）回报社会

行业商会在推动会员企业回报社会方面发挥了重要作用，宣扬与践行中华民族扶贫济困、乐善好施的传统美德，积极牵线搭桥，组织推动会员企业参与光彩事业、反哺工程等，回报社会。

二、温州行业商会的发展阶段、快速发展的原因及特征

(一)温州行业商会的发展阶段

温州行业商会的发展大致上经历了三个阶段。一是恢复发展阶段。80年代中后期,在经历了30多年计划经济的沉寂之后,行业商会开始在温州恢复出现。二是快速发展阶段。90年代中前期,由于邓小平视察南方重要讲话的推动,温州民营经济迅猛发展,带动了行业商会的迅速发展,行业商会进入了一个快速发展的活跃时期。三是规范发展阶段。以1997年温州被列为全国行业协会试点城市(一共四个,其他三个为上海、广州、厦门)为标志,温州行业商会的发展开始进入一个新的阶段。

(二)温州行业商会得到快速发展的原因

行业商会是市场经济发展的必然产物。在市场经济条件下,民营企业要实现数量上发展、规模上壮大、档次上提升,必然会产生多方面的需求。既有外部环境协调的需求、内部因素整合的要求,也有企业之间共同利益目标的追求。这些都是行业商会产生、发展的基础。当然,温州行业商会的发展能够走在全国前列,也有自身独特的因素,如温州民营经济为行业商会发展提供了肥沃土壤,温州独特的文化氛围提供了精神上的支撑,历史上温州行业商会发展经验提供了范例,温州党委政府有关部门的推动提供了良好的条件。

(三)温州行业商会的主要特征

自治性是温州行业商会最突出的特点,也是其活力的源泉。这一特点突出地表现在三个方面。首先,行业商会的领导人由会员民主选举产生,这是民主办会的基石,是民间商会成功运作的核心要素。其次,商会经费取之于会员、用之于会员,保障性和独立性较强。其三,商会内部治理机制逐步健全,外部监管体制比较规范。

服务性是行业商会的基本工作方式,也是其赢得威信的基础。民间商会的成长过程,就是一个服务意识不断增强、服务领域不断拓宽、服务能力不断提高的过程。许多商会都鲜明地亮出“为会员服务、为社会服务、为政府服务”的口号,从而赢得了各个方面的认可。

专业化是行业商会的发展趋势,也是其强化功能的必然选择。一定的社会组织,其职责功能和活动范围都有自己的边界。从根本上说,这是由社会分工决定的。行业商会的专业化程度也取决于行业的发展状况和相关的社会背景。温州行业商会逐步形成了“行业兴带动商会兴、商会兴促进行业

兴”的良性循环。不仅如此，商会内部机构设置也呈现专业化的趋势。

专职化是行业商会的发展前提，也是其正常运作的有力保障。绝大多数行业商会都聘任了专职秘书长或副秘书长，秘书长再决定办事机构、分支机构、实体机构等专职工作人员的聘用。行业商会工作人员的专职化、公开招聘制正成为一种趋势。

三、温州行业商会当前发展中遇到的问题

温州行业商会经过率先起步，快速发展，规范提升，已经初具规模，一些工作走在全国前列。但是也遇到很多难题和困境，调查问卷表明，认为行业商会工作“没有任何困难”的仅占10.5%。要促进行业商会持续健康发展，需要党委政府、业务主管部门以及行业商会共同协作，形成商会工作“有人做事，有钱办事，有章理事，有职行事”的良好局面。

(一)无法可依

我国还没有对行业商会统一的实体性单行法律法规，在行业商会的定义、性质、地位、设立条件、与政府关系等方面均缺乏法律确认。现有的《社会团体登记管理条例》基本上属于程序性法规，是对所有社会团体的统一规范，没有针对行业商会的特殊规范，不能充分满足行业商会发展与管理的程序性和实体性规范要求。此外，行业商会内部的自律手段也缺乏法律法规赋予的职能依据，商会的职能和运作机制至今仍模糊不清。

(二)职能受限

许多行业商会指出，2000年温州市政府就明文规定行业商会的16项具体职能，但具体落实到位的几乎没有。从政府角度看，多数行业商会认为“重行政、轻社团，重审批、轻服务”的现象尚未根本扭转。有的政府部门仍未彻底摆脱计划经济体制下形成的工作思路和模式，发展行业商会的思想认识障碍还不少；有的认为政府的“权”现在已经放得差不多了，再没有什么可放了，存在着不肯放的想法；有的则担心政府职能转变后，部分职能商会担当不了，存在着不敢放的想法。从行业商会看，入会率偏低，覆盖面窄，导致行业商会的代表性不强，难以承担政府有关部门委托的职能。《浙江省人民政府关于推进行业协会改革与发展的若干意见》(浙政发〔2006〕57号)强调要着力扩大行业协会覆盖面，要求行业协会会员数量要基本达到该行业单位总数的20%以上，或会员企业的销售额达到该行业销售额的50%以上。而据调查问卷统计，截至2006年6月底，温州行业商会入会率在10%

以下的还占10.3%,10%~30%的占31.6%,30%~50%的占21.1%,50%~90%的占18.3%,在90%以上的占13.2%,没有填写或不清楚入会率的占10.5%。从会员方面看,对行业商会在认识上也存在着误区,不少企业还没有充分认识到行业商会的作用和重要性,参加商会、参与商会活动积极性不高,这也使商会发挥作用、行使职能受到一定的限制。

(三)体制不顺

按照《社会团体登记管理条例》的规定,我国的社会团体实行民政部门的登记管理和业务主管单位的双重管理体制。由于各行业商会的业务主管部门各不相同或相互交叉,造成了行业商会的管理部门多、政策不一致、行动不协调的情况,出现了行业商会重叠设置、职能相似,会员交叉、会费重复收取等现象。

综观国内行业商会管理体制,主要有"二元管理"和"三元管理"两类。现专门就经贸委主管的行业协会和工商联主管的行业商会,从9个方面进行比较分析(详见表1)。

表1　经贸委主管的行业协会和工商联主管的行业商会发展情况比较

比较对象 / 比较项目	经贸委主管的行业协会	工商联主管的行业商会
行业代表性	较强	较强
获取行业信息便捷性	强	较弱
获取政府支持可能性	强	较弱
行业政策指导性	强	较弱
会员积极性	弱	强
民间性	弱	强
服务性	弱	较强
行政干预性	强	弱
内部治理指导性	弱	强

从上述比较分析中不难发现,经贸委组建的行业协会,由于借助了背后强大的政府支撑,使其在获取行业信息、获取政府支持、行业政策指导、加强行政干预等方面,比工商联主管的民间行业商会具有较大的优势;但是在会员积极性、民间性、服务性、内部治理指导性等方面,前者明显劣于后者。由此可见,现行的行业商会管理体制存在较大的弊端,亟须通过改革予以理顺。

（四）人才缺乏

目前行业商会的工作人员主要来自三个渠道，即机关事业单位的退休人员或退二线人员、企业退休人员或在企业工作过的人员、社会聘任人员包括大学毕业生等。来自机关、事业、企业单位的退休人员或退二线人员工作经验丰富，拥有良好的人际关系，但是这部分人年龄普遍偏大，精力不如年轻人充沛，有的创新精神不够强，还有的不免有“做一天和尚撞一天钟”的想法。从企业里跳槽到商会的工作人员和聘任的大学生，到商会工作后，发现福利待遇并不高，对发展前景不太看好，频繁跳槽的亦不鲜见。据调查统计，仅有59.52％的商会工作人员办理了养老保险，其中是商会办理的为40％；49.21％的行业商会工作人员办理了医疗保险，其中是商会办理的仅占30.65％。行业商会由于经济实力有限，欲提高工作人员的福利待遇，仍是心有余而力不足的，由此也使商会吸引高素质工作人员受到很大的制约。调查显示，38家行业商会共有工作人员126名，平均每个商会不到4名，许多商会一般是秘书长1名，办公室工作人员1—2名，人才的缺乏给商会发挥服务功能造成了限制。

（五）经费不足

随着服务面的拓宽，商会开支越来越大，而收入增长相对缓慢，有的甚至走下坡路。据统计，2005年有15.8％的行业商会支出大于收入，84.2％的行业商会没有购置专门办公场所的愿望或能力。温州行业商会几乎都有接受会员赞助，赞助费主要来自理事以上的商会领导成员，行业比较发达、企业规模较大的，赞助金额稍高，否则赞助费收入也不乐观。另外由于赞助者大多是大企业、大集团，接受其赞助后行业商会是否还能对所有会员一视同仁，也是值得探讨的问题。服务性收入方面，行业商会目前主要依靠举办展销会、打造服务平台等取得一定的收入，但目前也遇到不少困难。打造服务平台更是遇到较多困难，绝大多数行业商会自身没有能力建立大型服务平台，或即使建立后也难以发挥较高效益；政府有关部门对于有收入的服务项目不愿意放手，希望独家垄断。对于行业商会为政府提供有偿收费服务上，政府有关部门认识也不到位，目前少有开展。

四、加快推进行业商会发展，强化行业商会管理的建议

行业商会是由市场经济产生并与市场经济紧密相伴的历史产物，是自我管理、自我维护、自我约束、自我服务的行业组织。温州行业商会要进一

步承担中介职能，发挥自身作用，需要强化内部建设，大力发展会员，提升服务质量，规范制度建设，积极引进人才，注重资金积累；党委、政府及有关部门应加强指导，转变职能，创造行业商会发展的良好氛围；作为行业商会重要催生者的工商联，更要紧抓机遇，发挥自身优势，积极主动介入，协助解决难题。只有党委政府以及有关政府部门、工商联和行业商会共同努力，建立起符合社会主义市场经济要求的行业商会管理体制和相应的运行机制，推动行业商会发展与管理的新跨越，为“三次跨越”提供更大的支撑力量。

（一）以加强行业商会自身建设为基础，加快行业商会发展与管理步伐

1.强化内部治理，增强行业商会的发展活力

其一，大力发展会员，着力扩大行业商会覆盖面。要打破部门、所有制、经济规模等界限，注重吸收民营、外资企业等各类经济组织入会，也可吸收与本行业相关的市内科研院所等组织入会。根据浙江省人民政府《关于推进行业协会改革与发展的若干意见》（浙政发〔2006〕57号）要求，要争取普遍使各行业商会会员数量基本达到该行业单位总数的20%以上，或会员企业的销售额达到该行业销售额的50%以上，增强行业商会的代表性。其二，切实加强行业商会领导班子建设，着重是选好会长。其三，加强行业商会专职工作人员队伍建设。要建立行业商会工作人员人才库，通过公开招聘等形式，改善商会工作人员的年龄结构、学历水平，形成老中青相结合的梯队结构；想方设法提高商会工作人员的福利待遇，解除他们的后顾之忧；探索建立绩效评估机制，提高商会工作人员的积极性。其四，健全行业商会规章制度，形成长效机制。要引导商会进一步建立健全选举制度、议事制度、财务制度等，靠制度办会，靠制度管人。要着重防止商会被少数人操纵、为少数人谋取私利，成为行业垄断组织。此外，行业商会应加强同国内外商会的交流，学习它们的先进理念和运行模式，学习其他商会好的做法和经验，并深入研究自身行业的特点和会员的服务需求，大胆探索，创造富有个性化的服务品牌。

2.拓展经济来源，增强行业商会的发展动力

一是要扩大会员数量，规范会费收取。二是要通过举办展销会，组团外寻商机增加收入。三是搭建技术创新等公共服务平台，争取政府有关部门委托的有偿服务。

3. 积极服务会员，增强行业商会的凝聚力

行业商会的凝聚力在于活动，生命力在于服务。对内应当坚持"服务立会"，不断拓展服务领域，提高服务质量；切实代表和维护行业、会员的合法权益和共同经济利益；积极组织市场开拓，发布市场信息，开展行业培训、交流、咨询、展览展销等活动；结合本行业特点制定行规行约，规范行业和会员的生产经营行为，实施规范化运作。行业商会应积极开展有利于企业发展的各种活动，经常深入企业，了解情况，反映会员呼声，争取绝大多数会员企业对商会的支持。对外要不断地宣传自己，提高社会知名度。要协助政府制定、修改有关行业技术或服务标准，积极与政府有关部门沟通协调，参与涉及行业利益的决策、立法的论证咨询，协助政府部门开展行业调查、决策咨询及产业政策制定等活动。要积极向党委政府建言献策，提高行业商会影响力。要主动组织行业企业积极应对国际国内贸易纠纷，代表行业内相关经济组织提出反倾销、反补贴调查和采取保障措施等对外贸易救济措施的申请，积极反映会员企业诉求，维护会员和行业合法权益。

（二）以加快政府部门职能转变为推力，优化行业商会发展与管理的外部环境

建议政府有关部门认真研究哪些职能应该彻底从政府部门转移到行业商会，并以政府文件形式明文规定公布。只有政府将有关职能真正交出去，理顺行业商会管理体制，优化行业商会发展环境，行业商会才能发展壮大。

1. 职能转交授权，完善沟通机制

从某种意义上讲，政府职能转变的过程就是行业商会等社会自治组织不断归位、不断加强的过程。这方面，温州各级政府有不少在全国领先的做法和经验，但与商会的需求相比，还有一定的差距。建议市政府结合浙政发〔2006〕57号文件的贯彻落实，加快政府职能转变步伐，把应由行业商会履行的职能移交给行业商会，把适宜于行业商会行使的行业管理职能委托给行业商会，使行业商会真正拥有行业自律、行业代表、行业服务、行业协调的职能及相关手段。建议成立行业商会发展协调领导小组，由市政府领导牵头，有关部门为成员，研究如何逐步将法律法规和政策规定向行业商会转移的相关业务职能向行业商会转移，保障其依法独立开展活动，并且要逐个部门、逐项职能予以落实；凡是赋予行业协会的一切职能，也应一丝不差地赋予民间行业商会，使其享受"公民待遇"。此外，建议政府建立与行业商会定期沟通的机制，及时了解各个行业的发展情况，了解相关行业商会发展中的

问题和困难，听取商会对政府工作的建议；同时让行业商会及时了解政府各个阶段的重点工作，使其能更好地配合中心，服务经济建设和社会发展。

2. 探索“三极治理”，理顺管理体制

所谓“三极治理”，是指由民政、经贸委及政府其他行业主管部门、工商联这三个不同管理主体，分别从登记管理、行业主管、会务指导等三个不同方面，对行业商会进行以发挥效用、提高效率为根本目的的管理。由于“三极治理”模式充分利用了治理商会的“三极”——民政局、经贸委及政府其他行业主管部门、工商联的各自优势，因而具有其他管理模式不可比拟的综合优势。其综合优势见表 2：

表 2　三种不同管理模式下行业商会发展情况比较

比较项目 \ 比较对象	经贸委的行业协会	工商联的行业商会	三极治理的行业商会
行业代表性	较强	较强	较强
获取行业信息便捷性	强	较弱	强
获取政府支持可能性	强	较弱	强
行业政策指导性	强	较弱	强
会员积极性	弱	强	强
民间性	弱	强	强
服务性	弱	较强	较强
行政干预性	强	弱	弱
内部治理指导性	弱	强	强

为此建议市政府对现行的行业商会管理模式和“三极治理”模式进行进一步研究和比较，在深入调研的基础上，充分吸收各种管理模式的长处，对“三极治理”的模式进行积极试验，探索一条崭新的商会治理之路。

3. 建立发展基金，开展绩效评估

建议政府单独建立行业商会发展基金，吸收民政、工商联、经贸委等单位参加基金管理，每年从财政中拨出一定经费充实基金。同时，建议建立市行业商会发展协调机构，并定期对商会工作进行绩效评估，根据评估结果，对贡献大的行业商会予以奖励，同时对经费确实有困难的商会也应给予一定的补助。政府及有关部门要加大对行业商会创办的行业创新服务中心、行业共性技术研发中心、行业电子商务平台、行业信息中心等行业服务机构的扶持力度，弥补大多数商会经费投入的不足，通过“扶持一点”（行业商会）

达到“带动一片”(一个行业),以此推动行业技术升级,不断增强温州产品的竞争力。

(三)以密切工商联与行业商会的联系为抓手,提升行业商会发展与管理水平

一是加强现有行业商会的联系沟通,树立行业商会规范运作的典型。首先要加强联系沟通。工商联平时应多深入行业商会征询意见,关心商会工作人员的工作、思想和生活。建立定期的商会会长工作会议制度和秘书长工作会议制度,开展学习交流,提高商会会长、秘书长的工作能力和政策水平。其次,要帮助解决问题。对发展规范的商会给予大力支持,对处境不佳的商会要多加关心,帮助分析工作相对滞后的原因,并帮助解决问题。再次,要注重典型培育。工商联必须对发展态势良好的行业商会及时总结经验,并大力推广。

二是紧抓民营经济快速发展的机遇,积极在新兴经济领域组建行业商会。

三是要重视做好行业商会党建工作。要按照党的“十六大”提出的“加大在社会团体和社会中介组织中建立党组织工作力度”的要求,按照党章要求,在具备条件的行业商会全部建立党的基层组织,健全行业商会党组织开展活动的机制。通过加强行业商会党建工作,带动和促进会员企业党的建设。

四是争取党委、政府的支持和帮助,积极为行业商会发展创造良好环境。2006年8月,市政府已经授权市工商联为工商领域行业协会(商会)的业务主管单位。工商联应紧紧抓住这一有利机遇,争取政府及有关部门进一步重视、支持和帮助行业商会发展,为行业商会的发展创造更为有利的条件。

课题组成员:徐强中　周有铭　赵文冕　周志斌　侯必仲

执笔人:赵文冕　周志斌

【点评】

该报告的创新之处在于从历史维度总结了温州行业商会的十大职能,分析了行业商会快速发展的原因,探讨了行业商会发展的特点,分析了目前行业商会发展的现实困境,提出了通过“三极治理”模式理顺行业商会管理体制,促进民营经济发展的改革路径。该报告最大的亮点是提出了“三极治理”模式的理论观点,在实践上为行业商会管理体制改革提供了一个样本。

温州民营企业接班人健康成长机制专题调查报告*

温州市工商业联合会

（2010 年 10 月）

本次调研的范围是温州地区民营企业，调查对象是 50 周岁以上的企业创业者，以及已接班或正在接班的企业家子女。

一、温州民营企业代际传承基本情况和特点

从接受调查的企业规模看，企业资产超过 5 亿元的占 10.7%，1 亿～5 亿元的占 23.0%，5000 万～1 亿元的占 20.5%，1000 万～5000 万的占 27.9%，500 万～1000 万的占 8.2%，500 万以下的占 9.7%。企业资产超过 1 亿元的企业高达 33.7%。从接受调查对象的性别看，男性企业家居多，占了83.3%，女性企业家占 16.7%。从接受调查企业涉及的行业看，主要集中在传统产业，分布在服装、鞋革、眼镜、合成革、泵阀、电气、拉链、房地产、皮革化工、模具、食品等行业。按照温州市产业结构特点，相对而言从事这部分行业的企业成立时间较早，对企业代际传承问题有所思考和探索。

（一）民营企业代际传承高峰期和企业发展关键期将相叠加

从企业家的年龄分布看，温州市非公有制经济代表人士人才库数据汇总显示，1218 名非公有制经济代表人士的年龄分布比较合理，60 周岁以上的占 8.2%，50—60 周岁的占 35.5%，40—50 周岁占 44.3%，40 周岁以下的占 12%。虽然 40—50 周岁的企业家数量接近一半，但 50 周岁以上的也占了 43.7%，因此，未来 10－20 年是温州市民营企业代际传承的高峰期。从接受调查的企业寿命看，131 家民营企业寿命均值为 16.25 年，其中最长的达到 30 年，最短的不到 5 年。西方学者研究结论认为，家族企业的平均寿命为 24 年，而创业者在位的平均时间也是 24 年，所以在家族企业创业者

* 本文获得 2010 年度温州市党政系统优秀调研成果三等奖。

离任的同时,企业往往走向消亡。被调查的温州企业中寿命超过24年的仅占14.7%,绝大多数企业正准备跨过这个门槛。因此,在面临转型升级的背景下,企业代际传承高峰期和企业跨过门槛的发展关键期将相叠加,大部分民营企业要实现可持续发展,必须未雨绸缪做好企业的代际传承工作。

(二)子承父业依然是温州市民营企业的主流传承模式

如何选择合格的企业接班人关系到民营企业存续的根本。总结国内外学者、企业家等的理论与实践,企业代际传承普遍采用的模式有三类:一是内部培养自己直系血缘的继承人,即"子承父业";二是内部培养由"差序格局"外推的"亲人"继承,如翁婿、叔侄、堂兄弟等;三是外部广泛搜寻职业经理人,即实现"家族控制"和"委托代理"的兼容。问卷调查结果表明,温州市企业家对经营权选择最终移交理想对象时,首推子女接班的占72.0%,选择亲戚接班的占7.5%,还有选择其他。

(三)能力水平成为选拔企业接班人的主要标准

继任者的选拔标准是影响民营企业代际传承的重要因素之一。民营企业传承可以分为股权与经营权转移两个方面。通过调研发现,温州市民营企业涉及经营权移交标准时,84.4%的企业家认为接班人能力水平高低是移交的主要标准。在股权分配上,41.7%的企业家认为以能力水平高低作为分配标准,其次是按照均等比例分配的占了36.5%,按喜爱程度和传给长子女的都占5.2%,按照性别分配的是8.6%,还有选择其他的有2.8%。这说明即使考虑了企业接班人的能力因素,但是在股权分配上一定程度还受"诸子均分"的思想影响。

(四)注重教育和基层锻炼成为培养企业接班人的主要路径

温州市民营企业家由于自己在创业时,文化水平偏低,因此对子女的教育都非常重视,企业接班人的学历普遍较高,大多数具备国外留学经历,视野开阔,思维活跃。如康奈集团的郑莱毅、江南控股集团的黄子龙、日丰打火机有限公司的黄佳丽等都从国外留学回来。同时,大部分温州企业家在子女学业结束之后,不会直接安排他们进入家族企业,而是选择让子女自己尝试创业,或者让子女到其他企业历练等。调查结果表明,温州市民营企业家认为自己的子女缺乏丰富的工作经验,有49.6%的调查对象认为经过其他相关企业的历练是首要的,学习其他大型现代企业的先进经验,有利于进一步规范和改进自己公司的内部管理。

（五）企业接班人培育已逐渐为党委政府部门所重视

在温州市加快推进转型升级的新形势下，加强对新生代企业家的引导和培育，已逐渐成为党委政府部门的共识。市工商联系统近年来开始注重推荐企业规模较大、社会影响较好、自身素质较高的企业接班人进入工商联执委、常委队伍。据统计，企业接班人担任市工商联执委的占企业家执委总数6%左右，而且如吉尔达鞋业有限公司的余进华已担任市工商联副主席，金田集团的企业接班人方文彬现任苍南县工商联副主席，并被推荐担任该县政协常委等。市委统战部今年首开先河举办了“世界温州人新生代国情研修班”，60多位温商新生代学习了全球化背景下的中国国情、经济金融热点、国学基础等课程。市人事局探索培训民营企业后备人才队伍。乐清等县（市、区）工商联探索借助高校资源培训企业接班人等。

二、温州民营企业代际传承和接班人培养面临的问题

虽然温州市民营企业和党委政府开始重视企业代际传承和接班人的培育，但由于企业内部因素和外部环境的影响，遇到了诸多的困难和挑战。

（一）民营企业治理上的“人治化”与“制度化”冲突

温州市民营企业数量众多，但以“低、小、散”为主。因此，在产权结构上，温州市民营企业对外界而言具有清晰的产权界定，但从企业内部而言，大多数企业的产权边界是混沌的，容易导致家族矛盾与企业管理矛盾纠缠在一起，阻碍了企业由“人治化”管理过渡到“制度化”管理的步伐。接受访谈的企业家普遍认为企业迫切需要规范化管理，60.0%的被调查者认为向规范化、制度化管理过渡的重要标志是从外部引入职业经理人，即让专业的人做专业的事，其他促使企业向现代化管理迈进的要素分别是法律、信用体系健全，职业经理人市场健全等。

（二）民营企业缺乏健全的代际传承计划

温州市大部分民营企业取得的成就，往往依赖创始人的个人能力、社会关系和抓住机遇等，一旦创始人离开可能导致企业丧失这些关键资源，所以出于各种原因，民营企业的领导者经常故意回避自己的退休问题，由此常常导致企业对继任计划的重要性认识不足。调查结果显示，企业内部制定继任计划的正规程度不是很高，有书面计划的仅占5.7%，剩下94.3%的企业家没有考虑或仅是停留在头脑中的概念，继任计划还是以一种比较含蓄的、非正式的形式停留在现任企业主的脑海中。而美国大部分的家族企业都有

一个正式的继任计划，说明西方企业流行的这种管理方法在温州市并未受到关注和推崇。

（三）民营企业家的个人权威对培养企业接班人的影响

民营企业创始人往往具有高超的经营能力，在企业内部形成了绝对权威，对促进企业发展发挥了重要作用，但也压制了企业接班人的创新意识，一定程度上延缓了企业新生代领导人和接班团队的形成，并可能在家族成员之间产生潜在的矛盾和摩擦。公司一旦发生新老交替，特别是当这种交替过于突然时，就不可避免地会造成一定时期的权威和权力真空。同时，部分民营企业家对职业管理人员还存在防范心理，对实行分权制管理感到不信任等。因此，在选择传承时机上，何时退位也是看情况而定，很少考虑其他家族成员、企业股东及高层管理人员的意见。

（四）民营企业接班人的能力与意愿缺位

温州市少数民营企业已经成功接班，如吉尔达鞋业有限公司、挺宇集团等，康奈集团则正处于交接的过渡时期。但在调查中部分民营企业家反映，由于继任者对家庭丰富的物质生活依赖而产生了惰性，加上很少有独当一面的训练，致使继任者很少有机会具备独立自主解决问题的能力，而且现在少数企业家子女个性比较张扬，很难与父辈充分沟通，也缺乏对父辈事业所在社会环境的认知，缺少公德修养与道义感召力。另一方面，由于温州市以传统型产业为主，部分企业家子女不愿意回来接受企业传承，有的在上海、杭州等城市创办投资公司或科技型企业等。

（五）民营企业所有权与经营权的传承矛盾

民营企业主倾向于把传承问题分为股权（所有权）与经营权的转移，当涉及所有权移交问题时，毫无疑问由于东方传统思想的影响，子承父业是目前温州市民营企业代际传承的主流模式。如果第二代唯一的继承人既有能力又愿意接掌企业，那么代际传承就可能顺利完成。若出现第二代有多个继任者继承企业财产，或者唯一的继任者又难以继承企业经营权的情况出现，将是民营企业代际传承面临的难题。

（六）社会上对民营企业接班人的认识还存在误解

近年来，由于受个别“富二代”缺乏承担社会责任的负面影响，使社会上很多人戴着有色眼镜看待民营企业接班人，在这次调研中，民营企业接班人对“富二代”的提法就非常敏感，迫切希望得到社会全面、正确的看待，不要以偏概全。少数政府部门认为民营企业代际传承是企业内部事情，没有考虑到企业也是社会的财富，顺利实现代际传承，促进企业健康发展，有利于保障劳动就业、维持社会稳定、增加税收等。同时，目前对企业接班人开展的教育培训内容与其自身需求还存在偏差，效果还难以体现。

三、引导温州市民营企业接班人健康成长的建议

改革开放以来，温州产生了为数众多的成功企业家，企业家资源成为温州市最宝贵的人力资源之一。因此，要从加强企业内部治理和营造良好的外部环境着手，构建企业接班人健康成长机制，着力推进温州市民营企业顺利实现代际传承。

（一）健全民营企业内部信任机制，形成内部接班团队

民营企业选择子承父业模式，其本质不仅是新旧领导者的交替，更是企业内新的管理团队逐步形成的一个过程。如果说民营企业第一代创业者过多地依靠个人魅力和突出的领导能力，则对于第二代继任者而言，更侧重于依靠一个团队或者智囊团来进一步规范企业的治理结构，逐步完善企业现代产权制度和组织制度建设。

积极探索实施股权激励。构建企业内部信任机制是实现企业成功传承的首要任务。目前对于企业最为切实可行的方法，就是通过长期薪酬激励机制来重建企业内部信任机制。温州市民营企业一方面随着规模的不断扩大，其自身有限的管理知识使它迫切需要职业经理人参与管理；另一方面，部分企业的规模与实力使它还不能支付给职业经理人高额的报酬，通常只希望按略高于社会低水平薪酬的待遇标准付出，却要求经理人达到现代企业管理的高标准绩效要求。这就产生了高级经理人的能力投入与收益的不对称问题，最终使职业经理人与企业主之间缺乏信任，造成委托—代理成本过高，使家族制企业难以向现代企业过渡的现状。建议对企业核心人才实施股权激励计划，让企业核心人才（经营管理者）以约定的时间、约定的条件，以优惠的价格购买本公司股权作为一种报酬，以此增强企业对核心人才的凝聚力，调动其积极性。

完善高级经理人市场。企业内部信任机制的建立离不开整个社会信任制度的建设。温州市要充分发挥行业商会、协会的作用，在政府有关部门的支持下，建立企业经理人信息库，积极从外面引进企业经理人才，并搭建有效平台，加大培养力度，降低企业与职业经理人的信息搜寻成本。同时，将单位部门以上经理人员的信息尤其是忠诚度和能力水平都逐步纳入信息

库，完善自律机制，由市场加大对他们的道德约束，即当该经理或高管出现欺骗行为后，在信息传输机制的作用下，将他欺骗行为的信息广为传开，使其个人信誉遭受重创。由于职业经理人未来的人力资本价值计算是以他过去表现为依据的，声誉受创势必导致其人力资本贬值。考虑到道德风险成本过大，职业经理人必定会约束其行为。反之，对企业的信用度评价机制也是同样的道理。

此外，根据温州市各种人才短缺的现状，党委政府还要积极营造育才、引才、留才的宜商宜居环境，吸引人才在温州发展，为民营企业打造接班团队提供人才保障。

（二）运用货币价值分配法机制，实现企业整体性继任

家族财产继承方式不管以子女才能的大小分配，还是以诸子均分制进行传承，这种以实物分配方式的财产分割，对于民营企业的长期发展是不利的。民营企业不同于一般的实物财产，其价值性在于财产的整体性，一旦分割其价值的损耗、企业运营成本一般会增加，最终家族企业难以做优做大，甚至将面临"三代消亡定律"。

鼓励引导企业提前制定完善的传承计划，在有目的、有意识地培养企业接班人的前提下，为解决企业传承中家族财产均分所带来的负面问题，建议用货币价值分配法来解决。将家族企业所有财产评估后确定明确的货币价值总量，按照参与分配的人数，确定继承人可分配财产的货币价值，从而实现财产的公平分配。在此之后，财产继承者根据自己的意愿决定自己的行为。对于那些没有企业经营意愿的继承者可以选择在家族成员间转让产权的方式离开现有的企业，从事自己愿意的事业；对于那些有经营意愿，但是缺乏能力的继承者，可以选择入股的方式参与企业的经营活动；最后由既有经营能力又有经营愿望的接班人接管企业的经营。这样既可以保持家族对企业的控制，又能够让企业内部产权清晰，实现家族企业内部两权分离，在用人之道上体现了能者上、平者下、庸者退的原则。

（三）完善宣传服务机制，优化企业接班人健康成长的外部环境

客观、公正地宣传和评价企业接班人参与企业管理和社会事务的活动，科学、正确地对待他们在成长中的缺陷和不足，积极为其融入整个经济社会创造良好的环境。

在舆论宣传导向上，要客观地、多种形式地宣传企业接班人的正面形象，提升社会舆论对企业接班人的认可度；要正确对待企业接班人中少数

“富二代”的负面个案，不要据此过分夸大负面效应，对个别宣扬企业接班人参政议政是“富人民主”的错误看法，也应予以必要的澄清。

在政企交流沟通上，政府有关部门要关心企业传承中遇到的难题，不能把企业代际传承仅仅作为企业内部的事情不理不睬，而是要从关系到就业、税收、经济社会可持续发展等角度来考虑，切实掌握企业接班动态的第一手资料，认真倾听企业接班人代表的呼声和建议，并将其作为政府决策的重要参考依据。

在政治待遇安排上，建议统战部门牵头，由工商联会同有关部门，加强对企业动态的了解把握，特别是企业传承之际，广泛听取当事企业以及整个相关行业的意见，有意识地加强引导培育。在工商联执常委和人大代表、政协委员的推荐安排上，适当向符合条件的优秀企业接班人倾斜，积极引导企业接班人参政议政和参与社会事务，培养企业接班人坚定拥护党的领导，树立中国特色社会主义共同理想，坚定走中国特色社会主义道路。

（四）改善教育培训机制，引导企业接班人健康成长

克服以往教育培训内容单一、形式简单的缺点，进一步明确党委政府有关部门职责，形成合力，切实提升民营企业接班人的能力水平和整体素质。

1.制定教育培训规划和明确培训职责

要把企业接班人的教育培训纳入整个企业家队伍教育和统一战线教育培训的整体规划，建议财政划拨专项经费，由统战部门牵头，工商联具体负责，其他有关部门协同配合，结合温州市实施瓯江民营企业人才行动和企业接班人自身特点，有计划、有组织地做好教育培训工作。按照中共中央、国务院《关于加强和改进新形势下工商联工作的意见》（中发〔2010〕16号）精神，工商联肩负着促进非公有制经济健康发展和非公有制经济人士健康成长的使命，承担着建设一支数量充足、素质优良、结构合理的非公有制经济代表人士队伍的重任，由工商联具体开展企业接班人引导教育，有利于发挥工商联作为企业家“娘家”的优势，也容易得到社会的认同和理解。

2.创新教育培训载体

积极推动在有条件的高等院校、党校、社会主义学院及大型企业中建立企业家接班人培训基地。在培训方式上，既可以采取组织企业接班人赴国内知名高校进行培训，也可以通过设立新生代企业家论坛或新生代企业家沙龙、新生代企业家俱乐部等灵活多样的形式进行，使民营企业接班人加强学习和磨炼，发挥文化素质高、视野开阔等优势，做到扬长避短，不断提升自身的素质和修养，做好传承企业的准备。

3. 引导企业接班人正确认识个人与社会、国家的关系

基于企业接班人的专业、文化以及经历的不同，切实做好分层次培训，加深他们对家乡的情感，珍惜父辈的产业，认清肩负的社会责任，树立正确的财富观、人生观和价值观。引导他们继承和发扬父辈企业家的优良传统，践行社会主义核心价值体系，树立义利兼顾、以义为先理念，加强企业文化建设，积极投身社会慈善事业，自觉履行社会责任，做到爱国、敬业、诚信、守法、贡献，成为合格的中国特色社会主义事业建设者。

（五）完善企业家退出机制，关心老一辈企业家的晚年生活

企业成功实现代际传承后，老一辈企业家的心态调整和角色转变非常重要。因此，要借鉴 50 年代公私合营改造成功后，继续发挥工商联作用的做法，通过工商联牵头，搭建各种平台，组织丰富多彩的活动，多关心他们的晚年生活；党委政府也要探索通过特聘人员或特约人员等形式，鼓励支持老一辈民营企业家继续发挥余热，就改善非公有制经济发展环境、加快推进转型升级、转变政府部门作风等方面多听取他们的意见和建议；对于实现代际传承后，从事公益慈善活动的老一辈民营企业家，政府要出台优惠政策措施，积极牵线搭桥，引导他们成立和运作以公司或个人命名的慈善基金组织回报社会，其中对从事慈善活动成绩特别突出的，要大力宣传他们的事迹，并给予鼓励表彰。

课题组成员：陈芳铭　周有铭　张一力　余向前　周志斌

执笔人：余向前　周志斌

【点评】

该报告最大的贡献在于为党委、政府了解温州民营企业主及其下一代关于代际传承问题的看法，为党委、政府推进地方民营企业平稳过渡提供了有价值的参考意见。

推进温州民营经济增长方式转变专题调研报告*

温州市工商业联合会

（2005 年 12 月）

为认真贯彻落实科学发展观的要求，引导和促进温州市民营企业调整产业结构，推进全面创新，进一步提升发展质量和发展速度，同时为党委政府决策提供依据，温州市工商联就“推进温州民营经济增长方式转变”的专题，进行了比较深入的调查研究。现将专题调研的具体情况汇报如下：

一、推动民营经济增长方式转变已经迫在眉睫

改革开放以来，温州民营经济迅猛发展，已经成为推动温州市经济发展的主体力量。但是不可否认，20 多年来的经济增长总体上仍然没有摆脱粗放型的模式，民营经济的高速发展仍然建立在高投入、高消耗、高排放、不协调、难循环、低效率的基础之上，这种粗放型的增长方式已经难以为继。

（一）不转变增长方式，资源将难以支撑

从近年来温州市普遍发生或局部发生的“地荒”、“电荒”、“水荒”以及“民工荒”中，政府部门、社会各界和民营企业家中的有识之士，已经强烈地感受到传统的高投入、高消耗、低产出的老路已经走到了尽头。未来资源供给的制约越来越突出，不转变增长方式，资源将难以支撑，温州市经济运行就不可能进入良性循环。从土地资源看，其支撑力极其有限。目前温州市拟保留 12 个工业性质的园区，经国土资源部核准的符合“两规”的面积为 75.75 平方公里，至今年 6 月底，已开发面积 43.4 平方公里，因河流、山体、机场、道路及其他原因而无法建设的面积 15.5 平方公里，因此，可以开发而未开发的空间只有 16.85 平方公里，扣除配套基础设施和农民三产留地，真正可用于企业生产的未开发用地只有8.4平方公里（约合 12600 亩）。“十一

* 本文获得 2005 年度温州市党政系统优秀调研成果二等奖。

五”期间，企业试图依靠征地和厂房扩张来支撑高速发展的难度将越来越大，可能性将越来越低，而且很快将有穷尽之日。从水资源看，其制约力将越来越强。温州市水资源占有量低，水土流失面广，且分布很不均衡，利用不尽合理。全市年人均水资源占有量只有2130立方米，仅为全省人均占有量的89%、全国人均占有量的81%和世界人均水平的23.6%；降水量不仅时间上分布不均匀，导致自然利用率低，而且地区间分布也不均匀，呈现从山区到平原、从不发达地区到发达地区递减的趋势，乐清、龙湾等地的工业用水缺口很大；工业用水耗水量大，重复利用率低，平均仅为30%左右，水资源浪费比较严重。水资源总量不足与污染浪费现象并存，对“十一五”期间企业发展的制约将更加严重。从能源看，其使用代价将越来越高。近几年拉限电频频发生，给企业生产造成了很大影响，虽然由于电源电网建设的加强，将使“十一五”期间电力紧张状况有所缓解，但从长期看电力紧缺的威胁仍将存在，加上世界原油的限产、炒作和价格攀升，以及注重安全生产带动的煤炭开采成本增加等因素，将使能源使用价格不断上升，并对现有的粗放型经济增长方式形成严峻挑战。

(二)不转变增长方式，环境将难以承受

“十五”期间温州市在环境保护方面做了大量工作，但是粗放型的经济增长方式，使环境保护的许多努力化为乌有。由于“低、小、散”的大量存在，以及部分企业环保意识淡薄，给生态环境造成很大压力。市区内河水体污染严重，大多内河水质沦为Ⅴ类和劣Ⅴ类，鳌江水质基本上属于劣Ⅴ类，近岸海域海水污染范围扩大，海洋赤潮影响面积增加；许多企业废气和工业粉尘排放强度大，治理不达标，导致一些工业区及其周边的空气质量比较恶劣，给企业员工乃至周围群众的健康造成不良影响；建筑施工噪声对城市环境干扰强度较大；环境基础设施建设投入不足，截污管网、污水处理厂、垃圾无害化处理厂和危险废物集中处理场所等建设严重滞后，环境承载力愈益弱化。如果任由粗放型的经济增长方式继续下去，环境将不堪承受。

(三)不转变增长方式，企业竞争力将难以提升

由于传统经济增长方式的影响，温州市大多数行业压价竞争现象突出，导致研发投入不足，研发能力不强，企业核心竞争力得不到有效增强。一是自主创新能力偏弱。2004年全市专利申请量4230件，其中发明专利申请量仅为350件，还不到十分之一，而技术含量相对较低的实用新型专利和外观设计专利则高达90%以上；我国发明专利申请的平均授权比例是

27.09%，而温州市2004年的2651件授权专利中，作为最主要的专利权核心——发明专利权的授权只有区区61件，仅占总量的2.3%，其比例低得可怜；每万人专利授权量宁波市2003年是6.31件，而温州市2004年仅为3.53件，比例明显偏低。在技术引进过程中，一些产业、行业对引进技术的消化吸收再创新重视不够，"二次创新"能力不强。二是技术改造结构失衡。2004年全市技术改造投资84.52亿元，是"九五"期末的7.8倍，但是投资额中厂房扩建成本颇大，真正属于设备引进的份额偏少，且盲目跟风、重复建设、同质化引进的比例较高。三是人才资源比例不高。2004年年底，全市拥有各类人才(具有中专以上学历或有初级及以上专业技术职务职称的人员)49.5万人，每万人口中人才资源数663.4人，低于全省675人的平均水平；温州市高等教育、职业教育不发达，本土的人才培养能力不强。这是制约企业增强核心竞争力的关键所在。从长期看，民营企业如果不能在提高技术水平上下工夫，找到和培育核心技术，逐步形成自身强大的新产品研发能力和技术成长渠道，拥有自有知识产权和品牌，切实转变经济增长方式，那么就只能始终停留在产业链的低端，维持微薄的加工制造收入和有限的市场份额，逐渐在日趋激烈的市场竞争中丧失优势，乃至淘汰出局。

(四)不转变增长方式，区域经济发展后劲将难以持续

"十五"期间，温州市经济大体上保持了比较高的增幅，但是近年来经济增长已略显疲态。从三次产业结构看，2004年全省三次产业结构为7.3∶53.7∶39，温州为4.6∶56.8∶38.6，温州市第三产业发展低于全省平均水平(均为经济普查前数据)；从增长幅度看，2004年全省生产总值11243亿元，按可比价格计算，比上年增长14.3%，温州2004年生产总值1402.57亿元，比上年增长14.1%，增幅低于全省平均水平；2004年，全省工业增加值5381亿元，比上年增长17.0%，温州工业增加值721.51亿元，只比上年增长16.1%；从固定资产投资看，全省全社会固定资产投资规模从2000年的2267亿元扩大到2004年的5945亿元，年均增长27.3%，其中2004年比上年增长20.2%，而温州2004年全社会固定资产投资为507.32亿元，只比上年增长13.1%；从经济效益综合水平看，温州市万元产值综合能耗降低率、新产品产值率、全员劳动生产率三项主要指标比全省平均水平低28.7%；从全国"民营企业500强"入围数看，温州市2001年度至2004年度分别为39、36、33、27家，呈逐年下降趋势。综上可见，近年来温州市经济先发优势趋于弱化，增长后劲有所减退，这同民营经济发展后劲不足有着极大

的关系。我们分析，其主要根源在于前几年全市上下共同关注的企业外迁所致，也同前些年我们分析的“工业资本异化”趋势（主要是投资房地产）所导致的主业滑坡、增长方式转变缓慢等有着因果关系。

二、在转变经济增长方式的进程中迈出了新的步伐

温州民营企业在转变经济增长方式方面，既有外在的压力，也有内在的动力。外部条件方面，温州资源短缺，产业发展呈集群化，同行企业之间竞争激烈，加上国家宏观调控等因素，迫使企业发展到一定规模时，不得不转变增长方式，增强核心竞争力；内部条件方面，民营企业天然地具有追求利润最大化的内在动机，获取信息灵敏、决策迅速，具有敢为人先的精神，有着对转变经济增长方式的内在渴求。此外，政府大力引导和推动，也为民营企业转变增长方式创造了积极的条件。因此，近年来温州民营企业在转变经济增长方式方面迈出了新的步伐，取得了一定成效。

（一）创新能力得到提高

一些民营企业发展到一定规模后，开始认识到转变经济增长方式的重要性，积极从劳动密集型向知识技术密集型转变，从成本优势向技术创新优势转变，逐步形成自己的核心竞争力。一是自主研发体系进一步形成。如正泰集团先后在上海设立研发中心，在美国“硅谷”建立科研机构，初步形成以温州为生产基地，以上海为研发中心，以美国硅谷为科研开发点，以大专院校和科研院所为依托的多层次、开放式技术开发体系。德力西集团建成德国、上海、温州（省级技术研中心）三级研发体系，德国研发中心主要瞄准电气行业的国际领先水平和前沿技术，为德力西电气进军高端市场提供技术支撑，上海研发基地以研究开发适销对路、具有自主知识产权的产品为主，立足于提高德力西的核心竞争能力，温州研发中心以产品的二次开发和边缘型研发为主。德力西还成立了全国同行业首家博士后科研工作站，引进多名博士后攻关重点课题，积极开发有自主知识产权的产品。目前该公司已拥有专利 54 项，国家重点新产品 2 项，国家级火炬计划项目 2 项，其“空气介质电弧的测试、仿真、调控的关键技术及应用”项目荣获 2004 年度国家科学技术进步奖二等奖。温州人造革有限公司通过技术攻关，产品成本下降 0.2 元/米，下降幅度为 0.5%，这对于产销量巨大的企业来说，是一笔相当可观的收益。森马集团自 2001 年开始，积极引进国际先进的时尚理

念，集中人力、财力、物力进行设计创新，不断提高产品研发能力，把共性的产品转化为个性的产品，凸现产品的差异化、时尚化和竞争优势。二是企业重奖科技创新人才。为了留住人才，增强创新能力，许多企业都出台了新措施。正泰集团在原有"科技十六条"措施的基础上，制定了《正泰集团公司关于鼓励技术创新、加快科技进步的若干规定》，对在科技开发中作出贡献的科技人员，分别给予0.5万～20万元的奖励；若科技项目达到国际领先技术水平，获得发明专利，具有自主知识产权，根据项目产生的效益，一次性给予30万～500万的奖励；其项目负责人的奖励金额，还可转换为相应的岗位激励股份，大大激发了科技人员创新的积极性，提高了企业的研发水平，缩短企业新产品的开发周期，增强了企业核心竞争力。温州伊利康生物技术有限公司出台《科技人员住房分配规定》，公司每年购买两套住房，奖励给在公司工作满5年以上的、为公司作出贡献的科技和管理人员等。三是行业商会（协会）积极推动创新。温州服装商会成立了温州服装创新服务中心，下设技术研究开发中心、服装信息服务中心、服装质量检测中心、服装核心管理项目中心四个分部，为温州服装企业提供有效的设计开发、信息技术、质量检测、管理模式等服务；温州合成革商会针对国家尚无合成革DMF废气排放标准的现状，为全面推进环保工作，将温州人造革有限公司与同济大学、中达公司一起投资100多万元研制成功的DMF废气净化回收装置向全行业推广，截至今年上半年，全行业95%的企业安装了废气净化回收装置，所有企业运行不到半年就收回了投资成本，真正做到了环境、社会、经济效益三赢。

（二）品牌创建初显成效

在各级政府的强力推动下，民营企业品牌建设结出硕果，共获得中国驰名商标12枚，中国名牌产品25个，省著名商标143件，市知名商标378件，位居全国地级市前列。近年来企业创牌还出现了一些新趋势。一是民营企业联合创品牌。夏蒙集团与三大国际顶尖男装品牌之一的意大利杰尼亚品牌合作，通过出让50%的股权，使"夏蒙"这一本土品牌通过国际知名品牌的渠道快速进入世界市场；康奈集团与意大利知名品牌"老爷车"合作，产品质量、销售额迅速提高；瑞安嘉利特与世界最强的泵业制造商日本荏原公司合作，成立了全国最大的石化泵业生产企业；8家制锁企业联合组建了强强集团，成为中国民营企业由分到合的一个重大发展方向，再一次打响区域产业品牌。二是民营企业走出国门创品牌。正泰集团通过积极参加国际展览会或博览会，几大主导产品低压电器、高低压成套电气设备、仪器仪表、汽车电器等，已经全面进入国际市场。康奈集团通过在巴黎、纽约、罗马等国外大中城市开设90余家品牌专卖店、专柜，不但在国外打响了自己的品牌，而且售价是国内其他鞋革产品的近10倍。服装等企业通过高薪聘请品牌代言人、形象代言人等方式，迅速作响了自己的品牌。品牌创建活动效益明显，不但造就了一批知名企业，还扩大了温州产品在国内外市场的份额，对温州市经济发展起到了重要作用。据服装行业企业家估算，温州服装行业中，自主品牌约占15%，但其销售额占到了总销售额的70%左右，可见品牌作用不可低估。

（三）企业管理得到加强

温州许多企业在加强创新能力的同时，利用各种渠道，积极实施企业管理策略，一方面不断提高产品的质量，另一方面节约了资源，提高了工作效率。一是质量管理成效显著。全市有2000余家民营企业通过ISO9000认证。德力西集团严格按照卓越绩效模式的要求实施管理，经过半年多时间的努力，在质量管理领域实现了零缺陷，经专家严格评审，获得了“全国质量管理奖”殊荣。二是市场营销大胆创新。一批企业通过“虚拟经营”、连锁专卖的形式，依托社会化大分工，把研发和销售中心留在温州，在长三角、珠三角等地区寻找生产厂家。这种经营模式对于温州服装业来说，是缓解生产要素压力、实现可持续发展的必然选择，也是转变经济增长方式的一条有效途径。三是信息管理力度加大。如正泰集团投资5000万元，建设“数字化正泰”，从质量管理、技术管理、生产采购、营销管理、财务管理、人事管理、综合管理等方面进行全面整改，全面推广应用现代化信息手段，改变传统的管理模式和生产组织方式，将企业的管理水平提升到一个新的高度。森马集团对代理商进行A、B、C分级管理，尤其在连锁专卖操作上建立了一整套的操作体系，利用先进的数据采集、分析、处理技术，使企业庞大的客户数据转换成有价值的信息，并与代理商共享，提高代理商的经营水平和获利能力。

（四）产业向多元化发展

一是行业性、区域性产业逐步调整。电气行业已经由单一的低压电器元件“包打天下”的行业，发展成为集高低压成套、输电、变电、配电、工业控制电器和各种特殊用途电器装备于一身，电气产品种类比较齐全，有电工建筑、工业控制、矿山防爆、通信电器等与电器相关的电工仪器仪表、防雷产品、电源设备、电焊机、电线电缆、材料金具等几十大类和几万种型号规格，成为在全国有举足轻重地位的重要产业。平阳水头以前主要发展制革业，现在逐步转向发展皮件业，制革业产值由原来的31亿元降到12亿元，皮件业产值则由原来的3亿元上升到14亿元。二是企业积极追求多元化发展。为了谋求企业得到更好的发展，切实转变经济增长方式，许多企业运用资本经营，把资金投入到效益较好的产业或高科技产业，实现企业多元化发展。如德力西集团现在的产业涉及电气制造、综合物流、交通运输、金融服务和环保工程等，在其他行业获取利润后，反过来支持电气主业发展。去年电气主业总产值仍比上年增长了60%，产品销售额增长56%，利润增长20%；出口贸易增长43.8%，增长速度名列同行业前茅。挺宇集团原属传统机械产业，主要从事各类阀门、仪器、仪表和新型防腐衬里设备等生产，现在转而向多元化方向发展，形成了六大产业，拓展了新的效益增长点。

三、在实现增长方式转变中面临的几个问题

尽管温州民营企业在实现经济增长方式转变中取得了一定成效，但从总体上看，目前温州市民营经济的增长方式仍然表现出比较粗放的特征；当前正在试图实现经济增长方式转变的个别企业也遇到很多困难，有的甚至半途而废、功亏一篑。同时大部分民营企业还没有真正认识到转变经济增长方式的重要性，停留在口头上的比较多，采取实际行动特别是卓有成效行动的比较少。民营经济要实现增长方式的历史性转变，还有漫长的道路需要走。

（一）自主创新缺乏合力和外在支持

一是自主创新心有余而力不足。在对49家企业的调查中，73.5%的企业认为，制约企业发展的自身因素中，最大问题就是技术创新；企业最需要的社会服务方面，有67.3%的企业选择科技创新服务，排在所有选项的首位；虽有95.9%的企业有自主研发机构，但“游兵散勇”式的多，真正具备一定规模的比较少。同时，许多企业还不具备投入巨额资金能力，难以承担创新失败带来的巨大风险。二是企业家文化程度偏低、企业技术人员比例偏少，在很大程度上制约了企业自主创新能力。据对959位企业家的调查，56.9%的企业家文化程度在高中及高中以下，初中及初中以下的也占了总数的15.7%；从对49家企业的调查来看，技术人员占企业职工比例在10%以上的不到1/3，在20%以上的不到5%；据有关部门对民营企业86400多名外来从业人员的调查，高中及高中以下文化程度的比例高达

91.5%。三是政府支持不够合理。政府用于科技创新扶持的专项资金比较分散，科技、经贸、信息办等部门都有一块，每年扶持范围大，重点不突出，资金使用效益比较低，并且补助也不及时。如两年前温州服装商会创建“温州服装行业创新服务中心”，根据有关政策，政府应给予一定的科技补助资金，但一直到今年上半年才补助了30万元。温州服装行业这么大，民间组织都已经投入了约200万元，甚至个别企业家私人都垫付了100多万元，而政府补助却如此之少，可见政府支持还是不及时和不到位的。四是行业、企业对引进技术的消化吸收再创新重视不够，“二次创新”能力不强。以温州市电气行业为例，许多产品仍属于模仿产品，对一些基本技术进行消化吸收再创新不够，容易遭遇知识产权纠纷。如在德国法兰克福照明和建筑展览会上，瑞典ABB施托茨接触元器件有限公司就从展位上收集了温州4家电气企业的侵权证据。上述情况严重制约了相关行业的后续发展。

（二）品牌建设面临诸多问题

一是品牌的区域分布不平衡。瑞安、瓯海、平阳、苍南等县（市、区）至今还没有一个中国驰名商标，这与当地经济发展水平很不协调。二是品牌建设面临诸多困惑。在服装行业企业家座谈会上，许多企业家认为，目前许多企业正游走在品牌与贴牌的十字路口，一批知名企业纷纷转做贴牌，温州服装的区域品牌优势明显弱化，绝大多数企业现在只能是靠贴牌加工、许可加工等生存发展。说是做贴牌，一批企业却是做品牌的；说是做品牌，却多是一些没有多少人知道的品牌，或者属于“有牌无品”之列。三是品牌的文化内涵有待加强。打造品牌是一个系统工程，必须有相当的文化含量和长期的历史积淀。如温州服装发展才短短数十年，许多品牌的崛起不过十年不到的时间，加上缺乏时尚环境和文化气息，打造独具特色的品牌内涵还须假以不少时日。其他行业大抵也是如此。

（三）引才育才用才环境比较欠缺

人才是推动经济增长方式转变的基石和驱动器，但是在人才的引进、培养和使用上，温州市还存在不少短期内难以解决的问题。一是引才环境欠佳。改革开放初期，温州民营经济之所以蓬勃兴起，除了民营经济的机制优势之外，很大程度得益于“星期日工程师”等一大批外来人才的引进。在全国各地都大力发展民营经济的今天，温州市民营企业对外来人才的吸引力已大大降低，与其他沿海经济发达城市比较，交通相对不便，生活成本偏高，高等院校、科研院所缺乏，人才得到继续发展的机会比较少，这些因素都导致民营企业越来越为“引才难”所困惑。二是构筑育才环境力度还不够大。人才培养的本土化,是解决人才问题的治本之策。从政府层面看,宁波9年以前就引进同济大学创办了研究生培养基地,目前已有300多名硕士研究生毕业,还引进浙工大创办研究生教学基地;台州市政府2004年12月与浙江大学签约共建浙江大学研究生院,一期规划用地300亩,所需土地和建设资金全部由台州提供。同这些地区相比,温州市在高层次人才本土化培养方面还存在很大差距。从企业层面看,温州有很多企业舍得花大钱买一流设备,却不愿意花本钱培养一流人才。一位企业家公开声称:我就不让下级的人员去外面培训,因为如果他们培训结束后跑了、辞职了,我就“瞎子点灯白费蜡”了。三是企业用才机制不全。大量民营企业基本上是借助家族力量共同创业,依靠血缘关系维持经营的。家族化经营也在很大程度上阻碍了企业家和职业经理人队伍的形成和成长,若不能适时完成家族化经营模式向现代企业制度转换,建立更好地利用社会资源和适应市场竞争的产权结构、治理结构和运行机制,那么“外来的和尚难念经”,这些企业就很难拓展经营视野,形成发展战略,集聚要素资源,获得核心竞争能力。

(四)政府“指挥棒”缺乏应有力度

首先是土地资源配置的“指挥棒”不灵。土地资源的分配是掌握在政府手中的引导民营经济转变增长方式的有力“指挥棒”,目前这根“指挥棒”尚未发挥应有的“魔力”。据市统计局有关资料表明,以20世纪90年代日本等发达国家水平为参照,全市27个主要工业大类中,除服装制造业外,其他26个行业的单位土地产值均明显低于参考水平,其中18个行业的单位土地产值不到参考值的50%,有17个行业的单位土地资产不到参考值的50%。高新技术产业相差更大,通信、计算机及电子设备制造业,交通运输设备制造业、医药制造业仅为国际参考水平的12%、21%和28%。出现这种情况,同前些年政府对土地资源的配置把关不严不无关系。现在有一种怪现象,前几年企业蜗居在狭小厂房里的时候,单位土地产出率很高,现在征了地、搬了新厂房,单位土地产出率反而大幅度下滑。这对企业转变经济增长方式绝不是一个好的导向。其次是优惠政策的“指挥棒”不够有力。各级政府为了引导企业转变增长方式,出台了不少优惠政策,但这些优惠政策在给企业带去“及时雨”的同时,也给它们带来了“苦恼”。许多企业家认为,政府对一些新颁发的政策宣传不多,以至于企业在办一件事情时,往往要去摸索它的流程,既费时,也费力。一位企业家的话就很有代表性:“平时常常从报纸上看到政府提出的对我们中小企业进行扶持的新闻，可是具体怎么扶持？什么样的标准才是政府扶持的对象？我们不知道。同时也不知道通过什么样的渠道去了解，如何才能达到标准，成为扶持对象？”由于企业对优惠政策及其办理流程的不了解，常常使企业很难获得优惠政策的“好处”，一位对技改贴息申请程序不了解而多次遭遇“碰壁”的企业家，就发出了“技改贴息，想说爱你不容易！”的叹息。其三是产业集聚的“指挥棒”不到位。推动企业向产业园区集聚，是加快民营经济增长方式转变的有效路径，有利于修补产业链条、共享配套设施、便捷信息交流、降低资源消耗、提高生产效率。但是在实际中也出现了许多不够到位的情况。如服装行业一批女装企业希望政府能出面搞一个女装工业园，有关部门也开了座谈会，但是会后却没有任何动作，一些企业感叹：“为什么每次只打雷，不下雨，既给我们希望，随之又让人失望?”又如皮革化工、涂料等行业商会要求市政府建立化学危险品仓储基地，想法非常好，但是政协提案提了 8 年，至今仍是一片空白。模具行业是“百业之母”，对温州轻工产品质量提升有着极为重要的作用，但模具协会要求建立模具工业园区的建议，大会小会向市里反映了五六年，至今仍停留在规划上。类似的情形还有不少，这些情况集中反映了政府对产业集聚重视不够，“指挥棒”失去应有的力度。

（五）企业生产成本提高，经济效益下降

原材料持续涨价已成为温州市大多数行业发展中面临的一个重要问题。根据市电气行业协会部分会员企业对 2005 年与 2003 年部分原材料价格比较，钢铁、铜、矽钢片、银等都上涨 50％以上，有些甚至上涨 1～2 倍，以至于原材料成本占到了产品销售价的 76％左右；加上外贸退税率下调，电力能源供应紧张，人工费用上涨等因素，生产成本增长 80％以上。该协会反映，原材料涨价，生产成本提高，导致低价竞销激烈，企业利润普遍下降，许多企业出现“高产值、低效益”现象，个别企业甚至出现负利润。由此产生了两大恶果：一是资金周转困难。部分企业的应收账款达到 3000 万～5000 万元，整个行业不少于 50 亿元。二是产品质量滑坡。低价竞销使一些企业为了求生存只好偷工减料来降低成本，严重影响了产品质量。今年上半年，乐清 BK 控制变压器防爆电器、自动交流稳压电源等高危行业的产品合格率分别只有 60.0％、60.7％、58.3％和50.0％，接近质量预警警戒线，存在较大的质量隐患。这种“饮鸩止渴”现象的出现，同企业对转变经济增长方式重视不够、办法不多、本领不高、步伐不快有着较大关系。

（六）行业商会（协会）作用得不到有效发挥

从总体上看，温州行业商会、协会在传递党和政府的政策、为行业企业开拓国内外市场服务、积极开展维权活动、代表行业企业进行反倾销的应诉工作、维护行业声誉、反映会员的诉求、制定地方或国家有关行业产品的技术标准、提供经济科技服务等方面，走在全国前列，发挥了很大的作用。但因体制和机制的原因，行业商会（协会）仍然存在管理体制不顺、行政依附性强、自身组织建设滞后、内部机制不健全、缺乏应有的独立性，以及政策法规不完善、职能不到位、缺乏制度保障等问题。一批行业商会试图在开展行业公共服务、建立行业服务平台等方面做更多的文章，但苦于缺乏财政支持和相应职能而不得不放弃。政府要推进行业协会改革和发展的口号喊了多年，至今少有实质性行动。这些都制约了温州市行业商会、协会的改革与发展，也使行业商会、协会在助推民营经济转变经济增长方式中的独特作用得不到有效发挥。

四、多管齐下，努力推动民营经济转变增长方式

民营经济要实现增长方式从粗放型到集约型的转变，企业自身是主体，科技进步是中心，市场机制是导向，政府引导是关键，只有多管齐下，才能有效推进经济增长方式的历史性转变。为此，市工商业联合会提出以下建议：

（一）以提高自主创新能力为中心，全力培育创新驱动力

自主创新是转变经济增长方式的中心环节，是企业全面协调可持续发展的强力引擎。最近市工商联赴台州考察民营企业时发现，飞跃集团引进两名“海归”博士，5 年里投入 2000 万元巨资进行芯片研发，装上自研芯片后的缝纫机身价猛涨了 10 倍甚至上百倍，最高卖价达 100 多万元。这种安装了自主研发芯片的“飞跃”机电一体化缝制设备，以不到全公司 10％的年产量，占据了飞跃集团 50％的销售额和 90％的利润。台州缝纫机卖出“宝马”车的价钱，对还在同质化竞争的泥潭里苦苦挣扎的温州民营企业，既是一种警醒，也给我们树立了转变经济增长方式的典型示范。

首先，企业要加大自主创新力度。企业是经济活动的主体，也是转变经济增长方式的微观基础。要积极运用高新技术和先进适用技术改造提升传统产业，大力培育高技术产品和新产品，构筑差异化优势，避免同质化竞争；实施“聚才兴企”战略，高度重视人才的引进、储备和培养，完善激励机制，提升原始创新与集成创新能力；结合企业实际，加大投入，重点加强技术引进

消化吸收再创新，逐步增强核心竞争力。其次，要全面推行管理创新。远大总裁张跃认为："有没有完善的制度，对一个企业来说，不是好与坏之分，而是成与败之别。"企业的节能降耗、提速提效等，无不与建立在完善制度基础上的科学管理密切相关。必须高度重视基础管理工作，结合企业实际，改造改进质量管理、技术管理、生产采购、营销管理、财务管理、人事管理、综合管理等各个环节的流程；有条件的企业应单独设立质量工程师，加强产品质量管理；努力推广应用现代化信息手段，在信息技术建设与应用上下工夫，改变传统的管理模式和生产组织方式，将企业的管理水平提升到一个新的高度。第三，政府要健全科技创新促进机制。一是要进一步研究出台鼓励创新、支持创新的政策。加快形成"财政投入为引导、企业投入为主体、银行贷款为支撑、社会集资和引进外资为补充、优惠政策作扶持"的全社会科技投入体系，引导全社会增加科技投入；重点要建立和完善科技创新风险基金，多方筹措、集中使用专项经费，做到"雪前送炭"，重点扶持有市场前景的科技项目；鼓励其他社会渠道投资、集资设立行业性科技创新基金，财政按一定比例给予补助，推动本行业科技创新。二是要下大决心建设以温州科技城为核心的"温州硅谷"。建议市政府以前瞻性、全球性的眼光，把温州科技城列为"十一五"规划的重大项目，加快建设科技创业大厦，办好孵化器和留学生创业园，以最优惠的条件引进清华或北大等名牌大学联办研究生院，做强重点行业的产业研究院和工程技术中心，加强知识产权保护，全面增强区域技术创新能力。

（二）以发展循环经济为重点，着力缓解环境承载力

坚持以循环经济理念，加强资源节约型、环境友好型社会建设。一是要打造资源节约型、环境友好型企业。鼓励企业开展资源节约和综合利用，推行清洁生产，推广环境管理体系认证和产品环境标志认证；积极开发和推广资源节约、替代和循环利用技术，加快企业节能降耗的技术改造；推广一批清洁生产技术和先进加工装备，鼓励企业组织各工艺之间的物料循环，延长生产链条，减少生产过程中物料和能源的使用量，尽量减少废弃物和有毒物质的排放，最大限度地利用可再生资源；大力发展资源消耗低、环境污染小的高新技术企业，严格按照《温州市淘汰落后生产能力、工艺和产品目录》，分期分批关停并转规模小、消耗高、污染大、效益差的企业。二是要着力打造"循环型园区"。按照循环经济理念，统筹产业带、工业园区布局，从大空间上构筑相互循环、上下链接的布局体系；对新园区的建设，应充分考虑企

业的关联度，通过企业间的物质集成、能量集成和信息集成，形成产业间的代谢和共生耦合关系，使一家工厂的废气、废水、废渣、废热或副产品成为另一家工厂的原料和能源，实现园区企业群的最有效利用，不断延长生产链，建立“循环型园区”；对现有园区进行改造、提升，严格环境准入制度，提高入园企业的生态门槛，引导驻园企业改善管理、改进设计、改造设备，使用清洁能源和原料，集中无害化处理工业“三废”，从源头削减污染；通过努力，在园区内形成完善的产业链和完整的生态网，实现企业清洁生产、资源最大化利用、有毒有害废弃物无害化处理，建立园区内的循环流程体系。三是要以循环经济为杠杆，调整产业结构。以构筑资源节约型、清洁生产型、环境友好型产业链为导向，进一步调整和优化产业结构，积极鼓励发展污染少、能耗低、效益高的高新技术产业，继续保持和不断强化服装、鞋革等轻工产业群，用清洁生产技术、节能技术和自动化成套设备改造提升化工、机械等产业，重点解决制革、煤电、化工、电镀等行业的区域性、结构性污染问题，淘汰一批低效重污染产业和技术落后、污染严重的工艺和产品，禁止发展和严格取缔“十五小”和“新五小”企业，提升产业发展与城市建设协调能力。四是要强化污染治理。加快规划中的污水处理厂及其配套管网等环保配套设施建设，提高集污、截污、治污能力；重点加强敖江、温瑞塘河等重污染流域治理；加强污染监管，切实改变“违法成本低、守法成本高”的不正常现象。

（三）以创新政策管理为目标，努力提升政府推动力

政府的有力引导是转变经济增长方式的关键因素。各级政府应当强化危机感、紧迫感，将转变经济增长方式、走新型工业化道路，作为制定实施“十一五”规划的重要战略原则。一方面，政府要强化政策导向。对领导干部政绩考核体系进行配套改革，增加资源消耗水平、环境质量等考核指标，抓紧探索建立绿色 GDP 核算体系，推动各级行政长官牢固树立科学发展、节约发展的政绩观，引导地方政府走可持续发展之路；从构建节约型社会的高度出发，调整和完善价格、税收、金融、财政等经济政策，使之在建设节约型社会中发挥引导和推动作用；强力推行《温州市当前优先发展的重点行业、重点产品指导性目录》和《温州市淘汰落后生产能力、工艺和产品目录》等产业政策目录的实施，制定节能、节水、节电、节材和鼓励政策，污染物排放总量控制政策等，鼓励和支持科技含量高、资源消耗少、经济效益好的产业和企业发展，从源头上逐步消除产业“低、小、散”带来的不良影响。另一方面，要加大“腾笼换鸟”、“筑巢引凤”的力度。紧紧抓住宏观调控的有利机

遇，制订企业进入园区的详细标准并严格贯彻实施，下大决心把一些产业层次低、经济效益差、高能耗、高污染、发展前景不好和圈地而不开发的企业“请”出去，把腾出来的土地厂房等资源“让”给新兴的、发展前景好的企业和产业；在大力实施招商引资“一号工程”的同时，加大选资、保“质”的力度，切实提高引进外资的质量。

(四)以提升公共服务能力为切入点，大力增强商会助推力

行业商会等中介组织是促进经济发展的重要力量。建议市政府在“十一五”期间要大力推进温州市行业商会的改革和发展，将政府承担的部分经济服务职能从行政职能中剥离出来，通过授权、转移、委托、让渡等方式，移交给行业商会；建立行业商会发展专项基金，增强其自我发展和提供公共服务的能力；支持行业商会强化行业性展览会组织、产业和市场分析预测，提供产供销信息和咨询，组织管理创新经验交流，组织企业管理培训，技术培训和安全生产培训，配合政府、企业应对国际贸易纠纷等职能；加大对“行业创新服务中心”、“行业质量检测中心”等公共服务平台的资金扶持力度，使之在助推民营经济转变增长方式中发挥更大作用。

课题组成员：徐强中　周有铭　赵文冕　周志斌　侯必仲

执笔人：赵文冕　周志斌

【点评】

该报告从资源要素、环境保护和企业竞争力等三个角度分析转变经济增长方式的必要性，指出温州民营企业自主创新能力不强的现状，提出培育企业创新动力、发展循环经济、创新政策管理方式、发挥商会助推力等建议，为地方政府推进经济增长方式转变提供参考意见。

关于促进温州民营经济平稳健康发展的调查报告*

温州市工商业联合会

（2008 年 7 月）

当前，温州市民营经济正面临如何实现平稳健康发展的严峻挑战。针对目前货币政策从紧、《劳动合同法》实施、出口退税政策调整、人民币升值、原材料价格上涨、劳动力成本上升、节能减排压力、资源要素制约等情况所带来的压力，我们对民营企业采取的应对措施和成效、所需要的政府帮助解决的困难以及对"企业服务年"活动的建议等进行了调研。现将这次调研的情况报告如下：

一、民营企业基本上能够理解国家宏观调控政策并积极应对面临的困难

从调研情况看，温州市民营企业基本上能够理解国家宏观调控政策，认为有利于推进温州产业结构调整，促进产业转型升级，淘汰一批高污染、高消耗、低附加值企业，引导和鼓励民营企业创新，走依靠资本市场和科技进步的科学发展之路。同时，部分民营企业家也坦言，目前国家宏观调控力度非常大，加上受国际、国内其他困难因素的叠加影响，实现企业平稳健康发展的压力越来越大。

受调研的企业，尤其是上规模企业对今年面临的经济形势有着比较清醒的认识，并自觉地变压力为动力，变挑战为机遇，积极加强管理创新和营销模式创新，加快研发新产品，推进产业结构调整，对本企业实现又好又快发展依然充满信心，力求在宏观调控中"化茧成蝶"。

（一）认真贯彻《劳动合同法》，注重提高工作效率

受调研的企业非常关注《劳动合同法》，78.9%的企业表示比较了解，

* 本文获得 2007—2008 年度温州市党政系统优秀调研成果三等奖。

21.1%表示了解一点，完全不了解的为零，56%的企业家表示通过参加行业商会(协会)组织的讲座，学习了《劳动合同法》。同时，企业比较重视《劳动合同法》的实施，67%的企业组织员工学习《劳动合同法》，77%的企业及时签订或者续签劳动合同，50%的企业按《劳动合同法》的内容修改了规章制度和职工守则。针对《劳动合同法》实施带来的用工成本上升，企业也积极采取应对措施。一方面，增加投入改造生产设备，加强产业链的整合，做到系统化生产，减少工人，降低生产成本；另一方面，提高内部管理水平，细化企业规章制度，加强对员工的培训，提高工效。此外，在节假日里也不再提倡加班生产。

(二)大力加强自主创新，提升企业核心竞争力

部分民营企业通过技术创新，及时更新换代产品，提高附加值，牢牢把握产品价格发言权。如浙江奥光工艺品制造有限公司现在每年研发500款左右新产品，出厂价格可以提升20%左右。开发区特福隆集团做到在核心技术研发上领先同行2年左右，在市场竞争中始终处于优势地位。

(三)积极创新营销模式，注重资金利用效率

部分企业依靠营销网络优势，转变经营销售方式，降低销售成本。如部分服装企业加快发展虚拟经营，有的企业大力优化销售点布局。部分外贸企业采取减少出口，只接短期订单，提高资金利用率，加快资金流通速度，缓解人民币升值和出口退税政策调整带来的影响。

(四)积极实施外扩战略，拓展企业发展空间

温州民营企业跨地区流动，主要是到外地收购兼并企业，建立生产基地、业务外包和营销网络等。其中部分企业的外扩属于增量流动和功能性流动，这有利于温州民营企业实现低成本扩张和做大做强，可以在更大范围内配置和享用资源，从而进一步放大温州经济。

(五)借助行业商会(协会)作用，助推企业可持续发展

在严峻的经济形势下，行业商会(协会)切实发挥作用，确保本行业平稳健康发展。如2007年上半年，国家将出台新的出口退税政策时，合成革商会经过多方调查，有理有据地提出了具体意见，引起了国家有关部门的重视。当国家公布新的出口退税政策时，温州市合成革行业产品没有受到影响；温州市服装商会与中国银行温州市分行签订了战略合作协议，“十一五”发展期间，该行将为温州市服装商会会员企业提供总金额50亿元的新增贷款和贸易融资授信，协助服装企业缓解融资难问题；温州市眼镜商会成为温

州市对外贸易预警机制示范点，应对和防范贸易壁垒的能力得到提高，积极为温州眼镜企业开拓国际市场保驾护航。

二、民营企业反映面临的主要问题

受调研的行业商会(协会)和企业一致认为今后几年是企业发展最艰难的时期。从企业面临的困难看，排在第一序列的是原材料价格和劳动力成本上升，分别占82%和80%，排在第二序列的是资源要素制约、人民币升值、技术人才缺乏，分别占40%、36%、36%，排在第三序列的是融资困难、企业发展的软环境一般、国家出口退税政策调整，分别占25%、24%、20%。从企业生产经营成本上升幅度看，最快的依次是原材料、劳动力成本、能源成本、管理成本等。在调研中，行业商会(协会)和企业负责人也反映了遇到的困难和问题。

(一)企业用工形势日益严峻。

1.《劳动合同法》实施中遇到的问题

行业商会(协会)、企业负责人基本上都认为《劳动合同法》出台比较超前，尤其是在当前宏观调控政策下，如果立即全面贯彻实施，对温州民营企业压力很大。首先，企业用工成本有不同程度上升。50%以上受调研的企业认为《劳动合同法》实施后，终止劳动合同、辞退职工的成本和生产成本明显增加，其中认为用工成本上升10%～20%的有52.1%，20%～30%的有18.1%。企业认为每年预计要为每个员工增加社会保险、年休假、加班工资等累计支出5260元左右。其次，劳动合同签订参差不齐。受调研的企业一直都签的占51.2%，以前未签现在都在签的占27.9%，部分没签的占20.9%，其中上规模企业和高科技企业签订劳动合同比较到位，部分中小企业则签订率较低，签订劳动合同的主要集中在管理层和技术人员。其三，适当加班加点难杜绝。部分企业反映生产设备都是数控的，有时候8小时内不能马上停下来，需要延长时间完成工序。同时，目前温州基本上实行计件工资，多劳多得，内地过来的员工自愿要求多加班。如某企业推行“两班制”，小零件白天8小时内完成，其他的在夜里加工完成。但白天班的员工不愿意，“霸”着生产线不下来，使夜班工人不能上岗。其四，员工参加养老保险积极性不高。据问卷调查统计，根本不愿意参加养老保险的占20.7%，积极性一般的占57.6%，积极性高的仅占21.7%。部分从中西部过来的员工不愿意签订劳动合同和参加社会养老保险，原因一般都是怕束缚自己的择业自由，养老保险还不能全国转移，退保没有实惠，目前自己还年轻，不需要参加养老保险等。

2. 企业用工、招工中遇到的问题

温州企业技术工人被“挖走”向来比较普遍。某高新技术企业为了防止研发人员被同行“挖走”，把研发中心设在上海，内部通讯录上不出现52名技术人员的名字和电话。现在温州又出现招普工难的问题。一合成革企业反映，过去企业招工要求年龄35岁以下，文化程度高中以上，现在年龄、文化程度都不再限制，连文盲都录用。企业之间挖普工现象也日趋严重，影响了正常生产经营。社会上兴起了“炒工团”，专门在生产忙季时与企业谈判，给企业介绍工人收取手续费或者向企业提出要求，如果企业不答应，“黑工头”就要把生产线上的工人“挖走”，让企业停工停产。

3. 企业员工的生活配套设施不完善

据经济技术开发区商会估计，滨海园区缺工达到1/3，其中一个主要原因就是滨海园区生活配套设施不完善。如两夫妻在那里上班，小孩子上学难，晚上也无休闲娱乐场所，企业职工宿舍也非常紧缺，工人在外租普通房子一般每月需要300～600元租金，生活成本偏高，治安环境也较差。

(二)土地资源比较缺乏

在调研中，部分企业家和行业商会(协会)负责人反映，温州土地资源非常紧缺。一方面，温州市海涂围垦进展缓慢，2003年市政府提出要在5年内海涂围垦18万亩，但到2008年才完成3万亩左右；另一方面，土地资源分配缺乏公开机制，大部分民营企业对温州提供的工业用地规模，以及实际利用情况并不了解，认为在温州获得工业用地非常困难，在市场交易中工业用地价格偏高，导致个别企业利用土地囤积升值。此外，对于温州市建设的标准厂房，部分行业商会(协会)和企业负责人认为存在以下问题：一是标准厂房缺乏“标准”。不同行业的企业需要的厂房规格和配套设施都有所不同，因此，当有些企业租用标准厂房后，发现企业的生产设备根本无法在标准厂房内使用。如一生产机械设备企业负责人就反映在标准厂房内无法安装生产流水线。二是标准厂房建设缺乏“公开”。温州市每年都提出了标准厂房建设的目标，给迫切需要厂房扩大生产的企业带来希望，但是部分企业也反映，现在只了解标准厂房建设的数量，而对标准厂房主要分布地点、建成投入使用时间以及租用价格、具体条件等都一无所知。三是标准厂房使用对象缺乏“明确”。现在有的标准厂房面积很大，实际上需要标准厂房的中小企业难以承租，而大企业已经有足够的厂房，或者在外面有工业园，又不需要大面积标准厂房等，导致大面积标准厂房没有发挥作用。如塘下有两个标准厂房，面积达到5000～6000平方米，可是建好后没有企业租用。

（三）企业外迁趋势继续增强

从某种意义上看，企业外迁有利于扩大“温州人经济”，有利于拓展温州民营企业发展空间，但是企业外迁也涉及产业转移，容易发生企业外迁“多米诺骨牌效应”，把能够留在温州发展的企业也吸引到外地去。从企业外迁的路径分析，近年来呈现新特点，从原来企业多元化发展，以资金外流发展房地产项目为主到现在主业外迁；从原来单家企业外迁到现在企业组群外迁，并在外迁地形成新的产业集群；从企业管理重心以本地企业为主，外地企业为次，到现在管理重心逐渐转向外地企业为主，本地企业次之。从调研中了解到，全国各地在温州招商引资的力度也非常大，如瑞安汽摩配行业，几乎每天都有4—5个各地招商局长在“走访”企业和行业协会。据经济技术开发区商会的统计，该商会137家上规模会员企业，主业在外投资的就占15%左右，投资额和设备资本远远超过本地。温州市模具协会也反映，该行业龙头企业、科技型企业外迁较多，模具协会18家副会长、会长单位，外迁的有10家，导致“一流二流企业往外流，三流企业留在窝里斗”。

（四）创业创新环境有待改善

1. 政府有关部门服务意识不强

在走访调研中，部分企业负责人反映，党委、政府对民营企业确实比较关心和支持，但是部分具体工作人员“官本位”思想严重，在当前严峻形势下，对企业遇到的困难不闻不问，分配和落实任务不结合企业实际情况，来到企业的目的就是找问题要罚款，缺乏与企业共渡难关的意识。

2. 融资附加成本大幅提高

调查问卷统计表明，温州民营企业虽然自有资金比较雄厚，但银行贷款依然是其融资的主要来源，79%的企业表示资金出现困难时，拟通过银行贷款解决。可是在银根不断收紧的情况下，有51.9%的企业认为融资困难，其中有10.1%的企业认为非常困难，尤其是房地产行业融资难问题比较突出。同时，44.6%的受调研企业认为温州信用担保机构作用不大，据部分中小企业负责人反映，金融机构贷款时间由以往的2天内把贷款划到公司账户，现在是拖到5—10天，如果是周五划款则拖到下周一或下周二，银行则“指点”企业到某某担保公司“周转”，而担保公司利息和手续费用非常高，大大提高了企业融资的额外成本。

3. 治安环境有待改善

目前,部分地方依然存在"霸王搬运"和村里老人协会"敲竹杠"现象,如瓯海仙岩今年6月准备投产的工业园,当地村民要求垄断承包入驻企业的外贸货物转运业务。温州社会治安环境形势也比较严峻,双屿、开发区、黄屿等地盗、抢事件频发,工人在工业园区内受到威胁、敲诈等,难以安心工作,影响了企业正常生产经营。

(五)税赋负担有所加重

在调研中,行业商会(协会)和上规模企业负责人对这个问题反映比较强烈。目前,虽然部分企业的产值比去年同期有所增加,但由于劳动力成本上升、原材料价格上涨、出口退税政策调整、融资成本提高等原因,企业的利润持平或比去年有明显下降。今年上半年全市财政收入同比增长23.3%,国税的统计资料也显示部分行业的龙头企业上缴的税收有大幅上升,但1—5月份工业企业利润总额同比仅增加11.1%,企业利润空间被大幅挤压,亏损企业数同比上升32.6%,亏损额同比增加59.5%。据少数企业反映,在没有利润甚至亏损的情况下,企业只好停工停产、遣散员工。

三、促进民营经济平稳健康发展的建议

当前,温州民营经济已经到新的发展转折点上,既面临重大机遇,又面临严峻挑战,挑战中又孕育着新的发展机遇。在调研中,民营企业积极响应市委、市政府开展的"企业服务年"活动,并对促进温州民营经济平稳健康发展提出了意见和建议。

(一)加快沿海产业带开发和建设,盘活存量土地资源,着力突破土地要素制约

温州人多地少,土地资源缺乏是一个客观事实,建议在开发新增用地上下工夫,在盘活存量土地上做文章,缓解土地要素制约。

1. 通过加快沿海产业带的开发建设,拓展民营经济发展空间

沿海产业带是温州民营经济的希望所在,也是激发民营经济发展后劲和潜力的切入点。沿海产业带开发和建设涉及面广,因此,建议要进一步增强力量,加大协调和监督力度,理顺体制机制,协调各方利益,落实任务指标,要求限期完成;要在融资上有创新,探索建立沿海产业带建设产业投资基金,疏通民间资本进入沿海产业带建设渠道;要强化沿海产业带规划和相关政策宣传,充分征求民营企业对于沿海产业带开发建设的意见和建议,鼓

励民营企业关心和关注沿海产业带建设，增强温州民营企业在温州发展的决心和信心，使沿海产业带成为温州民营企业创新和产业转型升级的良好平台。

2.深入排查和加强监管，缓解土地要素制约

建议要彻底摸清工业存量用地情况，严厉打击囤地、炒地行为。着重掌握工业用地“转而未供”、“供而未用”的原因，对由于政策处理未到位造成的土地闲置，要落实具体责任人，加大力度推进；对于企业故意囤积土地的，要按照相关政策，督促企业加快建设投产，如有到期没有使用的，则坚决收回。要结合温州实际，出台具体政策，设置工业用地在市场上转让的门槛，限制倒卖土地行为，企业在一定期限内转让土地的，政府有权以原价优先回购，达到条件在市场上转让交易的，要经过国土、税务、工商等部门的严格审核，限制企业从土地转让中牟取暴利，杜绝以地生财，不干实业的行为，促使工业用地价格回落到合理的区间。要建立标准厂房建设事前听证制度，加大标准厂房建设的透明度，以市场机制为主、行政手段为辅配置标准厂房资源，合理确定租金水平和租用门槛，让确实需要生产场地的企业事先有底，租用厂房后安心创业。

（二）提升特色优势产业，加快发展新兴产业，着力引导企业做优做强

吸引民营企业留在温州本土做优做强，一方面要不断优化传统优势产业结构，向集群经营模式发展；另一方面要加快发展新兴高科技产业，引导企业转型升级。

1.发挥产业集群优势，增强特色优势产业发展后劲

继续扩大区域品牌规模效应，积极整合区域资源，加大政策支持和划拨专项资金，强化宣传策划，把创建优势区域品牌作为温州市发展产业集群的一项重要举措和目标，提升区域产业的整体形象；引导企业走联合发展道路，建议整合各项补助资金，打破部门利益牵掣，形成合力支持重点园区、重大项目和公共服务平台建设，实现资源共享；利用宏观调控的“倒逼”形势，发挥优势产业、骨干企业的引导作用，拓展和延伸产业链，带动中小企业共同发展，积极走联合化、精品化生产，联合研发道路，推动生产要素在产业、区域间合理流动、重组和融合，为企业降低生产成本，提供完善的配套服务。此外，鼓励和支持商贸流通业发展，引导从事产品制造的企业从二产向三产转变延伸。

2. 积极推动新兴产业崛起，提升产业层次和竞争力

温州民营经济经过30年的发展，已经具备涉足新兴产业的条件和优势。而沿海产业带开发建设步伐的加快，为温州发展新兴产业提供了平台。因此，建议通过政府推动发展新兴产业。进一步明确温州产业结构调整的方向和要求，接轨国际国内最新产业发展趋势，以民营经济科技产业基地为依托，制定发展新兴产业总体规划，形成前瞻性、指导性和有吸引力的政策导向；要提供企业对接新兴产业的渠道。发展新兴产业关键在于及时为企业提供信息，要利用举办世界温州人大会、民营企业对话世界500强、轻博会等活动机会，举办新兴产业发展论坛和专家峰会，让温州民营企业了解最前沿的产业信息，发挥其“敢为人先，特别能创业”精神，鼓励在新兴产业领域先行一步；要规范发挥创业投资基金的作用。杭州市首笔创业投资引导基金600万元，将投给温州人创办的杭州畅翔科技集团，应引起我们的思考。建议抓紧设立温州市创业投资引导基金，加强对已经成立的创业投资企业的监管，防止在当前银根紧缩的情况下，变相成为融资公司和担保公司。继续鼓励民营资本为主体的创业（风险）投资基金、成长型企业股权投资基金的发展，发挥其在扶持初创期、科技型中小企业的成长，克服初创期资金瓶颈的作用，为民营企业进入新兴产业提供资金支撑和降低风险。

（三）规范企业用工秩序，改善用工环境，着力缓解招工用工难

当前，正常用工成本上升、劳动力短缺、《劳动合同法》实施等都给企业带来了挑战，招工用工难问题突出，劳动争议案件急速上升，企业用工成本增加。

1. 引导企业贯彻实施《劳动合同法》

目前，在企业工会还不健全的情况下，大力推动《劳动合同法》实施的主动权在于企业主。建议政府有关部门要推进企业主深入学习《劳动合同法》，提高其贯彻执行《劳动合同法》的积极性和自觉性，同时，对近期出现的劳动争议案件，劳动行政部门要以教育为主，引导企业自觉构建和谐稳定的劳动关系；“五费”交纳要采取分步推进方式，不能要求一步到位，积极探索和创新社会养老保险交纳、退保的标准和渠道，提高员工签订劳动合同和参加社会养老保险的积极性；要发挥行业商会协会在贯彻实施《劳动合同法》中的积极作用，通过商会协会签订行业集体合同，推进工资集体协商，参与解决劳动争议；要结合温州实际确定最低工资标准，制定合理的劳动力指导价格，使其既能维持企业人工成本投入与产出的平衡，又能保障外来务工人

员的合法、合理权益;要创新劳动三方协商机制,建议把温州市工商联纳入三方协商机制范畴,充分发挥工商联在构建和谐稳定劳动关系中的作用。

2.发挥温州行业商会协会在解决招工用工难问题中的作用

政府有关部门要授权温州有关行业商会协会在协调企业技术、高管人员,以及普工流动中发挥作用的职能。从政策和资金上鼓励和支持各有关商会协会结合本行业实际,制订行业内技术、高管人员和普通工人有序流动自律公约,对企业之间无序“挖走”技术、高管人员和普工的行为进行行业内制裁;各行业商会协会探索创建本行业技术人员、高管人员的“诚信档案”,有条件的行业商会协会建立普通工人的“诚信体系”平台,对信用差、多次擅自辞职跳槽人员,同行业拒绝聘用,逐步实现技术、高管人员、普工有序流动;行业商会协会要加强与温州本地以及国内高校合作办学的途径,加快培育本行业紧缺人才,切实解决技术人才短缺问题。

3.完善工业园区配套设施建设

建议在有条件的工业园区、标准厂房建设集中区域实施企业职工后勤管理市场化运作,统一提供低廉的职工宿舍和娱乐、休闲配套等设施,健全外来职工子女学校,解决企业工人的后顾之忧,使员工安心工作,减轻企业负担,降低企业用工成本。

(四)增强忧患意识,创新政府服务方式,着力营造良好的创业创新软环境

营造良好的创业创新软环境是温州市实现经济平稳健康发展的迫切需要,是企业服务年“政企联动、攻坚克难”的具体要求。

1.要增强忧患意识和责任意识

建议政府有关部门要真正深入一线企业和行业商会协会,杜绝“水葫芦”现象,看似沉入水里,实际上还浮在水面,切实帮助企业解决生产、发展中碰到的具体问题;在全面公开政府有关部门办事依据、办事程序、办事时限、办事责任人的基础上,进一步健全和完善投诉和惩处机制;要深化满意不满意单位评选活动,完善评价程序和评价标准,从注重评价结果到注重评价过程,对于在“企业服务年”中,官僚主义严重、办事拖拉、压事误事的,要严肃查处,并在年终满意不满意单位评选中给予扣分。

2.要增强创新意识拓展企业融资途径

金融业已成为现代服务业的重要产业,对于促进企业平稳健康发展、提高社会资源要素配置效率、转变经济发展方式、推动创业创新等方面都发挥着重要作用。建议要争取增加和科学合理分配小额贷款公司名额,并加强

监管和发挥其作用，缓解企业融资难问题；针对现在少数银行故意拖延贷款时间，造成企业只好到担保公司担保贷款周转的现象，要继续加强对担保机构的规范化管理，进一步公开银行贷款程序和时限，杜绝暗箱操作，降低企业融资成本；完善银企合作渠道，筛选一批发展后劲强的企业和重点项目，引导其与银行合作对接，解决部分企业急需资金问题。

3.要加强社会治安环境整治

社会治安环境恶化，深层次原因是外来人口过多，城市人口承载力有限，配套服务设施还不到位。建议引导和支持以社区、企业为基本单位，加强对外来人口的服务与监管，构建群防群治网络；加强治安管理力度，以城乡结合部、工业园区周边、外来人员聚居区域为重点，完善治安综合布局，加大夜间尤其是凌晨的巡逻警力，形成严管长效机制；针对企业所在地的农民强行高价搬运货物、提供建筑材料等问题，要制定相应的社会指导价，引导合理收费，减轻企业额外负担，对“村霸”、“地霸”等社会黑恶势力要严厉打击。

课题组成员：徐强中　周有铭　陈熙君　周志斌

执笔人：周志斌

【点评】

该报告核心观点是民营企业基本能够理解国家宏观调控政策，但企业分化局面比较明显，一些实力较强的企业自觉地变压力为动力，适应宏观调控政策谋求长远发展，也有一些民营企业受多重因素累积影响出现困难。本文的一个贡献在于为政府掌握宏观调控效果提供案例支持，为进一步改善宏观调控提出参考意见。

发展创业投资，拓展民营企业融资途径专题调研报告*

温州市工商业联合会

（2008 年 10 月）

发展创业投资是当前拓展融资途径、推进民营经济转型升级和自主创新的重要渠道之一。创业投资不同于传统的生产方式，它直接生产的是具有巨大发展和竞争潜力的项目型企业。成功的创业投资不仅给创业投资者带来高额的投资回报，而且还将加速高新技术产业化、培育新兴产业和促进产业结构优化升级。

一、温州创业投资发展的基本情况

温州创业投资发展过程呈现以下两个特点：起步迟、发展快。相对其他地区而言，温州发展创业投资起步比较迟。近年来，深圳、上海、天津、苏州等地创业投资走在全国前列，大量境外资本和民间资金涌入上述地区的创业投资领域，获得了丰厚的投资回报，也大大促进这些地区产业升级和高新技术产业快速发展。据创业投资同业公会发布的最新调查显示，深圳已成为全国创投业最活跃，凝聚力、竞争力最发达的地区。截至 2007 年 9 月，深圳本土创投机构达 200 家，有投资实力的专业机构 100 余家，创投管理机构 80 多家，相关中介机构 30 多家。深圳创投管理资本总额超过 300 亿元人民币，累计投资项目超过 1000 个，其中投资深圳地区的占 60%以上，催生了比亚迪、同洲电子、金蝶软件、卓越网、中讯软件、分众传媒等一大批明星科技企业。上海浦东新区创业风险投资引导基金则在 2008 年 8 月底正式与德丰杰（DFJ）、戈壁合伙人（Gobi Partners）、同华投资（Comway）等 3 家创投机构签约并出资，出资总额约 2 亿元人民币。而作为民营经济发祥地之一的温州，在发展创投方面相对比较滞后。温州民营企业一度靠银行贷款和自有资金发展，对引入创业投资基金和上市融资持消极态度。市工商

* 本文获得 2009 年度温州市党政系统优秀调研成果三等奖。

联 2007 年对 99 家上规模民营企业调查问卷统计显示，企业在“资金来源”中，选择“风险投资”项的为零。同时，民间流动资本也偏向追求楼市、股市的短期高额回报。

以《合伙企业法》实施为契机，温州创业投资进入快速发展期。《合伙企业法》颁布和《浙江省公司股权出资登记试行办法》正式实施，以及 2007 年 2 月 15 日财政部和国家税务总局联合发布的《关于促进创业投资企业发展有关税收政策的通知》等，都为创业投资企业发展提供了良好的条件，温州创业投资企业也进入了快速发展期。据温州市工商局提供的资料显示，从 2007 年 7 月至 2008 年 1 月，半年多时间内，温州本土就有 6 家创投企业成立，注册资本达到 14.41 亿元人民币（详见表 1）。温州民营资本在外地注册成立的创投企业还未计算在内，如在上海注册成立的首华创投、云衫投资管理有限公司等。2008 年 5 月 24 日，浙江省民营投资企业联合会在温州成立，温州恒生资产管理有限公司董事长当选首届会长。

表 1　2007 年 7 月至 2008 年 1 月温州创业投资企业情况

企业名称	法定代表人	成立日期	注册资本（万元）	经营范围
温州东海创业投资合伙企业（有限合伙）	北京杰思汉能资产管理有限公司	2007-7-16	50000	对工业、农业、商业、服务业的投资（法律、行政法规禁止的项目除外；法律、行政法规限制的项目取得许可后方可经营）
浙江国瑞创业投资股份有限公司	张小平	2007-10-25	3000	创业投资业务；创业投资咨询业务（法律、行政法规限制和禁止经营的除外）
温州环亚创业投资中心（有限合伙）	温州博智投资有限公司	2007-11-15	61500	对成长型企业股权的投资
温州明德保盈创业投资中心（有限合伙）	温州圆通投资有限公司	2007-12-7	10500	主要向创业企业进行股权投资
温州智诚东源投资中心（有限合伙）	卢源	2007-12-21	10000	对创业企业进行股权投资（不含已在公开市场上市的企业）
温州沃德投资中心（有限合伙）	王伟东等	2008-1-29	9100	对工业、商业、农业、服务业的投资（法律、行政法规禁止的项目除外；法律、行政法规限制的项目取得许可后方可经营）

资料来源：温州市工商局。

二、温州发展创业投资的重要意义

大力发展创业投资，通过创业投资来发现成长性的项目，聚集资本、技术和人才等各种资源，对于破解民营企业融资难题，加快扶持温州市高新技术中小企业发展，促进产业升级，推动企业创新具有重要意义。

（一）有利于形成民间资金与发展生产的对接

发展创业投资可以为高新技术中小企业提供资金支持，拓宽企业投融资渠道。随着我国经济的快速发展，居民收入的持续增加，如何更好地整合、利用社会上的闲散资金和居民手中的闲置资金，满足企业的融资需求，已成为一个重要而紧迫的课题。目前，温州民间机构和百姓手中掌握着大量资金，据温州市人民银行统计，温州市仅 2006 年和 2007 年，全市存款激增了 1000 亿元，超过 2001 年至 2005 年的存款新增总额。但囿于投资渠道较少，投资品种不够丰富，得不到合理的收益，导致大量资金闲置或得不到较好引导。另一方面，以寻求资金安全为核心的银行贷款等重要融资渠道大多倾向国有企业和民营大型企业，广大民营中小企业发展一直都面临着“融资难”的困境。尤其是在实施从紧货币政策的情况下，大力发展创业投资基金，不仅可以有效形成民间资金与发展生产的对接，满足企业的融资需求，还可以使百姓通过投资企业，分享经济高速增长的成果。

（二）有利于促进产业提升和企业创新

我国台湾地区在 20 世纪 70—80 年代就是通过政府奖励与管理并行的方式推动创投事业，在创业投资基金的大力支持下，科技事业得到快速发展，达到了产业提升和企业创新的目的。目前，浙江拥有 40 多万家中小企业，其中 10000 多家为高新技术企业和科技型中小企业，全国“最具成长性的 500 强中小企业”当中，浙江有 100 多家，占了五分之一强。温州拥有 34 个国家级制造基地，118 枚中国名牌产品称号和中国驰名商标。这些中小企业中不乏具备创新模式和创新经营理念的优质潜力企业，但是由于从银行融资存在担保落实难等问题，往往以民间高息借贷作为资金来源，较大程度上增加了企业财务成本，阻碍了企业的又好又快发展。大力发展创业投资基金，可以有效促进技术、管理与资本的结合，加快科技成果转化步伐，创新政府对高新技术中小民营企业扶持模式，引导民间资本从传统产业稳步有效地向新兴产业过渡，为破解“低、小、散”难题，加快产业提升，鼓励企业自主创新注入新的活力。此外，创业投资机构参与创业企业的监管，可以完善创业企业内部治理结构，消除家族制管理带来的弊端，实现企业管理创新。

（三）有利于加快推进温州金融创新试点步伐

创业投资作为鼓励自主创新和培育中小企业发展的一种资本工具，在很大程度上突破了当前金融政策对中小企业的各种限制，是金融创新与民营经济发展的相结合的产物，也是民间资本进入金融领域的一条捷径，有着不可替代的金融功能。温州是金融创新试验区，加快发展创业投资，可以继续为金融创新拓展空间，能够为温州广大民营企业构建一个多层次、多渠道融资服务的资本市场提供新的经验。

三、成立政府创业投资引导基金的必要性

国内创业投资发展比较成熟的地区，都离不开政府创业投资引导基金的大力推动和引导。设立政府创业投资引导基金不仅能很好地帮助解决经济发展中产业和资金的对接问题，而且能够利用资金和项目充足的先天优势，很好地引导和发展本土创业投资基金，使本土创业投资基金具备较好的市场竞争优势。国家发改委印发的《高技术产业化“十一五”规划》就指出要支持有关部门和地方政府设立创业风险投资引导基金。加大财政资金支持力度，通过贷款贴息、补助（引导）资金等方式，重点支持战略性、公益性、产业共性等重大自主创新成果产业化及相关能力建设。

从政府的角度看，首先，成立政府创业投资引导基金能够正确引导民间资本投入到国家支持和有发展前景的产业中来，既引导规范了温州民间资本的投向，使其符合国家政策和法规的要求，又使得这部分的资金获得比较可预见的收益，避免因盲目跟从炒作和投机而造成损失，起到了保护民间资本的作用；其次，利用政府创业投资引导基金的“指南针”作用，引导和帮助创投企业为本土优势企业提供支持，帮助企业完成资产重组、企业间的优化并购，促进整个产业提升；其三，成立政府创业投资引导基金，缓解了政府专项资金补助中遇到的问题。目前，部分政府专项资金采取“撒胡椒粉”的方式补助企业，效果尚不尽如人意，并未达到产业提升和资源整合的目的。同时，政府专项基金采取行政管理方式分配，存在管理和决策机制方面的缺陷，缺乏创业投资所具备的灵活性，最终影响政府投入的实际效果。

从企业的角度看，一是在中小企业融资难的趋势下，政府创业投资引导基金的成立能够更加有效地为企业开辟新的直接融资渠道，解决困扰企业发展的资金瓶颈问题，降低了企业融资成本，帮助企业增加投入、开拓市场，实现规模化经营。二是能够积极引导创业投资基金介入，帮助企业完成自

身的资产重组和产业间的并购和整合(包括与本土、异地,甚至海外的优势企业)以及海内外上市,使企业具备更强的竞争优势,为企业实现飞跃式发展创造有利条件。三是政府创业投资引导基金的成立能够有效地促进本土创投企业健康发展。目前,在温州本土诞生创投企业,由于受管理团队能力和专业水平的限制,主要是做一级半市场和上市企业的定向增发,其投资方向主要集中在一些上市企业或准上市企业这样的成熟企业,而且基本都是以外地企业居多。这里就会产生一系列的问题:投资只注重账面价值,忽视禁售期风险,很容易导致风险积聚;创业投资基金大量外流,而不能有效地吸引这部分资金为温州本地产业经济服务,导致出现温州产业空心化的可能和趋向。

因此,当前由政府牵头成立创业投资引导基金,引进先进的创投基金管理团队,引导温州本土创业投资基金取得突破性的发展非常必要,也非常紧迫。政府创业投资引导基金,可以实行"政府引导、市场运作、专家管理"的运作模式,结合山西、上海、江苏、天津、苏州、武汉等地已设立和运作创业投资引导基金经验,设立政府引导基金的基本架构设想如图 1:

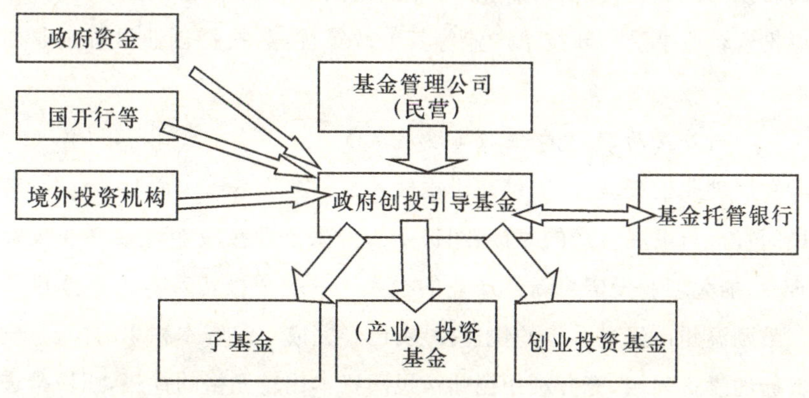

图 1　温州创业投资引导基金运行模拟

四、发展创业投资的对策与建议

创业投资不同于传统的投资方式,它是一种风险极大和着眼于资本长期增值的权益性投资,需要一批专职的创业投资家运作,通常在成熟的资本市场环境和特定的激励约束机制条件下进行。因此,温州要充分利用国家扶持创业投资的各项政策,采取切实措施加快创业投资发展,创新"温州模式",推动温州新一轮的经济发展。

（一）加强领导，出台创业投资配套政策

发展创业投资基金，首要在于落实部门职责，理顺职能关系，出台配套政策，营造温州创业投资的良好氛围。建议首先要根据《创业投资企业管理暂行办法》，成立以市政府领导为组长，市发改委、金融、科技、财政、工商、经贸等有关部门组成的领导小组，加强对支持发展创业投资基金的协调和领导。领导小组要利用国家出台优惠政策的机会，积极争取已经设立的创业投资企业享受有关扶持政策，并在立项、审批工作方面提供方便，给创业投资创造更宽松的发展空间；其次是积极贯彻《创业投资企业管理暂行办法》，借鉴上海、深圳等地创投发展经验，构建创业投资政策体系。一方面要出台创业投资引导资金和创业投资企业风险补贴实施办法，设立创业投资引导资金和创业投资企业风险补贴专项资金，以奖励、参股、跟踪投资、担保、风险补偿等多种形式，支持符合条件的本地民营企业设立创业投资企业，吸引民间和海外创业投资资金投向温州创新企业；另一方面要修改和完善有关支持和促进高新技术发展的政策文件，把支持和发展创业投资企业和温州市高新技术产业、科技项目孵化、工业园区发展等政策结合起来，积极探索创业投资企业享受高新技术产业等其他政策优惠，扶持创业投资企业加快发展。

（二）内外互动，拓宽创业投资发展渠道

发展创业投资基金，关键在于积极鼓励各类资本进入创业投资领域，畅通民间资金与发展生产的对接，积极引入外来创业投资企业或创业投资顾问企业，加大创业投资对新兴产业的投入。一是积极培育本地创业投资企业。鼓励温州市经过多年的快速发展，已经完成一定资本积累的民营企业，开辟新的投资领域，充分利用温州市民间资本比较充裕的优势，积极推进有限制合伙和尝试从民间私募股权，争取培育一批上规模的民营创业投资企业。二是加快引进外地创业投资资本。加强本地创业投资与上海、天津、深圳等外地创业投资机构之间的合作，发挥本地创业投资机构熟悉地方环境的优势和外地创业投资机构专业管理优势，使二者优势互补，形成多元化的投资平台。三是努力争取国外创业投资资本。引入国际创业投资基金，必然带来宝贵的经验，推动温州市创投基金的发展。要把引进国外创业投资纳入招商选资考核，充分利用国际创业投资资本向中国转移的机遇，积极引导国外政府和企业创业投资基金进入温州市创业投资市场。

（三）多管齐下，健全创业投资服务体系

由于创业投资是高风险、高收益的投资活动，因此要促进温州市创业投资事业健康发展，还需要一整套服务体系支撑。一是要发挥温州市高新技术产业园和民营科技产业基地的作用，建立和完善园区和基地的创业投资功能，加强对中小高新技术企业调查摸底，创建创业投资的项目库，积极向各类创业投资机构推荐项目。二是结合滨江商务区的总部经济建设，制定和出台优惠政策，形成资本中心，吸引信息、财务、专利、项目、资信、法律等中介服务入驻，为创业投资基金的健康发展提供高水平、高效率的配套服务。三是以长三角一体化为契机，积极通过人才引进、高校培育、合作交流等渠道，聚集一大批精通投资的人才，为发展创业投资和发展高新技术提供人才保障，这也是发展创投事业的关键。四是建立起有效的退出机制。借助温州市大力推动企业上市的机会，加大对创业投资通过中小企业板进入企业的支持力度；同时，要疏通创新型中小企业股权流通渠道，建立多渠道产权交易制度，通过增强和完善产权交易市场功能，为创业投资退出提供多种选择。四是加强金融合作。创业投资既是金融的一个重要组成部分，也离不开金融业的大力支持。要以温州银行上市为契机，积极推进本地及外地金融机构与温州市创业投资企业进行战略合作。最后是完善诚信体系建设。诚信是创业投资健康发展的基础，要健全对创业投资公司以及创业公司财务、信息披露等监管，增强投资者的信任度。

（四）积极争取，开展产业投资基金试点

产业投资基金是我国新兴的、具有巨大发展潜力的资本运作方式。它是一种对创业型企业、项目（包括如沿海产业带建设类项目）进行股权投资和提供经营管理服务的利益共享、风险共担的集合投资制度。截至 2007 年年年底，我国获国家层面批准设立的产业投资基金有 10 只，其中 3 只为中外合资，7 只为中资。建议以完善创业投资基金融资平台为基础，积极与国家有关部门交流沟通，争取开展产业投资基金试点，进一步发挥产业投资基金在创新创业、企业重组、基础设施建设等方面的作用。

课题组成员：周有铭　陈熙君　周志斌

执笔人：周志斌

【点评】

该报告的理论价值在于明晰了创业投资不同于传统的投资方式，为民营企业家和社会资本管理者开展创业投资实践提供理论参考。文本的现实

价值在于温州要充分利用国家扶持创业投资的各项政策，采取切实措施加快创业投资发展，创新和拓展“温州模式”，推动温州新一轮的经济发展，并提出国家要出台创业投资的金融政策的意见建议。实际上，这已显示出温州民间呼唤金融改革的雏形。

积极探索产业接轨上海有效途径，充分发挥行业协会商会作用*

嘉兴市工商业联合会

（2008 年 11 月）

根据省委、省政府和市委、市政府的总体部署，嘉兴市在接轨上海扩大区域合作交流中，如何创新嘉兴市接轨机制，充分发挥行业协会（商会）积极作用，实现嘉兴市产业与上海产业的有效对接、互补和融合，是嘉兴市目前完善接轨机制中一项亟待加强的重要工作。

一、嘉兴市产业接轨上海和发挥行业协会商会作用的基本情况

（一）嘉兴市产业接轨上海的情况

1992 年，党中央、国务院确定的上海浦东开发开放进入全面实施阶段，嘉兴敏锐认识到浦东的开发开放对嘉兴市经济发展带来的重大影响和良好机遇，率先提出“接轨浦东、开发乍浦、三沿并举、联动开发”的总体发展思路，充分发挥嘉兴地处长三角区域几何中心和浙江省接轨上海前沿阵地的区位优势，以构筑大交通网络、高层次接轨平台等为抓手，积极推进基础设施、产业、要素等与上海的融合。经过十多年努力，嘉兴通过产业等多方面主动接轨上海，积极承接上海在产业上的辐射，在与上海资源互补、错位发展中，提升了嘉兴市的传统优势产业，借力上海的技术优势，培育发展了一批新兴产业，实现了经济的持续快速增长。据统计，截至 2007 年年底，嘉兴有来自上海投资的企业达到 1210 家，嘉兴已有 1800 多家企业与上海建立了多种形式的合作关系，有 20 多家出口创汇企业在上海设立了办事处，有 10 家企业到上海保税区投资办厂，两地协作项目超过 1000 个，每年有 300 多亿元产值的工业品为上海配套，有超过 25 亿元的工业品直接销往上海。与此同时，沪嘉两地的合作形式日益多元化，从以往以配套加工为主，发展

* 本文获得 2008 年度嘉兴市党政系统优秀调研成果优秀奖。

到现在的生产配套、联合开发、定牌加工、赴沪投资、项目配套、合资合作、成果转让、商标使用、投资参股等多种形式。合作层次也不断提高，一批嘉兴企业进入上海大企业大集团协作网，如浙江宏达经编实业总公司已成为国内唯一生产“桑塔纳”、“别克”轿车顶内饰布的专业生产厂家，为嘉兴经济的快速发展起到了积极的推动作用。

嘉兴市接轨上海工作，突出以产业接轨为重点，以壮大传统优势产业、积极培育新兴产业为目标，推动嘉兴经济发展。首先，依托嘉兴市农业传统优势，根据上海对农产品的消费需求特点，大力提倡发展都市型农业，大量绿色、无公害的农产品打入上海市场，供沪农产品发展迅速。2007 年全市供沪农产品金额达 40.40 亿元，占当年农业产值的 20.6 %，年增长35.3%，促进了农业增效、农民增收。其次，依托上海市场、产业优势，壮大传统优势产业，积极培育发展新兴产业。主动承接上海在产业上的辐射，不仅壮大提升了嘉兴市丝绸、纺织、服装、化工、造纸、建材等传统优势产业，形成了享誉全国的区域特色产业，木业、服装、皮革、化纤、丝织等年销售总额都在 50 亿元或 100 亿元以上；而且培育形成了嘉兴市电子、光机电、精细化工、汽车零部件、生物医药等新兴产业。第三，依托区位优势，大力推进三产接轨。嘉兴市充分挖掘上海这个世界跨国公司总部基地的信息、资源，不断加强物流业、房地产业等与上海的合作，成功引进世界第一大物流设施开发商美国普洛斯公司、沃尔玛的全资子公司英国盖世理公司，启动建设总投资达 1 亿美元的普洛斯嘉兴物流园和总投资 1750 万美元的沃尔玛华东区配送中心，加快嘉兴服务长三角的步伐。同时，打好嘉兴红色文化、水乡古镇和潮、湖、河、海等旅游特色品牌，吸引上海游客，使嘉兴旅游产品在上海的市场份额迅速上升。目前，上海已成为嘉兴市第一大旅游客源市场。积极推介“宜居城市”的品牌，吸引以上海为主的周边城市居民来嘉兴市安居置业。

（二）行业协会商会在嘉兴推进产业接轨上海的工作中已经发挥出的优势

在依托上海、接轨上海、融入上海的战略下，嘉兴市的行业协会商会积极参与到接轨上海的具体事务中，主动与上海有关部门、对口行业协会商会加强联系，进行交流与合作，充分利用上海的资源，为嘉兴产业接轨上海、推进产业发展做了不少工作，拓展了更广阔的领域。在嘉兴产业接轨上海的实践中，正扮演越来越重的角色。

1. 建立合作机制，搭好合作平台

2007 年 8 月，为进一步加强沪嘉两地行业协会商会的交流与合作，积极推进两地相关行业和产业的对接和互补，实现区域资源共享，嘉兴市工商联、嘉兴市总商会与上海市社会工作党委、上海市社会服务局共同组织两地对口的行业协会商会，在嘉兴举办"促进上海市和嘉兴市两地行业协会商会交流与合作活动"。活动中，与会的36家行业协会商会向两地所有行业协会商会发起倡议，呼吁共同促进沪嘉两地行业协会商会开展全面交流与合作。两地汽车销售、安装、装饰装修、医疗器械、模具、港口、婚庆、餐饮等8家对应的行业协会商会签署了建立友好合作关系协议，共同搭建两地行业间交流的平台，并首开长三角地区城市行业协会商会大规模开展交流合作先河。同年10月，为积极推进长三角地区相关行业和产业的对接和互补，实现区域资源共享，市工商联、总商会举办了长三角十五城市民营经济和商会工作交流与合作活动，为上海等长三角城市总商会和行业协会商会及有关民营企业汇聚嘉兴、了解嘉兴、开展产业对接、信息互通搭建了平台。

2.主动上门对接，提升服务能力

沪嘉两地行业协会商会签署建立友好合作关系协议后，嘉兴市行业协会商会主动上门学习交流，开拓了工作思路，提升了工作能力，为嘉兴市产业接轨上海、服务会员企业与促进地方经济发展积极开展工作。如嘉兴模具行业协会主动上门与上海模具行业协会的对口交流，通过对方的积极引进，先后加入了华东地区模具联席会议、中国模具行业协会。在上海模具行业协会的组织下，协会组织会员企业赴台湾参加了台湾国际模具展览会并与台湾的同行业进行了交流，为嘉兴市模具企业提升自己管理水平提供了学习机会。协会还先后参加了在上海举办的国际钣金、锻造、冲压机械设备及模具展览会，第十二届中国国际模具技术和设备展览会，江苏昆山国际模具周等活动。通过学习观摩，及时了解当今的最先进的模具制造技术与设备、各地的先进管理模式，开阔了眼界，结交了新朋友，提升了嘉兴市模具协会的服务能力，为推进嘉兴市模具行业的发展壮大打好基础。

嘉兴市医疗器械行业协会为帮助会员企业开拓海外市场，主动与上海市医疗器械行业协会联系，推荐会员企业浙江苏嘉医疗器械股份有限公司加入了上海医疗器械行业协会。该公司在筹建上海分公司的过程中，上海市医疗器械行业协会亲自指导，并帮助联系当地税务、工商、海关等部门，使该公司在最短时间里在上海注册成立了分公司，及时开展了业务，并通过上海拓展海外业务。

嘉兴市进出口商会、嘉兴市紧固件进出口企业协会为了帮助嘉兴市紧固件行业企业应对国际贸易争端，主动邀请上海市外经贸委、上海市社会服务局与上海市涉外的15家行业协会商会来嘉兴指导工作，并组织嘉兴市有关行业协会商会一起参加“上海—嘉兴行业协会应对国际贸易争端研讨会”，请上海方介绍行业协会商会在协调解决国际贸易摩擦中如何发挥政府无法取代的作用和优势以及做法与经验，而且与上海的有关行业协会商会就帮助企业主动应对国际贸易摩擦和争端等方面加强合作与互助达成了共识，提高了嘉兴市行业协会商会的服务能力。

3.加强合作共享，共同开拓市场

自沪嘉两地行业协会商会签署建立友好合作关系协议以后，两地的有关行业协会商会间的交流合作日见频繁，为两地的产业对接与互动积极谋划。如沪嘉两地汽车销售行业协会商会为规范两地的二手车交易市场，多次联系，共同调研与探讨，并及时与两地的有关部门沟通。在两地的共同努力下，上海百联联合二手车交易市场与嘉兴市二手车交流市场在车源信息、客户资料、管理模式、技术手段等方面，全面实施无壁垒对接，使二手车市场从原来各自独立的市场变成沪嘉两地统一的区域市场，拓展了二手车的销售渠道，实现区域资源的优化配置。这样的合作在全国二手车交易市场中尚属首次。嘉兴市婚庆照相行业商会积极邀请上海市婚庆行业商会和有关企业深入考察嘉兴的江南水乡和南湖名胜，并在嘉兴市成功举办了2008年上海市“百年双喜、百对新人”的水乡婚典。沪嘉两地有关行业协会商会还开展了市场信息共享、管理模式引进、免费业务培训、资源证书互认、人才交流等方面的工作。

4.协助政府招商，推动产业合作

2007年10月，为了办好在上海举办“南湖区产业与科技上海推介活动”，充分发挥行业协会商会在经贸交流与合作的作用，南湖区政府主动与有关行业协会商会联系，请上海的黄金、百货、婚庆等行业协会出面，帮助组织当地有意向的相关企业前来参加推介活动，洽谈商贸合作事宜，为两地企业牵线搭桥，帮助嘉兴市企业推荐招商项目，不仅签约了10个招商引资项目，而且与上海市23家行业协会商会签署了友好合作协议，也创新了嘉兴市在外举办推荐会的运作模式，使本次推介会取得重大收获。

同时在上海国际会议中心举办的以“创意南湖江南雨，朝阳中国世界新”为主题的“2007南湖区文化创意产业上海推介会”上，上海创意产业协会不仅帮助组织了许多国际国内同行业的知名企业出席，而且上海创意产业协会副会长兼秘书长葛志才先生就“上海和嘉兴未来创意产业发展的血脉关系”作了演讲，为嘉兴创意产业的发展前景作了积极的推荐，为上海和嘉兴两地的创意企业家提供了一个交流、互动、合作、发展的平台。

二、嘉兴市产业接轨上海工作和发挥行业协会商会作用存在的问题

（一）接轨上海先发优势减弱

在新形势下，长三角其他地区都把接轨上海发展战略提到新的高度，都有积极的应对措施，后来居上。如在产业接轨上海方面，苏州整合张家港、常熟、太仓产业资源，与上海取长补短、优势互补，形成接轨上海的强劲态势；吴江市整合芦墟、黎里两镇资源，成立“临沪经济区”，整个园区面积达259平方千米；昆山在与上海邻近的地方划出165平方千米建立“临沪产业带”，手笔都十分大。无锡提出要成为上海的配套区、服务区、合作区，新区要做浦东的配套城市。常州给自己定位为“跨国公司的加工厂，上海工业的后方基地”。湖州提出要利用自身的旅游、农产品等方面的优势，力争成为上海的“后花园”。在这样一种竞争态势下，嘉兴市开放型经济和接轨工作的先发优势在相对减弱。

（二）嘉兴市产业承接能力不强

嘉兴市虽有一批特色产业集群，但是其销售额相对较小，且初级产品所占比例较大，产业链较短，向上和向下延伸的能力较弱，产业控制力不够，有的即使是高新技术产品，仍然附加值低。同时，嘉兴市产业承接能力较弱，人才、技术、金融、服务等支撑力和承载能力不强。尤其在重化工业、装备制造业、高新技术产业等资本及技术密集型产业上，企业承接上海辐射的能力不强。

（三）以行政推动为主导的一条腿接轨途径的弱点已经日益显现

从政府层面看，机构分散，职能重叠交叉，统筹协调能力不强。市和县（市、区）之间、部门单位与部门单位之间合力推动接轨上海机制有待进一步完善。从对接的形式上看，往往重形式的多，花费大量的人力物力，但见效不快。目前与上海的合作往往是商贸型合作多、产业型合作少；一般加工工业合作多、高新技术产业合作少；小项目小企业合作多、大项目大公司合作少。从对接的主体上看，如何调动和激发企业主体参与的积极性，开展小规模、多批次、专业化、中介化招商，整合招商资源等方面还缺乏有效的办法、

措施和针对性，使接轨主体企业的参与度与作用偏弱。从接轨平台建设看，由于政府、行业协会商会、企业共同参与的联动合作机制不健全，造成信息不对称。一方面政府方面不能及时了解企业真正需求，难以为企业提供切实有效的政策咨询、信息互通、产业对接等服务。另一方面，造成企业信息闭塞，不能及时了解党委政府的产业政策、有关经贸等方面的信息，企业难以把握发展机遇。

（四）嘉兴市接轨上海的政府、行业协会商会、企业共同参与的联动合作机制尚未健全

目前，嘉兴市政府及部门组织的赴上海开展对接、经贸洽谈、科技合作等活动中，还未邀请嘉兴市相关行业协会商会组织会员企业参加，参与相关产业与上海的接轨工作。嘉兴市接待上海来禾考察和开展经贸科技交流合作活动中，也没有邀请嘉兴市相关行业协会商会组织会员参加。嘉兴市行业协会商会与上海市行业协会商会的交流合作工作，因缺乏相应的政策、资金等保障，起步虽早，但还不够全面、深入。政府、行业协会商会、企业联动接轨上海的认识尚未达成共识，联动机制还须进一步完善。

三、在产业接轨上海中充分发挥行业协会商会作用的建议

（一）提高认识，积极支持行业协会商会在产业接轨上海中发挥应有作用

2007 年 11 月，苏浙沪两省一市主要领导在上海举行的“共商推进长三角地区协调发展大计”座谈会上，强调了两省一市要进一步加强行业组织等方面的合作。今年，上海市委副书记、市长韩正要求上海市行业协会商会不仅要在围绕上海产业发展中发挥重要作用，更要在上海产业辐射长三角和与长三角产业对接发展中发挥重要作用。2008 年 2 月，嘉兴市委《关于进一步加强接轨上海扩大区域合作交流的若干意见》（嘉委〔2008〕8 号）文件指出，主动接轨上海，积极参与长江三角洲地区合作与交流，打造浙江接轨上海的前沿阵地，既是省委、省政府对嘉兴的明确要求，也是嘉兴实施接轨上海扩大开放首位战略，要进一步创新接轨模式和组织形式，围绕要素和产业接轨重点，加快推进基础设施、要素及产业等融合发展，实现与上海及周边城市同城发展，不断提高区域合作交流水平，促进嘉兴市经济社会发展再上新台阶。

为此，我们要以“两创”战略为指导，创新接轨思路和机制，找准产业接轨上海的突破口与切入点，挖掘潜在优势，充分认识行业协会商会在产业接

轨上海的过程中的特有作用，积极支持其开展各项工作，带动产业、企业真正参与做好产业接轨上海的文章，变政府推动接轨的“一条腿走路”，为政府、行业协会商会、企业一起联动、共同参与的多途径的立体接轨。

（二）健全机制，促进政府、行业协会商会、企业接轨上海的多层次联动

尽快建立完善嘉兴市政府、行业协会商会、企业联动机制，重视运用行业协会商会等民间接轨效果，把行业协会商会等民间经济交流与合作活动纳入到全市主动接轨上海参与世博的各项工作计划中。在开展接轨活动时，把行业协会商会及所联系的企业的对外交流与合作作为重要内容纳入其中。嘉兴市党政组织赴沪开展接轨、经贸洽谈、科技合作等活动时，邀请嘉兴市有关行业协会商会及企业参加。嘉兴市接待上海来嘉兴考察和开展经贸科技交流活动时，邀请嘉兴市有关行业协会商会及企业参与。通过嘉兴市与上海市之间的政府、行业协会商会、企业之间的交流与合作，充分吸纳上海的市场、金融、信息、管理、科技、人才等各方面的资源，实现两地市场相通、体制相融、交通相连、资源共享、产业配套的全方位、宽领域、多层次的合作。

（三）加强协调，进一步推进与上海市行业协会商会交流与合作，积极帮助嘉兴市企业开拓市场

嘉兴市行业协会商会要主动参与接轨上海扩大开放的工作，加强与上海市各类行业协会商会的交流与合作，开展经贸、信息、科技、培训等方面的联系和合作，深化两地行业资质、证书等方面的相互认可。要积极引导和支持企业发挥接轨上海扩大开放的主体作用。要鼓励和引导嘉兴市企业采取“走出去”的战略，协助企业加强与上海等周边地区大公司、大企业的合作，主动挂靠上海大企业，更多地融入到上海大公司、大企业的产业链及营销体系中，不断提高自身的竞争力，争取配套协作的机会。要通过与上海市行业协会商会交流与合作的渠道，更多地吸引上海及周边城市企业和人才参与嘉兴市企业的产权改革和资产重组，以资金和技术为纽带，建立长期的协作关系。要借助上海市行业协会商会的平台，积极组织嘉兴市企业通过上海举办嘉兴市特色产品展览活动，参与综合性、专业型跨国采购洽谈会和上海跨国采购中心建设，争取在嘉兴市建立一批跨国采购订单生产基地，推动更多的嘉兴市企业产品打入国际市场。

（四）创新服务，积极筹建上海市嘉兴商会

市工商联、总商会、发改委、经贸委、工商局和市政府驻沪联络处等有关

部门、单位要加强联系沟通、密切协作，对在沪的嘉兴市企业分支机构、嘉兴人投资兴办的企业进行调查摸底，引导和鼓励这些企业加强联系和沟通，积极筹建上海市嘉兴商会，发挥其在接轨上海、参与世博中交流与合作等方面的作用。同时，嘉兴市要对在嘉兴投资兴业的上海企业加强联系沟通，积极引导和鼓励它们建立嘉兴市上海商会，为两地的产业对接和企业合作交流提供新的平台。

课题组成员：薛佳平　廖晓　万勇

执笔人：廖晓

【点评】

该报告的特色在于从民间组织角度总结了嘉兴市开展产业接轨上海、扩大区域合作交流的实践，提出了巩固和创新嘉兴市产业接轨上海、扩大区域合作交流机制的对策，为理论界研究区域合作提供了一个鲜活的样本。

跋

汤为平

《十年磨一剑》的出版，恰逢浙江省工商业联合会60周年。它是在调查研究基础上形成的工作论文，具有较为翔实的基础数据和一定的理论价值。该书面世，展示了浙江省工商联参政议政的水平，流淌着工商联人辛劳的汗水，闪烁着工商联人智慧的火花。

年初，邓国安同志提议编一本优秀调研文集，我认为很有意义。《十年磨一剑》书名是景柏春同志想出来的，浙大出版社的陈丽霞老师作为责任编辑为此付出了心血。这本书收录工商联22篇调研报告，几乎每篇文章都获得过全国工商联或省市级党政系统优秀成果奖，是全省工商联系统十多年参政议政成果的精品集。

我从事工商联工作已近30年，经常开展调查研究。特别是担任省工商联主要领导以来，更加重视参政议政工作。我认为参政议政工作是工商联一项重要职能，一定要创造条件努力做好。只有经常参与调查研究，通过对基层的了解，与企业家的接触，才能发现不足，加强学习，提高调查研究的能力，从而更好地为党委政府建言献策，更好地服务于非公有制企业和非公有制经济人士，这是工商联干部应当具备的基本功，也是我开展工作的一个法宝。

编辑出版一本书如同孕育一个新的生命。从全书构想、文章选编、装帧设计、书名题写、联系出版等，是一个复杂、细致而又充满期待的过程。

十年磨一剑，霜刃未曾试。《十年磨一剑》是浙江省工商联参政议政的

汤为平，浙江省委统战部副部长、省工商联党组书记。

阶段性成果，也预示着新的未来。参政议政不仅需要扎实的工作作风，更需要敏锐的眼光；不仅需要广博的知识，更需要过硬的研究能力；不仅要耐得住寂寞，更要有与时俱进的意识。我们会在省委、省政府的领导下，在全国工商联的指导下，围绕中心，服务大局，继续探索参政议政工作的新机制，获取参政议政工作的新成就，开创参政议政工作的新局面，树品牌，重实效，为促进“两个健康”①出谋划策，为建设“两富浙江”②作出贡献。

2012年7月10日于杭州

① “两个健康”指非公有制企业健康发展和非公有制经济人士健康成长。

② “两富浙江”指物质富裕、精神富有的现代化浙江。